JN409861

사고와 글쓰기

사고와 글쓰기

펴낸날 1판1쇄 2015년 3월 10일
1판3쇄 2016년 2월 25일
엮은이 사고와 글쓰기 교재편찬위원회
펴낸이 송희영
펴낸곳 **쿠북**(건국대학교출판부의 패밀리 브랜드입니다.)
등록 / 제 4-3 호(1971. 6. 21)
주소 / 05029, 서울특별시 광진구 능동로 120 건국대학교출판부
전화 / (02)450-3891~3
팩스 / (02)457-7202
홈페이지 / http://press.konkuk.ac.kr
e-mail / press@konkuk.ac.kr

책임편집 임경희

찍은곳 (주)동화인쇄공사

ISBN 978-89-7107-584-5 03710

이 도서의 국립중앙도서관 출판시도서목록(CIP)은 서지정보유통지원시스템 홈페이지(http://seoji.nl.go.kr)와 국가자료공동목록시스템(http://www.nl.go.kr/kolisnet)에서 이용하실 수 있습니다. (CIP제어번호: CIP2015003827)

사고와 글쓰기

사고와 글쓰기 교재편찬위원회 편

쿠북

머 리 말

"글쓰기, 꼭 배워야 해?" 생각하는 학생도 있고 "글쓰기를 잘해서 제 생각을 잘 표현하고 싶어요. 답답해요."라고 말하는 학생도 있다.

결론부터 말하자면 누구나 글쓰기를 배워야 한다. 대학은 학문의 공간이다. 오늘날 사회는 적극적인 표현을 요구한다. 운전을 하기 위해 운전면허를 취득해야 하는 것처럼 학문과 사회 활동을 하기 위해 글쓰기는 반드시 익혀야 한다.

이 책은 학문 활동을 시작하는 대학교 1학년을 위해 기획되었다. 꼭 글쓰기를 배워야 하는지 의문을 갖는 학생부터 잘 쓰기를 원하는 학생에 이르기까지 어디서부터 공부해야 할까를 걱정한다면 이 책이 기본서가 될 수 있다.

책의 구성은 크게 1부와 2부로 되어 있다. 1부는 글쓰기의 기초와 토대를 다루고 있다. 글쓰기의 의의, 글의 구성과 진술 방식, 어문 규범, 글쓰기의 일반적인 과정을 소개했다. 2부는 다양한 글쓰기의 실제에 관한 내용을 담고 있다. 학술활동으로서 글쓰기, 글의 목적에 따른 문종별 글쓰기, 다양한 매체를 전제로 하는 미디어 글쓰기, 취업과 진학을 위한 글쓰기를 소개하고 연습할 수 있도록 했다.

1부의 저자는 고경민, 이종호·김선주, 박동근, 조영주이고 2부의 저자는 조미숙, 안미영, 허원기, 정진헌이다. 저자들은 글쓰기 수업을 위해 효과적이고 현실적인 교재 집필의 필요성에 동감하고, 14주 안에 다룰 수 있는 내용을 한 권의 책으로 만들고자 뜻을 모았다. 글쓰기의 기본부터 실제에 이르기까지 꼭 필요한 내용을 수록하였으며, 설명과 서술은 최소화하여 적용과 실습에 참고가 되도록 예문을 많이 실었다. 다양한 전공의 저자들이 모여 만든 이 책의 시너지 효과를 기대한다. 이 책은 학생들에게 글쓰기의 좋은 길잡이가 되어 줄 것이다.

2015년 1월

저자 일동

이 책의 예문들은 원문을 그대로 싣는 것을 원칙으로 하고 가급적 출전을 밝혔습니다. 편집 및 제작 과정의 원문 훼손, 오용으로 인한 문제점의 책임은 편찬 위원회에 있습니다.

차 례

PART 2

PART 1

CHAPTER 01

글쓰기란 무엇인가

우리는 거의 매일 글을 읽고, 쓰고 있다. 블로그(blog)에 글을 올리기 위해 쓰기도 하고, SNS를 통해 자신의 근황을 남기기도 한다. 또 친구나 지인들에게 메일을 쓰기도 하고, 과제를 제출하기 위해 쓰기도 한다. 이 장에서는 우리가 늘 접하고 있는 글쓰기에 대한 여러분의 생각을 들어보고, 앞으로 우리가 배우게 될 글쓰기가 무엇인지 생각해 보는 시간을 갖게 될 것이다.

■ 목표

1. 글쓰기의 개념과 의의를 익힌다.
2. 글쓰기를 시작하는 데 필요한 것이 무엇인지 생각해 본다.

■ 구성

1. 글쓰기의 개념과 의의
2. 글쓰기의 시작

연습문제

1. 글쓰기의 개념과 의의

1) 글쓰기의 개념과 정의

우리는 하루에도 몇 번씩 글로 이루어진 방대한 양의 정보와 마주하며 살고 있다. 그런데 막상 이렇게 많은 양의 글을 읽으며, 어떤 글은 흥미롭게 받아들이기도 하고, 어떤 글은 별로 신경 쓰지 않고, 지나치기도 한다. 어떤 글이 흥미로운 글일까? 또 어떤 글은 그냥 지나치는 글이 되는 것일까?

어떻게 좋은 글을 쓸까를 고민하기에 앞서 글을 쓰는 것은 무엇인지부터 생각해 볼 필요가 있다. 먼저 어느 대학생이 '대학생활에서 가장 중요한 것은 무엇일까?'라는 제목으로 작성한 다음 글을 읽어보자.

예문 1

대학생활에서 가장 중요한 것은 무엇일까?

저는 '능동적인 자세'라고 생각합니다. 아직 1학년이라 지금도 적응 중이지만 고등학교 시절과 가장 다른 것이 무엇인지 묻는다면 그건 바로 능동적 자세라고 할 것입니다. 전반적인 학교생활이나 사소한 정보들까지 돌봐주시던 담임선생님이 없는 대학 생활에서는 자신에게 도움이 될 만한 것들을 스스로 찾아보고, 알아내어 결과를 이끌어내는 능동적 자세가 가장 중요하다고 생각합니다.

–학생의 글

이 글은 학생이 글쓰기 시간을 시작하기에 앞서 자신의 대학생활에 대해 답한 내용이다. 글을 쓰기 위해 사용한 특별한 장치나 문학적인 수사법, 이 글만의 독특함 같은 것이 있을까? 또는 이 학생은 대학생활에서 가장 중요한 것이 무엇인지를 쓰기에 앞서 특별히 글쓰는 방법을 배운 경험이 있는 것일까?

글쓰기는 자신이 생각한 것을 표현하는 가장 쉬운 방법 중의 하나이다. 흔히 우리는 언어보다 문장을 통해 자신의 생각을 표현하는 것을 어렵다고 생각한다. 무엇인가를 쓰는 행위는 특별한 형식이나 요령이 필요하다고 생각하기 때문이다. 하지만 유명한 연설가나 정치인들의 연설 장면을 보면 유창한 연설 뒤에는 반드시 연설 내용을 미리 작성한 원고가 있다는 것을 알 수 있다.

글을 쓰는 것이 어떤 경우에는 더 쉽고 자연스러우며, 이를 말하는 것이 더 어려운 경우도 있다. 말로 하는 것을 흔히 구어표현이라고 하고, 글로 쓰는 것을 문어표현이라고 한다. 두 가지 모두 사람의 생각이나 사상, 감정 등을 의도를 가지고 표현한다는 점에서는 비슷하지만 몇 가지 차이가 있다.

첫째, 구어는 말을 하는 동시에 사라져 버리기 때문에 듣는 사람도 즉각적으로 인식하고 저장해야 하지만 문어는 이에 비해 영속성을 갖고 있다. 글을 읽는 사람은 필요하다면 얼마든지 반복해서 단어 또는 문구, 문장 등을 읽을 수 있다.

둘째, 문어는 구어와 달리 그것을 표현하는 속도에 크게 구애받지 않는다. 구어는 대화를 하는 상대나 상황에 따라 전달 시간에 제한을 받을 수 있지만 문어는 자신의 속도로 쓰고, 읽을 수 있다는 점에서 차이가 있다.

셋째, 문어는 구어와 달리 글쓴이와 독자가 서로의 시간적 거리와 물리적 거리를 갖게 된다. 문어는 구어처럼 같은 시간에 의사소통이 이루어지는 것이 아니기 때문에 짧게는 몇 분, 길게는 수백 년을 뛰어 넘어 문자를 통해 의미가 전달될 수 있다. 또 직접 마주보며 대화하는 구어와 달리 글쓴이와 공간적으로 일정한 거리를 갖게 된다.

넷째, 구어는 말하는 사람의 강세와 리듬, 억양, 목소리의 크기, 비언어적 요소 등 의미의 전달에 도움을 주는 요소들이 많지만 문어는 대체로 문자에 의존해 의사를 전달하게 된다. 그렇기 때문에 독자가 올바르게 글을 이해하기 위해서는 행간의 숨은 뜻을 찾기 위한 노력이 필요하다.

다섯째, 일반적인 말하기에서는 말하기가 계속 유지되어야 하고, 말하기를 멈추면 자신이 표현하려던 내용을 잊어버릴 수도 있고, 듣는 사람 역시 다른 화제로 전환하거나 순서 교대가 이루어지기도 한다. 하지만 문어는 쓰는 사람이 조금 더 정확한 표현을 만들기 위해 쓰기 활동을 잠시 늦출 수도 있고, 이를 늦춘다고 해서 다른 사람에게 화제가 넘어가거나 쓸 기회를 잃어버리는 것은 아니다. 이러한 문어의 특성은 앞뒤 내용이 보존되기 때문에 일관성을 유지하는 데 큰 도움이 된다.

이밖에도 문어 표현은 구어 표현에 비해 일방적이고, 규정된 형식으로 인해 형식성이 강할 수 있다. 또한 구어 표현이 대개 짧은 구를 많이 사용하는 반면 문어 표현은 복잡한 문장을 이용하거나 수사 기법을 이용하는 일도 있기 때문에 구어 표현과는 달리 인지적 지각을 재조직해야 한다는 특성도 가지고 있다.

글을 쓴다는 것은 이러한 문어적 특성을 고려하는 것이고, 말하기와는 다른 특성에 기인한 표현 방법이라는 것을 아는 것이 중요하다. 당장 옆에 앉아 있는 친구에게 고맙고 사랑한다는 말을 건네는 것과 문자로 보내는 것을 비교해 보면 그 차이를 느낄 수 있을 것이다.

정리하면 글쓰기란 글을 쓰는 것이며 또한 글로 쓰는 것이다. 글을 쓰는 것은 우리의 생각이나 사상, 또는 감정이나 관점 등을 문어표현으로 드러내는 것이고 글로 쓰는 것은 언어와 사고, 언어와 심리, 언어와 문화의 영향관계 등을 고려하여 우리의 생각이나 사상, 또는 감정이나 관점 등을 의도적이고 전략적인 차원의 글로 드러내는 것이라 할 수 있다.

아래의 예문은 글쓰기가 무엇인지 작성한 학생의 예문이다. 여러분이 생각한 글쓰기의 개념과 비교해 보도록 하자.

예문 2

글쓰기란 무엇이라고 생각합니까?

글을 쓰는 것은 자신을 드러내는 것이라고 생각합니다. 블로그나 SNS에 글을 올리는 것도 결국에는 자기 자신의 상태나 기분을 다른 사람에게 보여주기 위해서 작성하는 것이기 때문입니다. 이력서나 자기소개서와 같은 글도 결국에는 같은 이치라고 생각합니다. 남에게 자신을 보여주는 것, 그것이 글쓰기라고 생각합니다.

―학생의 글

2) 글쓰기의 필요성과 의의

앞에서 살펴본 바와 같이 우리는 글을 쓰고, 읽는 과정 속에서 살아가고 있다. 하지만 막상 글쓰기가 왜 필요한지에 대해 누군가 질문한다면 거기에 답하는 것이 쉬운 일은 아닐 것이다. 왜냐하면 글을 쓰면서도 우리 스스로 왜 글을 쓰는지 혹은 이 글을 쓰는 것이 필요한 일인지 생각하지 못할 때가 많기 때문이다. 아래의 그림은 일상생활에서 쉽게 만날 수 있는 글쓰기의 모습들이다.

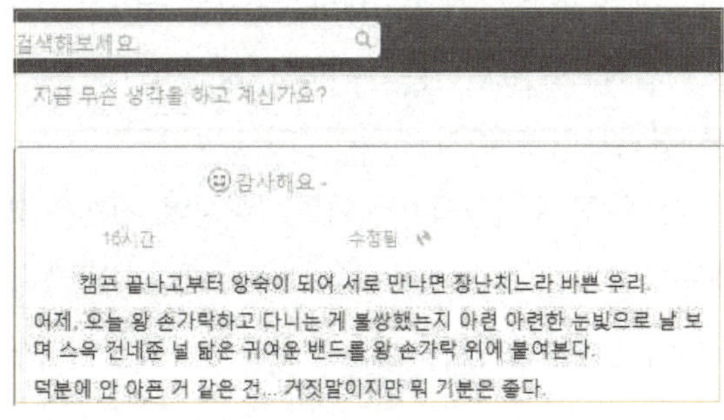

그림 1. SNS를 이용한 글쓰기 예시

<그림 1>과 같은 글쓰기는 자신의 일과를 다른 사람에게 소개하고, 자신이 느낀 생각이나 감정을 다른 사람과 공유하기 위한 내용임을 알 수 있다. 특별한 내용은 아니지만 다른 사람과 공감을 형성하기 위한 내용을 글로 표현한 것이다. <그림 2>는 특정 정보를 타인에게 전달하기 위해 글을 쓴 모습과 자신의 생각을 다른 사람과 공유하거나 다른 사람의 의견을 듣기 위해 글을 쓴 것이다. 이런 경우 사건이나 보

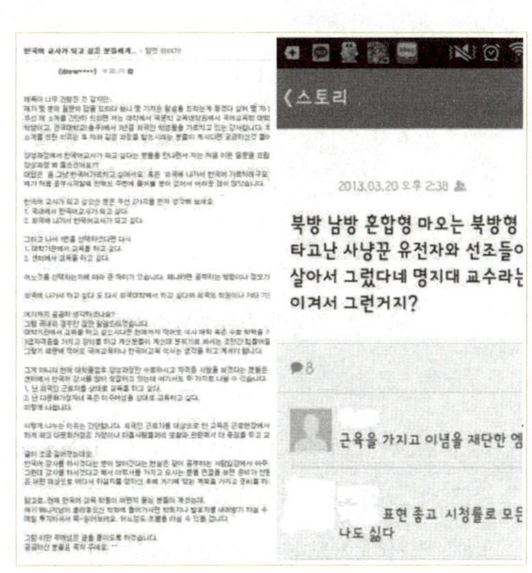

그림 2. 인터넷 카페 등을 이용한 글쓰기 사례

도 기사, 뉴스 등에 대한 자신의 생각이 글감이 되기도 한다.

글쓰기는 이미 그것이 필요한지 필요하지 않은지를 가리기에 앞서 우리 생활 속에 깊숙이 자리 잡고 있고, 산 속에 들어가서 다른 사람들과 일체 관계를 끊고 사는 것이 아니라면 누구라도 글을 쓰는 것에서 자유로울 수 없다. 여러분도 누군가의 글을 읽고, '좋아요'를 누르거나 '공감'을 눌러본 경험이 있을 것이다. 누군가의 글을 읽고, 좋다거나 공감을 한다는 것은 그 사람의 생각이나 상황에 공감한다는 것이지만 그것을 이끌어 내는 것은 그 사람이 쓴 글이라는 것을 알 수 있다. 같은 내용이나 같은 주제의 글을 작성해도 다른 사람의 공감을 얻는 글이 있고, 비난을 사는 글이 있는 것은 글쓰기가 자신의 생각을 직접적으로 표현하는 수단이고, 방법이기 때문에 그럴 것이다. 다음의 사례를 살펴보기로 하자.

<그림 3>은 결혼을 통해 가정의 안정이 이루어지며, 결혼을 하지 않는 것은 정신적인 불안을 가져올 수도 있다는 기사 내용에 대한 댓글을 옮겨온 것이다. 많은 사람들이 이에 공감하고 거기에 대한 자신의 답글도 남긴 것을 볼 수 있다.

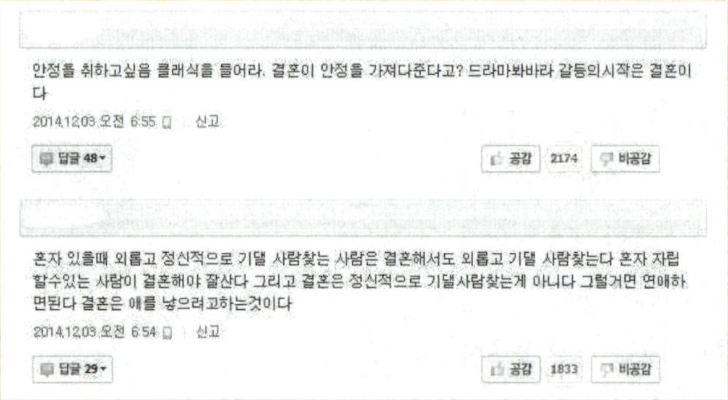

안정을 취하고싶음 클래식을 들어라. 결혼이 안정을 가져다준다고? 드라마봐바라 갈등의시작은 결혼이다

2014.12.03 오전 6:55 신고

답글 48 | 공감 2174 | 비공감

혼자 있을때 외롭고 정신적으로 기댈 사람찾는 사람은 결혼해서도 외롭고 기댈 사람찾는다 혼자 자립할수있는 사람이 결혼해야 잘산다 그리고 결혼은 정신적으로 기댈사람찾는게 아니다 그럴거면 연애하면된다 결혼은 애를 낳으려고하는것이다

2014.12.03 오전 6:54 신고

답글 29 | 공감 1833 | 비공감

그림 3. 인터넷 기사에 달린 댓글과 그에 대한 반응

글을 쓴다는 것은 자기 생각을 남에게 알리기 위한 수단과 방법이며, 단지 거기서 그치는 것이 아니라 자신이 쓴 글을 통해 타인이 내 생각에 공감하거나 나를 평가하는 도구가 되기도 한다. 이와 상반되는 사례를 하나 살펴보기로 하자.

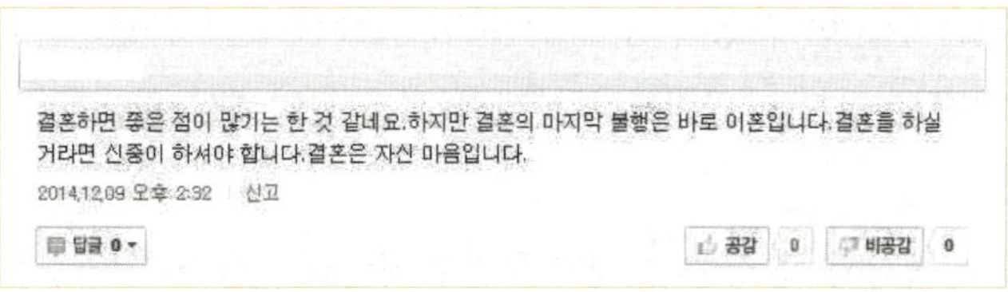

그림 4. 〈그림 3〉과 동일한 기사 내용에 달린 댓글과 그에 대한 반응

우리는 <그림 4>와 같은 글을 쓴 이가 누군지 직접적으로 알지 못한다. 즉, 이 댓글을 쓴 사람의 성격이나 평소의 행동, 말버릇, 인간관계 등을 당연히 알 수도 없고, 알려고 하지도 않는다. 하지만 이러한 댓글을 접하면서 드는 생각은 모두 비슷하다. '이 사람은 개성이 없는 사람인가?' 혹은 '뭘 뻔한 이야기를 하는 거지?', '그러니까 공감하는 사람이 없지'와 같은 생각들 말이다.

또 이렇게 자신의 생각을 공유하는 차원이 아닌 자신이 쓴 글을 통해 평가를 받아야 하는 상황도 발생할 수 있다. 다음의 예는 취업을 준비하는 학생이 작성한 자기소개서의 일부이다.

예문 3

장점 및 특기

저는 한번 시작한 일은 포기하지 않고 하는 편입니다. 근기가 있는 저에게 종이접기는 제법 잘 어울리는 취미입니다. 방법을 따라 접다보면 하나씩 완성되어가는 모습을 보고 뿌듯함을 느끼며 유아들이 원하는 모양을 자유자재로 만들 수 있습니다. 또한 아이들이 좋아하는 동화를 잘 들려주기 위해 동화구연 자격증을 따서 연습하고 있습니다. 유아들은 목소리와 손짓에 따라 몰입도가 달라질 수 있으며, 아이들을 지도하는 데에 큰 도움이 될 것이라 생각합니다. 종이접기와 동화구연의 저의 성격과 잘 맞고 어울리는 장점이라고 생각합니다.

–학생의 글

<예문 3>과 같이 때로는 글쓰기를 통해 자신의 성장환경이나 가치관, 성격, 장래포부 등을 평가 받는 일이 생길 수도 있다. '자기소개서'와 같은 글은 취업에 중요한 영향을 미치는 글이다. 이러한 글은 이 사람이 어떤 사람이고, 회사에서 필요한 사람인지를 평가하는 근거가 된다. 이렇듯 글을

쓴다는 것은 단순한 감정의 공유에서부터 시작해서 취업이나 업무 평가와 같이 실질적인 영향을 미치는 부분까지 여러 분야에서 필요한 것임을 알 수 있다.

다음으로 생각해 볼 것은 '무엇이 우리로 하여금 글을 쓰게 만드는 것일까' 라는 질문이 될 것이다.

글을 쓰는 이유에 대해 어떤 학자는 자신의 감정을 해소하는 과정의 하나이며, 글을 쓰는 과정을 통해 카타르시스(catharsis)를 느끼기 때문이라고 했고, 어떤 철학자는 글쓰기 자체가 자기 치유의 과정이라고 말하기도 한다. 또 어떤 이는 글쓰기가 진실을 드러내고 싶은 욕망을 분출하는 것이라고 보기도 하며, '휴머니즘'을 추구하는 하나의 방편으로 보기도 한다.

하지만 모든 철학자나 학자들의 의견보다도 중요한 것은 우리 스스로가 느끼는 글쓰기의 필요성과 이유가 될 것이다. 한 블로거가 자신의 블로그에 글을 쓰는 이유를 아래와 같이 게시하였다.

예문 4

1단계 : 글을 쓰면 내 생각에 공감하는 사람들이 주위에 모이게 된다.
예) '라면은 몸에 해롭지만, 맛은 있다.'라는 글을 쓰자, 맞장구를 치는 사람들이 댓글을 달고, 이야기를 건넨다. (공명)

2단계 : 내 생각에 자신이 없다가도, 내 생각에 공감하는 사람들과 이야기를 나누다 보면, 나만의 생각이 크게 잘못된 것이 아니라는 확신이 생긴다.
예) 라면을 해로운 줄 알면서도 밤마다 먹는 사람이 나 말고도 더 있다는 생각에 안도감이 든다. (지지)

3단계 : 내 글에 공감한 사람들은 글을 읽으며 나와 동질감을 느끼게 되고, 동질감은 대부분 나와의 관계에 좋은 영향을 미친다.
예) 내가 밤에 먹는 라면을 좋아한다는 사실을 안 주위 친구들이 저녁에 함께 라면을 먹자며 나를 꼬드긴다. 나는 못 이기는 척 그들과 함께한다. (우호)

4단계 : 무엇보다도 가장 좋은 건, 내 생각에 반대하는 사람들은 나를 적대시하며, 나와 점점 멀어지게 된다는 거다.
예) 야식을 싫어하는 친구들은 혹시 내가 라면을 먹자고 할까 봐, 나를 점점 멀리한다. (배척)

5단계 (완성) : 이로써 나는 제 멋에 겨워 인생을 설계하기 위한 주변 세팅에 한 걸음 다가선다.

–깜신의 작은 진료소(http://jinmedi.tistory.com/362)

이 블로거가 쓴 내용을 보면 자신이 글을 쓰는 이유를 다섯 가지의 단계에 따라 분류하고, 나름대로 자신의 가치관을 담아 글쓰기의 목적과 필요성을 분명히 밝히고 있다. 이 사람에게 왜 글을 쓰냐고 묻는다면 '공명-지지-우호-배척-완성'이라는 이유로 글을 쓴다고 말할 것이다.

잘 쓴 글은 자신의 생각을 잘 표현한 글이고, 이는 다른 사람이 자신의 생각을 쉽게 이해하는 데 큰 도움을 준다. 그렇게 본다면 글을 잘 쓴다는 것은 다른 사람이 나를 더 잘 이해할 수 있게 하는 것이고, 이러한 이해를 바탕으로 다른 사람과 더 잘 소통하기 위한 것이라고 볼 수 있다.

요약하면 글쓰기가 필요한 이유는 나를 온전히 표현하고, 이를 통해 다른 사람이 나를 더 잘 이해할 수 있기 때문이다. 또한 글쓰기를 통해 나 자신과의 소통뿐만 아니라 다른 사람과의 의사소통을 가능하게 한다는 점에서 글쓰기의 의의를 찾을 수 있다.

2. 글쓰기의 시작

글쓰기를 시작하려고 할 때 가장 먼저 고민이 되는 부분은 무엇을 어떻게 써야 할지 막막하다는 점이다. 우리는 특별한 상황이 아니라면 거의 같은 것을 보고, 듣고, 먹고 있으며, 직업에 따라 차이는 있지만 비슷한 일과로 하루를 보내고 있다. 무엇에 대해 쓴다는 것은 대상이 반드시 특별한 것일 필요는 없다. 아래의 그림을 먼저 살펴보자.

그림 5. 일상생활을 주제로 한 글쓰기 사례

<그림 5>와 같이 실제 우리가 주고받는 이야기들은 특별한 이야기라기보다는 주변에서 흔히 일어날 수 있는 그런 소소한 일상을 담고 있다. 글쓰기의 소재를 정하는 일은 어려운 일이 아니다. 특별한 무엇인가를 정하는 것이 아니라 같은 소재라도 내가 그것을 특별하게 느끼는 정도에 따라 글쓰기의 소재가 될 수도 있다. 우리는 이번 장에서 사물을 바라보는 새로운 인식과 이것을 어떻게 표현할 것인지를 살펴보기로 한다.

1) 대상에 대한 새로운 인식

똑같은 현실도 그것을 어떻게 느끼느냐에 따라 얼마든지 달라질 수 있다. 글을 쓰는 사람만이 독특한 세상에 살고 있는 것은 아니다. 우리는 모두 같은 모습을 보며, 같은 음식을 먹는 똑같은 세상 속에 살고 있다. 그렇다면 이렇게 똑같은 일상 속에서 우리가 글을 쓰기 위해서는 무엇이 필요할까? 먼저 아래 그림을 한번 살펴보도록 하자.

그림 6. 르네 마그리트의 '아름다운 현실'

이 그림은 벨기에의 화가 르네 마그리트가 그린 '아름다운 현실'이라는 그림이다. 제목은 아름다운 현실인데 사실, 그림 속에 등장하는 것은 우리가 즐겨먹는 사과와 밥을 먹을 때 이용하는 '식탁'이다. 전혀 새로울 것이 없는 아주 일상적인 소재가 등장하지만 이 그림이 새로운 이유는 식탁 위의 사과가 아닌 사과 위의 식탁이 등장하기 때문일 것이다.

글을 쓰기 위한 사고 역시 이와 크게 다르지 않다. 평소에 무심히 지나쳤던 문제들이나 나와는 상관없다고 생각했던 사물들에 대해 다시 한 번 생각하게 하고, 그것이 나와 상관없는 별개의 것이 아니라는 사실을 발견하는 일에서 시작한다.

그렇다면 어떻게 해야 일상적인 사물과 현상에 대해 새로운 의미를 부여할 수 있을까? 어떻게 하면 이러한 낯익은 것들을 낯선 것으로 바꿀 수 있을까? 가장 먼저 해야 할 일은 마음을 열고 새로운 관점으로 사물을 보는 것이다. 피상적이고 고정적인 관념으로 사물을 바라보지 않는 것에서 새로운 인식도 나올 수 있는 것이다. 똑같은 사물과 일상을 새롭게 보는 일을 가장 잘하는 사람은 아마도 시인일 것이다. 우리가 똑같이 느끼는 것에서 시인은 새로움을 찾기도 하고, 일상적인 것을 비일상적인 것으로 그려내기도 한다. 다음의 시를 보기 전에 '모래시계'에 대해 잠깐 생각해 보도록 하자. 우리가 생각하는 모래시계는 시간이 얼마나 지났는지를 확인하는 용도로 사용하는 물건이다. 다음의 시인이 생각하는 '모래시계'의 의미와 '채움'과 '비움'에 대해 생각해 보자.

예문 1

모래시계

정진헌

잊혀진 네 기억들을
반복의 손짓으로
미련 없이 돌려놓지 마라
텅 빈 가슴 하나
채우기 위해 나는
또
하나의 가슴을 버려야만 했다
이제 버려진 시간의 간이역에
너희들이 남겨놓은 것은
야윈 허리 뿐,
기억해 주지 않을
되돌릴 수 없는 줄 알면서도
가슴을
다 비워주던 내가 아니었더냐

이 시인은 우리가 주변에서 흔히 볼 수 있는 '모래시계'를 단순히 시간을 측정하는 도구가 아닌 추억과 기억을 상징하는 것으로 보고 있다. 또 모래시계를 거꾸로 돌려놓는 행위를 텅 빈 가슴을 채우기 위해 하나를 버려야 하는 것으로 인식하고, 그것을 우리네 인생과 연관 지어 이야기하고 있다. 사물을 새롭게 본다는 것은 역설적이게도 그 사물을 오랜 시간 관찰했다는 의미가 되기도 한다. 시인이 모래시계를 소재로 시를 쓴 것은 어쩌면 목욕탕과 같은 장소에서 오랜 시간 모래시계를 관찰하고, 그것에 대해 생각해 봤기 때문에 가능했을 것이다.

대상에 대한 새로운 인식을 위해서 반드시 특별한 방법이 필요한 것은 아니다. 우리는 여기서 두 가지 방법을 통해 대상을 새롭게 인식하는 방법을 찾아보고자 한다. 하나는 고정관념을 버리고 사물을 보는 것이고, 하나는 열린 마음으로 입장을 바꿔 생각해 보는 것이다.

사전에서는 고정관념을 '잘 변하지 않는 것이고, 행동을 결정하는 확고한 의식이나 관념'으로 규정하고 있다. 또 '어떤 단순하거나 지나치게 일반화된 생각들'을 말하기도 한다. 첫 번째 의미만 생각한다면 '고정관념'을 버리는 것은 상당히 힘들고 어려운 일이 될 것이다. 하지만 우리가 여기서 버리고자 하는 고정관념은 두 번째 의미의 고정관념이다. 우리가 어떤 사물이나 사람, 관념 등을 과거의 경험이나 단편적인 지식만을 가지고 일반화해서 생각하는 구태의연한 생각들이 우리가 버리고자 하는 '고정관념'이다.

고정관념을 버리고 사물을 본다는 것은 때로 물건을 거꾸로 보는 것과 같은 것이다. 올바르게 세워져 있을 때에는 보이지 않던 것들이 때로는 거꾸로 세워지면 보이기도 한다. 추상화의 선구자라 불리는 러시아의 화가 바실리 칸딘스키는 우연히 거꾸로 놓은 자신의 그림을 보고, 추상화를 그리게 되었다고 한다.

<그림 7>은 마르크 샤갈의 '서커스의 말'이라는 작품을 거꾸로 한 것이다. 똑바로 했을 때와 무엇이 달라졌을까? 누군가는 이 그림을 보고, 여자가 거꾸로 선 상태에서 다리로 말을 들고 있다고 할 수도 있을 것이고, 남자가 거꾸로 줄에 매달려 있다고 볼 수도 있을 것이다. 거꾸로 본다는 것은 단순히 180도로 사물을 돌린다는 의미만은 아니다. 익숙하고 편안하다고 느끼는 시각을 조금 바꿔서 볼 필요가 있다는 의미이다.

그림 7. 마르크 샤갈의 '서커스의 말'

사물을 바라보는 새로운 인식은 이렇게 대상에 대한 고정 관념을 버리는 것에서 시작할 수 있다. 고정 관념을 버리는 일은 때로 아주 익숙한 두 가지를 섞어 놓는 방법으로 시도해 볼 수도 있다. 다음의 시를 통해 익숙한 두 가지가 어떤 방법으로 섞여 있는지 살펴보기로 하자.

예문 2

간

윤동주

바닷가 햇빛 바른 바위 위에
습한 간을 펴서 말리우자,

코카서스 산중에서 도망해 온 토끼처럼
둘러리를 빙빙 돌며 간을 지키자.

내가 오래 기르던 독수리야!
와서 뜯어먹어라, 시름없이

너는 살찌고

나는 여위어야지, 그러나

거북이야!
다시는 용궁의 유혹에 안 떨어진다.

프로메테우스 불쌍한 프로메테우스
불 도적한 죄로 목에 맷돌을 달고
끝없이 침전하는 프로메테우스

이 시에 등장하는 '프로메테우스'는 그리스 신화에서 인간들을 위해 죄를 짓고 평생 간을 파 먹히는 형벌을 받은 존재이다. 토끼가 왔다고 하는 '코카서스 산'은 프로메테우스가 제우스에 의해 형벌을 당하고 있는 장소이다. 또 하나 여기에 등장하는 토끼와 거북이는 우리가 익숙하게 잘 알고 있는 '토끼전'에 등장하는 인물들이다. 프로메테우스와 토끼, 거북이라는 알려진 사실과 이미지를 결합하여 새로운 모습과 의미를 만들어 내고 있다.

고정관념을 버린다는 것은 열린 마음으로 사물을 볼 수 있다는 의미가 되기도 한다. 고정관념과 열린 마음을 이야기할 때 그림이나 사진 등을 활용하는데 다음 그림을 보면서 열린 마음에 대해 조금 더 살펴보기로 하자.

<그림 8>은 인터넷 유머 게시판 등에서 쉽게 볼 수 있는 착시 현상을 다룬 그림과 사진들이다. '착시'는 시각에 관해서 생기는 착각을 말하는 현상이다. 다시 말하면 무엇인가를 익숙하게 보다가 거기에 새로운 것이 있음을 눈치 채지 못하거나 예상하지 못했던 상황이나 장면으로 인해 혼란을 겪는 것을 말한다. 그림의 좌측은 의자 다리를 여성의 다리 모양으로 만든 것인데 그 위에 앉아 차를 마시고 있는 사람들이 수녀이기에 순

그림 8. 착시 현상을 일으키는 그림들

간적으로 더 놀라게 되는 것이다.

착시를 일으키는 것이 열린 마음을 갖는다는 의미는 아니다. 다만 우리가 익숙하게 알고 있는 사실이나 관점이 때로는 우리 눈을 가리기도 한다는 것을 보여주고자 한 것이다. 선의 길이가 다르게 보이는 착시 사진이나 사람의 키가 다르게 보이는 착시 사진은 모두 원근법에 기초한 것이다. 우리는 '멀리 있는 것은 작게 보이니까 멀리 있는 것이 가장 큰 것일 것'이라는 원근법을 알고 있기에 착시 현상을 일으킨다.

고정 관념을 버리는 것과 함께 우리가 반드시 해봐야 할 것 중에 하나는 '입장'을 바꿔 보는 것이다. 나의 입장이나 상황이 아닌 상대방의 입장에서 사고하는 것이 때로는 문제의 해결 방안이 될 수도 있기 때문이다. 다음은 2004년에 지하철에서 볼 수 있었던 미아예방 공익 광고의 한 장면이다.

두 사진 중 위의 사진은 부모를 잃은 아이의 입장에서 만들어진 문구이고, 아래 사진은 아이를 잃은 부모의 입장에서 작성된 광고 문구이다. 미아가 발생했다는 점에서 똑같이 가슴 아픈 일이지만 '앞이 깜깜하다'와 '하늘이 노랗다'는 문구를 통해 입장에 따라 바라보는 관점이나 글을 쓰는 것이 달라질 수 있음을 보여주고 있다.

다른 사람의 입장에서 생각할 수 있다는 것은 다른 사람을 이해할 수 있다는 이야기도 될 수 있다. 우리는 여기서 잠깐 김유정의 단편 소설 일부를 살펴보려고 한다. 이 소설에 등장하는 '나'와 '장인'이 왜 이런 다툼을 벌이고

그림 9. '미아예방' 관련 공익광고

있는지 그 이유를 생각하며, 읽어보자.

예문 3

"아! 아! 이놈아! 놔라, 놔."

장인님은 헷손질을 하며 솔개미에 챈 닭의 소리를 연해 질렀다. 놓긴 왜, 이왕이면 호되게 혼을 내주리라 생각하고 짓궂이 더 댕겼다. 나는 장인님이 땅에 쓰러져서 눈에 눈물이 피잉 도는 것을 알고 좀 겁도 났다.

"할아버지! 놔라, 놔, 놔, 놔, 놔라." 그래도 안되니까, "애 점순아! 점순아!"

이 악장에 안에 있었던 장모님과 점순이가 헐레벌떡하고 단숨에 뛰어 나왔다. 나의 생각에 장모님은 제 남편이니까 역성을 할는지도 모른다. 그러나 점순이는 내 편을 들어서 속으로 고수해 하겠지…. 대체 이게 웬 속인지(지금까지도 난 영문을 모른다) 아버질 혼내 주기는 제가 내래 놓고 이제 와서는 달겨들며, "에그머니! 이 망할 게 아버지 죽이네!" 하고, 귀를 뒤로 잡아댕기며 마냥 우는 것이 아니냐. 그만 여기에 기운이 탁 꺾이어 나는 얼빠진 등신이 되고 말았다. 장모님도 덤벼들어 한쪽 귀마저 뒤로 잡아채면서 또 우는 것이다. 이렇게 꼼짝도 못하게 해 놓고 장인님은 지게막대기를 들어서 사뭇 내려조겼다. 그러나 나는 구태여 피하려지도 않고 암만해도 그 속 알 수 없는 점순이의 얼굴만 멀거니 들여다보았다.

—김유정의 소설 『봄봄』(1935) 중

이 소설의 등장인물 사이에 갈등이 일어나는 이유는 서로의 입장이 다르기 때문이다. 빨리 장가를 가야 하는 '나'와 조금이라도 늦추려는 '장인', 아버지와 정혼자 사이에서 갈등할 수밖에 없는 '점순이'까지 서로가 처한 입장이 다르기 때문에 끊임없이 갈등이 생긴다.

우리는 이 장에서 '대상에 대한 새로운 인식'에 대해 이야기하고 있다. 그리고 대상에 대한 새로운 인식을 위해 필요한 두 가지를 살펴보았다.

첫째는 '고정관념'을 버리는 것이다. 우리가 늘 보고, 듣는 것에서 벗어나 능동적이고, 참신한 사고를 하기 위해서는 고정관념을 과감히 깨뜨리는 것이 필요하다.

둘째는 내가 남의 입장이 되어 생각하는 '입장 바꿔 생각하기'이다. 우물

안의 개구리가 우물 크기로 하늘의 크기를 아는 것처럼 우리도 우리의 사고에 갇혀 주변의 것을 정확하게 인식하지 못하는 경우가 있다. 다른 사람의 입장에서 생각해보고, 판단을 내린다는 것은 그 사람을 이해하는 것은 물론 우리 주변에서 벌어지는 일상의 소소한 일들을 새롭게 볼 수 있게 해주는 장치가 된다.

글쓰기 소재는 특별하거나 새로운 것만 있는 것이 아니다. 평소에 익숙하게 봐왔던 대상을 새롭게 인식하는 것은 특별한 것이 아니어도 얼마든지 글쓰기의 소재가 될 수 있다. 대상을 새롭게 보는 방법에는 '고정관념 버리기'와 열린 마음을 갖고 '입장 바꿔 생각하기'가 있다.

2) 사고와 연상 훈련

어떤 소재로 글을 써야 할지를 정했다고 해서 곧바로 술술 글을 쓸 수 있는 것은 아니다. 우리는 앞에서 똑같은 주제라도 어떻게 받아들이는지에 따라 글을 쓰는 시각도 달라질 수 있다는 것을 배웠다. 글을 쓴다는 것은 자신의 생각을 끌어내는 활동이기 때문에 좋은 생각을 하는 것만으로 글이 잘 써지는 것은 아니다. 여기서는 자신의 생각을 밖으로 끌어내기 위한 방법 중에서 대표적인 '브레인스토밍'과 '마인드맵'에 대해 살펴보기로 한다.

(1) 브레인스토밍

브레인스토밍(Brain Storming)은 특정 주제에 대한 글을 쓰거나 어떤 문제의 해결책을 찾기 위해 여러 사람이 생각한 내용을 정리 없이 써나가는 것을 말한다. 브레인스토밍에서는 특별한 형식에 맞춰 쓰는 것이 아니라 되도록 많은 양의 글감을 모아 그 안에서 필요한 내용을 찾는 것이기 때문에 머릿속에 떠오르는 생각을 가능한 많이 적는 것이 중요하다. 우리가 생각하는 창의성이나 아이디어라는 것은 사실 버튼을 누르면 불이 들어오는 전구처럼 간단하게 생성되는 것은 아니다. 여러 글감을 쓰고, 생각하는 과정에서 자연스럽게 생각하지 못했던 글감을 통해 창의성이나 아이디어도 생성될 수 있다.

브레인스토밍은 주로 글을 쓰기 전 단계에 할 수 있으며, 글을 쓰는 중간 과정이라도 쓰는 과정에서 막혔다면 시도해 볼 수 있는 방법이다. 다음 예문을 통해 브레인스토밍을 이용해 글을 시작하는 방법을 살펴보자.

예문 4

만약 '역사 왜곡에 대처하는 우리의 자세'라는 글을 써야 한다고 가정했을 때 이 주제에 대해 생각나는 사항을 다음과 같이 적어 볼 수 있을 것이다.

신문이나 뉴스에서 본 역사 왜곡과 관련된 이야기/ 학창 시절 교과서에 수록된 장면/ TV 예능 프로그램에 나왔던 어느 외국인의 말/ 동북공정이라는 말은 '동북 변경 지역의 역사와 현상에 관한 체계적인 연구 과제'를 줄인 말이다./ 중국은 고조선과 고구려, 발해 등을 고대 중국의 동북지방에 속한 지방정권으로 규정하고 있다./ 역사를 통해 우리는 문화적 뿌리와 전통 유산을 이해하게 된다./ 독일에서는 일찌감치 폴란드 등의 피해 국가에 정신적 물질적 보상을 지급했다./ 일본 역사 교과서에는 한국 병합 후 설치된 조선총독부를 통해 한국의 근대화에 이바지했다고 기술하고 있다./ 독도는 우리땅의 4절 가사는 러일전쟁 직후에 임자 없는 섬이라고 억지로 우기면 정말 곤란해 신라장군 이사부 지하에서 웃는다 독도는 우리땅!/ 한국에서는 2006년 동북아 역사재단을 만들어 일본과 중국의 역사 왜곡에 대처하고 있다./ 미국에서는 '요코 이야기'라는 소설책으로 인해 등교 거부 사건이 있기도 했다./ 반크(VANK)는 영문 'Voluntary Agency Network of Korea'의 머리글자를 딴 것이다./ 중국의 역사왜곡에 대처하기 위해서는 남북 공조를 통한 고구려사 연구를 더욱 활성화하여야 한다./ 위안부 청구권 문제는 완전하고도 최종적으로 해결이 끝났다는 일본 정부 대변인의 발언이 있었다./ 2014년 기준 일본군에 의해 강제로 동원된 피해자는 234명 중 55명만이 살아 있다./

브레인스토밍은 먼저 위와 같이 다양한 생각을 모으는 것에서 시작한다. 다양한 글감을 찾을 수 있다는 것만으로도 위와 같은 방법은 글을 시작하는 데 효과적일 수 있다. 하지만 이를 활용하고 정리해서 조금 더 쉽게 사용할 수 있게 하는 방법도 있다. 먼저 쓰고자 하는 주제와 관련이 없는 내용은 삭제하고, 남은 내용을 분류하는 것이다. 남은 내용을 분류하는 일은 써 놓은 글감을 비슷한 주제로 묶는 것에서 시작할 수 있다. 예를 들어 예문에서 작성한 내용은 다음과 같은 기준으로 묶일 수 있다.

왜곡의 현황

신문이나 뉴스의 왜곡 관련 보도

중국이 고조선과 고구려, 발해 등을 고대 중국의 동북지방에 속한 지방정권으로 규정하고 있는 사실

일본 역사 교과서에 기록된 한국의 근대화에 관한 내용

왜곡에 대처한 정부와 국민의 모습

동북아 역사재단을 만들어 역사적 사료를 찾고 있는 일

남북 공조를 통한 고구려사 연구

반크(사이버 외교 사절단)을 통한 한국 바로 알리기 운동

해외에서 교포들의 활동

만약 위와 같이 간단한 분류가 이루어진다면 이를 바탕으로 결론에 자신의 생각을 담은 대처 방안이나 태도를 기술하는 것에 큰 도움이 될 수 있다.

브레인스토밍은 처음부터 필요한 내용만 적는다는 생각보다는 관련된 내용을 두서없이 최대한 많이 적고, 나중에 글을 쓰는 데 필요한 내용을 골라 이용할 수 있다. 조별 과제와 같이 혼자서 하는 글쓰기가 아니라면 여러 사람이 브레인스토밍 방법을 이용해서 다양한 글감을 모은 후 필요한 내용을 선별할 수 있다.

(2) 마인드맵

마인드맵은 영국의 언론인인 토니 부잔이 1960년대 두뇌의 특성을 고려해 고안한 방법으로 '생각의 지도'를 그리는 것이다. 특정 교과의 학습법이나 기억력뿐만 아니라 다양한 업무에도 활용되고 있으며, 자기가 쓸 내용을 한눈에 살펴볼 수 있다는 장점으로 인해 글쓰기 과정에서도 많이 활용되고 있다. 앞서 살핀 브레인스토밍이 다양한 생각을 제약 없이 적어 나가는 활동에 유용하다면, 마인드맵은 가지를 통해 중심생각과 거기에 해당하는 세부 사항 등을 정리하며 작성하는 데 효과적이다.

마인드맵을 그리는 방법은 여러 방법이 있을 수 있으나 가장 기본적으로 할 수 있는 방법은 다음과 같다.

첫째, 종이를 놓고, 가운데에 중심 생각 혹은 이미지를 그려 넣는다.

둘째, 중심 생각 주변으로 나뭇가지처럼 가지를 그려 넣는다.

셋째, 큰 나무 줄기에 중심 생각과 관련한 키워드를 쓴다.

넷째, 큰 가지 옆에 작은 가지를 그려 넣고, 주제어와 관련한 세부 사항을 적는다.

다섯째, 위와 같은 방법으로 작은 가지를 늘려갈 수 있다.

위와 같은 방법을 이용해서 '저녁식사 메뉴'라는 주제로 마인드맵을 구성한다면 다음 그림과 같이 구성해 볼 수 있다. 단 마인드맵을 통해 내용을 구성할 때는 한 가지에 하나의 주제어만 들어가도록 구성하는 것이 좋으며, 되도록 색상을 달리해 쉽게 분류할 수 있도록 작성하는 것이 필요하다.

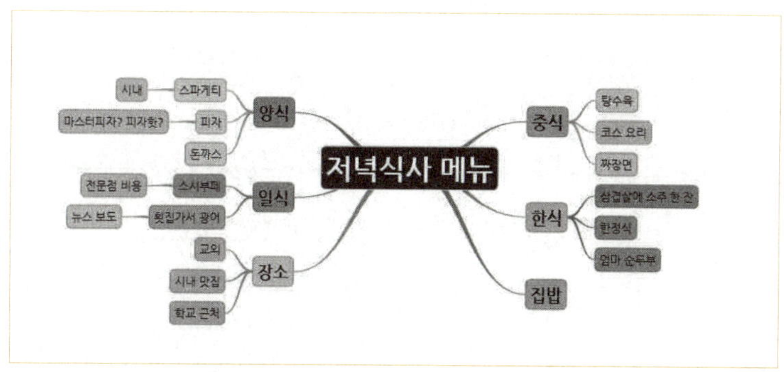

그림 10. '저녁식사 메뉴'를 마인드맵으로 옮긴 모습

마인드맵은 위 그림과 같이 중심에 놓아야 할 주제어를 먼저 쓴 후 거기에 맞춰 생각나는 내용을 줄기(혹은 선)를 통해 연결하며 작성할 수 있고, 그림을 통해서도 해 볼 수 있다.

마인드맵 방식은 각각의 관련 키워드의 관련성을 파악하거나 새로운 정보를 추가하기에 편리하다.

우리가 생각하는 내용을 글로 펼치기 위해서는 우리의 생각을 밖으로 끌어낼 수 있는 방법이 필요하다. 브레인스토밍은 내가 가지고 있는 생각을 최대한 많이 써 내려가는 것이고, 이렇게 쓴 글감은 나중에 내가 쓸 내용에 맞게 분류하면 된다. 마인드맵은 하나의 중심 생각을 놓고, 거기에 관련된 내용을 가지 형태로 적는 방법으로, 내 생각을 체계적으로 한눈에 알아볼 수 있게 정리하는 방법이다.

연습문제

1. 자신이 생각하는 글쓰기의 개념과 정의를 한마디로 표현해 봅시다.

내가 생각하는 글쓰기는

[ ] 이다.

2. 여러분이 블로그나 SNS에 글을 쓰거나 댓글을 다는 이유는 무엇입니까?

3. 익숙하게 봐 왔던 것들, 당연하다고 생각했던 것, 우리와 다르다고 생각했던 것 중에서 시각을 달리했을 때 다르게 볼 수 있는 것에는 무엇이 있습니까?

【예시】 다문화가정에 시집온 결혼이민자들은 그냥 가난하고, 배우지 못한 사람이라고만 생각했었는데 얼마 전 신문기사를 통해 많은 결혼이민자들이 학교에서 방과 후 교사로 활동하는 모습을 보고 내가 일부만 보고, 그런 고정관념을 갖게 되었다는 사실을 알게 되었다.

4. 브레인스토밍 방법을 연습할 수 있도록 아래의 주제를 보고 떠오른 내용을 생각나는 대로 적어 봅시다.

▸ 인터넷 실명제의 장단점과 필요성에 대해 생각해 보자.

5. 마인드맵은 단순히 어린이들의 글쓰기나 연습에만 활용되는 것은 아닙니다. 현재 많은 기업에서 회의 내용을 정리하거나 발표하는 데에도 적극적으로 활용하고 있습니다. 여러분도 마인드맵을 이용해서 간단하게 자신의 생각을 정리해 보도록 합시다. 주제어는 누구나 쉽게 생각할 수 있는 '여행'으로 정해 봅니다.

여행

글의 기초와 진술방식

이 장에서는 글을 구성하는 순차적 요소들을 살펴보려 한다. 단어, 문장, 문단의 성격을 알고 활용할 수 있도록 하자. 글의 내용을 효과적으로 전달하기 위해 다양한 진술방식을 알고 연습해 보도록 하자.

■ 목표

1. 단어의 개념을 안다.
2. 정확한 단어를 고르고 잘 배열하여 좋은 문장을 쓸 줄 안다.
3. 문단의 형식, 소주제문과 뒷받침 문장을 쓸 줄 안다.
4. 설명, 논증, 서사, 묘사를 이용한 진술을 할 줄 안다.

■ 구성

1. 단어
2. 문장
3. 문단
4. 진술 방식

연습문제

1. 단어

1) 단어의 개념

국립국어원의 『표준국어대사전』에 '단어(單語)'는 "분리하여 자립적으로 쓸 수 있는 말이나 이에 준하는 말 또는 그 말의 뒤에 붙어서 문법적 기능을 나타내는 말"로 정의하고 있다. "분리하여 자립적으로 쓸 수 있는 말"이라는 개념에는 '일정한 뜻을 담고 있다'는 의미가 담겨 있다. 따라서 "단어는 스스로 일정한 뜻을 담고 있고, 분리하여 자립적으로 쓸 수 있는 말이나 이에 준하는 말 또는 그 말의 뒤에 붙어서 문법적 기능을 나타내는 말"로 정리할 수 있다.

글쓰기 과정에서 단어는 내용을 구성하고 형식을 갖추는 기본 단위이다. 단어는 문장과 문단, 완결된 글의 내용을 구성하는 요소이면서 맞춤법, 띄어쓰기와 같은 글의 형식을 갖추는 기본 요소이기 때문이다. '간결한 표현과 핵심을 정확하게 찌르는 단어와 문장의 선택은 수사학의 기본'이라는 말에서도 알 수 있듯이, 글쓰기의 성패는 어떠한 단어를 선택해서 그것들을 어떻게 결합하느냐에 달려 있다고 해도 틀린 말은 아니다.

우리가 '공부를 한다는 것' 또는 '무엇을 알아간다는 것'은 곧 단어를 알아간다는 것이고, 그것은 곧 단어의 의미를 알아가는 것이고, 새로운 단어를 만들어 가는 일과 다르지 않다. 대학의 학문 역시 단어 공부가 그 기본이라는 점을 상기한다면, 단어는 글쓰기뿐만 아니라 모든 학문의 기본 단위라고 할 수 있다. 한 사람의 지적 수준은 그 사람이 알고 활용하는 단어의 양과 질에서 결정된다는 것은 결코 과장된 말이 아닐 것이다.

2) 단어 선택의 요건

단어는 스스로 일정한 뜻을 담고 있기 때문에 문장을 이루는 기본 요소이다. 내용과 표현의 충실성과 정확성, 경제성, 명료성, 독창성, 타당성 등 좋은 글이 갖추어야 할 요건들은 단어의 선택과 밀접한 관련이 있다. 따라서 좋은 문장, 더 나아가 일관되고 완결된 문단과 글을 이루기 위해서는 단어를 적절하게 선택하는 일이 무엇보다 중요하다. 문장을 구성하는 단어의 뜻이 명료하지 않거나 문맥에 어울리지 않을 경우, 그 문장은 온전할 수 없으며, 글의 완결성을 떨어뜨릴 수밖에 없다.

단어를 선택할 때는 다음과 같은 사항에 주의해야 한다.

첫째, 단어의 뜻을 명확히 파악해야 한다. 올바르지 않은 문장은 그 뜻이나 용례를 확인하지 않고 그저 막연하게 혹은 어림짐작으로 단어를 사용하기 때문에 발생한다.

활동 - 바르게 고치기

1. 인간들은 변변한 지식을 가지고 자연을 정복한다는 용단을 과시한다. 그러나 자연의 위력은 인간이 거역하기에는 너무 막중하다.
2. 난 그 사람과는 생각하는 게 틀려.
3. 그는 아무 생각 없이 바닥만 쳐다보고 있었다.
4. 그는 너무 소심해서 대단히 작은 일에도 신경을 쓴다.

둘째, 단어의 용법에 주의하여야 한다. 단어가 문장에서 어떤 말과 어울릴 수 있는지 없는지를 잘 판단하고 적절한 상황에 바르게 사용하여야 한다.

활동 - 바르게 고치기

1. 영희는 우리학교에서 가장 노래를 잘 하는 학생 가운데 하나이다.
2. 그는 행동이나 마음씨가 너무 예쁘다.
3. 이건 저희 나라에서는 볼 수 없는 제품입니다.

셋째, 될 수 있으면 쉬운 우리말을 쓰도록 한다. 글을 쓰는 사람도 뜻을 잘 알지 못하면서 어려운 용어나 불필요한 한자어나 낯선 외국어, 일본어식 말투를 쓰는 사람이 많은데, 이는 의미 전달을 가로막을 뿐만 아니라 자기 과시와 허세를 드러내는 인상을 주므로 독자의 거부감을 불러일으킬 수 있다.

활동 - 바르게 고치기

1. 현재 허다한 문제가 간단없이 대두되어 법안의 제정이 지연되고 있다. 조속한 시일 내에 협상을 속개하여 산적한 사안들을 처결할 필요성이 증대되는 시점이다.
2. 오랜만에 고향 친구와 해후하였다. 예전에는 서로를 폄훼하던 라이벌 사이였다.
3. 얼마 전 은행에 새로 개설한 구좌의 잔고 내역을 살펴봤다.

넷째, 군더더기 없이 단어를 간명하게 써야 한다. 뜻이 같은 말을 중복해서 쓰는 일이 없어야 한다. 문맥을 통해 앞뒤 관계를 이해할 수 있다면 '그러나', '그런데' 등의 접속어도 가급적 사용하지 않는 것이 좋다.

활동 - 바르게 고치기

1. 역전앞에 있는 해변가를 걷고 있는데, 지나치게 과음을 한 듯이 보이는 청년이 내 앞으로 전진해 오고 있었다.
2. 이번 투표에서 과반수가 넘을 것이라고 미리 예견하였다.

다섯째, 추상적인 단어보다는 구체적인 단어를, 상투적인 표현보다는 독창적인 표현을 찾아 써야 한다. 구체적인 단어, 독창적이고 참신한 표현은 글 쓰는 이와 읽는 이를 보다 가까이 연결시켜 이해와 공감을 북돋는 힘을 발휘한다.

활동 - 바르게 고치기

1. 내가 극도의 상실감에 고통 받고 있을 때 사막의 오아시스 같은 반가운 소식이 들렸다.
2. 내가 차가운 상실감 속에 축축히 잠겨 있을 때 따뜻한 햇살 같은 반가운 소식이 들렸다.

여섯째, 차별적인 의미를 갖는 단어를 사용하거나 표현을 삼간다. 글의 맥락에 따라 사회적 약자나 소수자, 성이나 인종에 따른 차별적인 요소가 없는지 살펴야 한다.

활동 - 바르게 고치기

1. 푼 돈에 눈먼 대기업의 횡포를 참을 수 없다.
2. 개방과 지역주의 추세에 적극 대응하지 않으면 통상의 고아로 전락할 수 있다.
3. '약한 자의 슬픔'은 <창조> 창간호에 발표된 김동인의 처녀작이다.

3) 어휘 익히기

어휘란 "어떤 일정한 범위 안에서 쓰이는 낱말의 수효. 또는 낱말의 전체"이다. 곧 자유로이 부려 쓸 수 있는 단어가 어휘인 것이다. 한국은행의 돈이 다 내 돈이 아니고 내 지갑에 있어야 내 돈이듯이, 사전에 있는 수많은 단어가 내 어휘가 아니고 내가 수시로 쓸 수 있도록 내 안에 있어야 내 어휘임을 명심하자.

어휘를 늘리려면 말에 대한 지속적인 관심이 필요하다. 우선 사전 찾기를 생활화하는 것이 필요하다. 그리고 아래와 같은 우리 말 관련 사이트도 적극적으로 활용하는 것이 좋겠다. 되도록 일상생활에서부터 다양한 단어를 구사하는 연습을 하자.

국립국어원 http://www.korean.go.kr
우리말 배움터 http://urimal.cs.pusan.ac.kr
우리말 다듬기: http://malteo.korean.go.kr/jsp/index.jsp
안녕 우리말 : http://www.urimal.kr
한글학회 누리집 글터 http://www.hangeul.or.kr

2. 문장

1) 문장의 개념

문장은 독립적이고 완결된 생각을 담은 최소의 단위이다. 여기에서 '최소의 단위'는 상대적 개념이다. 단어들의 결합으로 이루어지는 문장들, 즉 생각의 덩어리들이 모여 문단을 이루고, 그 문단이 결합하여 한 편의 완결된 글을 이루기 때문이다. 문장은 단어들의 결합으로 이루어지는데, 단어 자체를 완결된 생각이라고는 할 수 없다. 물론 하나의 단어가 생각의 덩어리가 될 수 있는 경우도 있지만, 그 경우는 문장의 구성 요소가 생략되어 있을 때이다. 글쓰기에서 가장 기초가 되는 과정은 자기 생각을 문장으로 표현하는 단계이다.

생각을 어떻게 전개하는가는 곧 문장을 어떻게 구성해서 연결하느냐의 문제이다. 이는 적절한 단어를 선택하고, 그 단어를 어떻게 결합할 것인가와 맞닿아 있다. 결국, 문장은 선택과 결합에 따라 구성되는데, 이 과정에서 문장 성분과 기본 문형, 그리고 문장의 변형과 확장의 형식 등을 익혀 두면 문장을 올바르게 쓰는 데 도움이 된다.

우리말 문장의 구조는 다음과 같다.

① 주어 + (부사어) + 서술어

② 주어 + 보어+ 서술어

③ 주어 + 목적어 + (부사어) + 서술어

④ 주어 + 목적어+ 부사어+ 서술어

서술어에 따라 필수적인 문장성분이 있으므로 그것이 빠지지 않도록 주의하여야 한다. 문장에 꼭 필요한 목적어나 보어 등의 성분이 빠지지 않았는가, 그 배열의 순서는 어떠한가 하는 문제에 세심한 주의를 기울여야 한다.

2) 문장의 확장

(1) 수식어에 의한 문장 확장

주성분을 구체적으로 표현해주는 수식어를 첨가함으로써 문장을 확장한다. 주성분이 체언일 경우 그 앞에 관형어를 놓아서 체언을 구체화한다. 또한, 주성분이 동사나 형용사 등 용언일 경우, 그 앞에 부사어를 놓아서 용언을 더 자세히 표현할 수 있다.

① 주인이 친절하다.
　저 주인이 매우 친절하다.
　저 예쁜 주인이 누구보다도 친절하다.

② 이야기가 재미있었다.
　옛날이야기가 기막히게 재미있었다.
　어제 들은 옛날이야기가 아주 기막히게 재미있었다.

③ 학생들이 떠든다.
　학생들이 떠들어 댄다.
　학생들이 떠들고 싶어 한다.

④ 나도 그 과자를 먹었다.
　나도 그 과자를 먹어 보았다.
　나도 그 과자를 먹고 싶다.

(2) 접속에 의한 문장 확장

단문(單文)을 묶어 더 길고 복잡한 문장으로 만드는 방법에는 대개 두 가지가 있다. 하나는 열거격(공동격) 조사를 사용하거나 연결어미를 사용하는 접속(接續)의 방법이고, 다른 하나는 하나의 문장에 다른 문장을 내포(內包)시키는 방법이다. 접속의 방식은 두 문장이 문장 대 문장으로 결합하는 방식이고 내포는 하나의 문장이 마치 하나의 단어처럼 바뀌어 다른 문장의 성분으로 결합하는 방식이다. 다음은 접속에 의해 새로운 문장을 만든 예들이다.

① 너와 나는 대학생이다.

② 나는 돼지고기와 닭고기를 싫어한다.

③ 그는 껌을 씹으면서 말했다.

④ 겨울이 가고, 봄이 왔다.

⑤ 열 길 물속은 알아도 한 길 사람 속은 모른다.

※ **참고**: 연결 어미 – ㉠ 대등적 연결 어미 :–고, –며, –자, –면서, –거나–거나, –든지–든지….
㉡ 종속적 연결 어미 : –면, –니, –나, –지만, –도록, –려고, –러, –로되, –아도/–어도….
㉢ 보조적 연결 어미 : –아/–어, –게, –지, –고 등.

(3) 내포에 의한 문장 확장

두 개 이상의 문장이 대등한 자격을 가지고 결합하는 것을 접속이라고 하는 데 반하여 하나의 문장이 다른 문장의 한 단어처럼 성분으로 결합하는 것을 내포라 한다. 하나의 문장 속에서 서술어, 주어, 목적어, 관형어, 부사어 등이 '주어+서술어'의 구조, 즉 문장 구조를 이루면 소위 복문(複文)이 된다.

① 여름이 되면 수해 방지 대책 마련에 철저를 기해야 한다. (비문)

→ 여름이 되면 수해를 방지할 대책을 마련하는 데 철저를 기해야 한다.

② 은주는 권장 도서 목록 선정이 너무 주관적이라며 불만을 터뜨렸습니다. (비문)

→ 은주는 권장 도서 목록을 선정한 것이 너무 주관적이라는 불만을 터뜨렸습니다.

③ 이 수술은 후유증이 없는 안전한 고도의 정밀한 수술로 비용도 저렴한 파격적인 저비용이다. (비문)

→ 이 수술은 고도로 정밀하여 후유증이 없고 안전하며, 비용도 파격적으로 저렴하다.

3. 문단

1) 문단의 개념

단어가 모여 문장을 이루고, 문장이 모여 하나의 중심 생각을 드러낸다. 하나의 중심 생각을 드러내는 글의 토막을 문단, 혹은 단락이라고 한다. 단어는 문장을 이루는 하위 단위가 되고, 문장은 문단을 이루는 하위 단위가 되며, 문단은 한 편의 완성된 글을 이루는 하위 단위다. 문단은 하나의 중심 생각을 드러내는 생각의 단위인 동시에, 전체 글의 한 부분이 된다.

문단은 형식적으로 '들여쓰기'를 통해 구분된다. 문단을 제대로 구분하지 않으면, 사고가 뒤엉켜 그 전개 과정이 제대로 드러나지 않는 혼란한 글이 되고 만다. 문단은 하나의 중심 생각을 드러내야 하므로, 중심 생각이 바뀔 때에는 반드시 들여쓰기를 통해 문단이 구분됨을 표시해 주어야 한다.

예문

> 숱한 언어로 자신을 가꾸고 만물과 소통하려 애써도 자연의 소리만큼 탁월한 것은 없다. 시인은 겨울이 지나고 맞이하는 "봄"의 이미지를 "초록의 아가들"로 비유하여 "까르르르 까르르"와 같은 웃음소리로 환원한다.
>
> 평소 시인의 말처럼 "사람도 하나의 환경이고 배경일 뿐" 더는 만물의 영장으로 불리는 것은 지양할 일이다. 언젠가 시간이 흘러 생명이 다하고 한 줌 흙으로 돌아갈 때, 후회하지 않을 만큼의 자기 위안을 꿈꾸며 오늘도 거친 세월을 꼭꼭 숨어 견디는 것이다.
>
> –김선주, 「나 홀로 바라본 석양빛 하늘」, 『시에』, 시와에세이, 2013 여름, 150면.

위의 예문은 두 개의 문단으로 이루어져 있다. 첫째 문단에서는 '봄의 이미지'를 초록의 아가들과 자연의 웃음소리로 나타냈고, 둘째 문단에서는 '사람도 자연 일부'라고 일컫는다. 이처럼 문단이란 하나의 통일된 이야기를 전달하기 위하여 긴밀하게 연결된 문장의 집합체이다.

그러므로 말하고자 하는 바를 분명히 전달하기 위해서는 문단을 명확히 구분해야 한다. 문단을 나누어야 하는 장면에서 나누지 않았거나, 문단을 나누지 말아야 하는 장면에서 나눈 글은 독자를 혼란스럽게 하여 자기가 말하고자 하는 바를 효과적으로 전달할 수 없게 된다. 따라서 글을 쓸 때 우선 문단의 구분에 유의하여 통일성 있고 유기적으로 연결된 글이 되게 한다.

2) 문단의 구조

하나의 문단을 이루는 원리는 한 편의 글을 이루는 원리와 비슷하다. 한 편의 글은 그 글 전체를 꿰뚫는 핵심 내용인 주제와 그 주제를 뒷받침하는 내용으로 이루어진다. 마찬가지로 하나의 문단은 '소주제문'과 '뒷받침문장'으로 이루어진다. 소주제문이란 문단의 중심 생각인 소주제를 문장 형식으로 나타낸 것을 말하며, 뒷받침문장이란 소주제문을 부연하고, 논증하고, 예증하는 등 문단 내에서 소주제문을 떠받들고 있는 다른 모든 문장을 일컫는다.

예문

> ① 아내가 커다란 함지에 밀가루를 쏟아 붓는 것을 보고 그는 식사 전의 산책을 위해 집을 나섰다. ② 두어 발짝 옮겨놓을 즈음 그는 언덕길로부터 자전거를 타고 달려오는 이웃집 계집아이를 보았다. ③ 브레이크 장치를 움켜쥐고 가속도에 몸을 맡겨 비탈길을 내려오는 아이의 얼굴은 긴장으로 조그맣고 단단하게 오므라들어 있었다. ④ 짧고 꼭 끼는 면바지 아래 종아리도 팽팽히 알이 서 있었다.
>
> –오정희, 「동경」, 『바람의 넋』, 문학과지성사, 2005, 159면.

위의 예문은 모두 네 개의 문장으로 이루어진 문단이다. 글쓴이가 이 문단에서 말하고자 하는 핵심은 ②에 있으므로 ②가 소주제문이 되고, ③, ④의 문장은 뒷받침 문장이 된다. 즉, 이 글의 소주제는 '자전거를 타고 오는 계집아이'다. 이러한 소주제를 뒷받침하기 위하여 ③, ④에서는 구체적인 풀이의 방법으로 설명하였고 ①에서는 예시의 방법으로 문단을 전개하고 있다.

그런데 위의 예문처럼 소주제문이 분명히 드러나는 경우도 있지만, 소주제문이 무엇인지 모호한 경우도 있다.

(1) 소주제문의 요건

① 글의 주제와 관련된 것이어야 한다. 문단은 글을 이루는 단위이므로, 문단의 소주제는 글 전체의 주제에 이바지해야 한다.

② 알맞은 범주의 내용을 포괄해야 한다. 문단의 소주제문은 적절한 범위 내의 추상적인 내용으로 설정하는 것이 좋다. 너무 구체적인 내용을 설정하거나, 지나치게 추상화되어서는 곤란하다.

③ 단일한 내용을 다루어야 한다. 소주제문은 문단의 구심점이 될 수 있는 하나의 개념으로 이루어지는 것이 좋다.

④ 간결해야 한다. 소주제문은 미사여구나 복잡한 수식어 따위를 피하고 간결한 문장으로 진술하는 것이 좋다.

⑤ 명확하게 표현되어야 한다. 소주제문은 단정적인 표현으로 이루어져야 독자에게 강한 설득력을 발휘할 수 있다.

(2) 뒷받침 문장의 요건

① 소주제문의 내용을 구체화해야 한다.

- 소주제문의 내용을 상세하게 풀이한다.
- 소주제문의 이유를 제시한다.
- 관련된 구체적인 예를 제시하거나, 관계되는 전문가의 말을 인용한다.

예문

소설은 왜 쓰는가, 혹은 왜 작가가 되었는가, 이런 질문을 받는 일이 더러 있습니다. 중국의 작가 노신은 일본에 와서 의학공부를 하다가 모국으로 되돌아가 신체의 병을 고치는 의사가 되느니보다 중국인의 병든 정신을 고쳐주는 일이 더 급하기 때문에 소설을 쓴다는 그런 뜻의 말을 했다고들 합니다만.

사실 왜 작가가 되었느냐, 소설을 쓰느냐고 묻는다면 나 역시 노신과 같이 위대한 사명감은 없을지라도 무엇인지 대답을 하기는 했을 것이고, 또 지극히 안일하고 상식적인 대답을 여러 번 한 것을 기억하고 있습니다. 가령 문학 강연회 같은 장소에서 만난 독자들의 질문에 응하는 경우.

압축하고 높이와 낮음을 가늠하며 사방을 살피며 강한 인상으로 몰아 올리려고 고심하는 문자언어에 비해 성글고 전달력이 약한 내 눌변으로 어쩌구저쩌구, 사실은 장님이 코끼리 만지는 격이지 뭡니까.

어떻든 그런 강연이나 질문의 답변에는 어떤 말을 끌어 오든 의미와 이유가 필요하긴 했을 것입니다.

(중략)

이야기는 돌아가서, 이제는 왜 소설을 썼는가 하는 의문을 잠정적으로 처리할 수 없음을 느낍니다. 비록 설익은 습작기의 작품일지언정 혼자 열심이던 그 시절의 작업을, 다만 막다른 골목으로 쫓겨 들어간 감정의 소위였다고 단정해버릴 수 없음을 요즘에는 느낍니다.

하나, 다시 되풀이되는 이야기는 어떤 상황 밑에서, 어떤 충동에 의해, 어떤 가치를 고려하여 씌어졌든 지금 이 자리에서도 여전히 나는 안개 같은 언어의 장막 앞에 앉아있고, 그 장막을 뚫지 못하는 절망 속에 있다는 것입니다. 물러나지 못하는 것은 그 언어가 지닌 마성 때문일까?

언어로 말미암아 더욱 깊어지는 인간과 인간 사이의 강을 그리고 나와 나 사이의 넓어지는 강을 들여다보면서도 이 언어에 의하지 않고는 강의 폭이 좁아질 수 없다는 이율배반적인 가능성 때문일까?

다만 지금 확실한 것은 이 절망의 길을 빠득빠득 걸어 갈 수밖에 없다는 예감입니다.

–박경리, 『Q씨에게』, 솔출판사, 1993, 149-150, 153면.

② 소주제문을 충분히 발전시키는 것이어야 한다.

▪ 소주제문은 대체로 일반적이고 추상적인 진술로 이루어지는 경우가 많다.

▪ 독자를 충분히 이해시키고 공감시키기 위해 구체적이고 특수한 진술로 이루어진 뒷받침 문장을 활용하여 소주제문을 충분히 발전시켜야 한다.

예문

소설은 현실을 반영하는 것이 아니라 현실을 먹는다. 이를테면 거울이 아니라 위장이다. 이 점을 간과할 때 오해가 발생한다. 어떤 음식을 먹었는지 충실히 보여주는 위장이 좋은 위장이 아닌 것처럼, 당대적 현실의 세목들을 충실히 반영하고 있는 소설이 꼭 좋은 소설인 것은 아니다. 거울로서의 소설이라는 관념은 끈질기다. 이 관념을 반성하지 않는 비평들은 흔히 소재주의라고 해야 할 어떤 편향에 몸을 싣곤 한다. 그 소재가 무엇이건, 도대체가 미학적으로 태만한 작품은 옹호할 수가 없다. 소수자 혹은 약소자를 스테레오타입으로 재현하고 감상적인 해결책을 반복하는 작품들은 그것이 리얼리즘이나 모더니즘을 따지지 이전에 그저 '나쁜 소설'일 뿐이다. 좋은 소설은 늘 현실보다 더 과잉이거나 결핍이고 더 느리거나 빠르다. 좋은 소설에는 '현실 자체'가 있는 것이 아니라 '현실과의 긴장'이 있다. 그래서 현실을 설명하는(정치학적·사회학적) 2차 담론으로 완전히 환원되어 탕진되지 않는다. 그것이 소설의 길이고, 그것이 소설의 '현실성'을 구성한다.

소설과 현실의 관계를 온당하게 살피기 위해서는 소설의 '현실성'을 적어도 세 가지 층위에서 검토해야 한다. 소설이란 무엇인가. 특정한 '세계'에서 특정한 '문제'를 설정하고 특정한 '해결'을 도모하는 서사전략이다. 그러니 세계의 현실성, 문제의 현실성, 해결의 현실성을 구별해야 한다. 우리가 살고 있는 이 입체적인 시공간에서 특히 의미 있는 한 부분을 도려내어 서사의 무대로 삼을 경우 '세계의 현실성'이 확보되고, 그 세계 안의 인간이 자신을 둘러싼 세계와 고투하면서 당대의 공론장에서 기꺼이 논의해볼 만한 의제를 산출해 낼때 '문제의 현실성'이 확보되며, 한 사회가 완강하게 구조화하고 있는 '가능한 것'과 '불가능한 것'의 좌표를 흔들면서 '문제의 현실성'이 확보된다. 소설의 현실성은 위의 세 단계에서 따로 또 같이 관철되거나 기각될 수 있다.

—신형철, 「만유인력의 소설학」, 『몰락의 에티카』, 문학동네, 2009, 23-24면.

3) 문단의 구성 원리

(1) 통일성

▪ 한 문단 안에서 다루는 화제는 하나이어야 한다.

▪ 하나의 문단은 원칙적으로 소주제문 하나와 그것을 뒷받침하는 문장들로만 이루어져야 독자에게 분명한 내용을 전달할 수 있다.

▌예문

세르반테스(Cervantes)의 소설에서 돈키호테는 '삼각형의 욕망'의 희생자 가운데 본보기이다. 그러나 그 혼자만이 희생자인 것은 아니다. 그 다음으로 가장 크게 당한 희생자는 그의 시종 산초 판사이다. 물론 산초 판사의 어떤 욕망들은 모방한 욕망이 아니다. 예를 들면 치즈 한 조각을 보았다거나 포도주 한 부대를 보았을 때 느낀 욕망은 모방한 욕망이 아니다. 그러나 산초는 자신의 위장을 채우는 욕망 이외에도 다른 야심을 품고 있다. 돈키호테를 자주 만나게 된 뒤로 그는 자기가 통치자가 될 '섬' 하나를 꿈꾸고, 자기 딸에게도 공작부인 칭호를 가지게 하고 싶어 한다. 이런 종류의 욕망들은 산초처럼 소박한 사람에게 자연발생적으로 일어난 것이 아니다. 그러한 욕망들을 그에게 암시해준 것은 바로 돈키호테인 것이다.

–르네 지라르(김치수 · 송의경 옮김), 「삼각형의 욕망」, 『낭만적 거짓과 소설적 진실』, 한길사, 2011, 41-42면.

(2) 일관성

▪ 문단을 이루는 여러 문장은 서로 긴밀한 관계를 맺고 연결되어야 한다.

▪ 문단 내부의 여러 문장은 한 문단을 지배하는 일정한 질서와 그에 맞는 논리성에 따라 유기적 관련이 있다.

▪ 통일성의 원리가 알맞은 재료를 선택하는 요건이라면, 일관성의 원리는 통일성 있게 선택된 재료들을 적절한 위치에 배치하는 요건이라고 할 수 있다.

▌예문

① 영양 섭취가 꼭 필요하다.

② 사람은 태어나서 죽을 때까지 활동에너지가 필요하다. 특별한 운동을 하지 않더라도 활동에너지는 필요한 것이다. 활동에너지가 있어야 체력증진과 운동효과를 통한 건강한 삶이 가능하다. 활동에너지는 주로 음식물을 통해서 얻게 된다. 그러므로 사람의 몸에 필수적인 활동에너지를 확보하도록 하기 위해 체계적이고 계획적인 영양섭취가 필요하다.

①의 글은 한 문장으로 끝나지만, ②는 중요한 문장 외에 몇 개의 문장을 모아 하나의 문단 형태를 이루고 있다. 그러나 문단 내에 다른 이야기를 하는 문장은 하나도 없다. 한 가지 생각만을 표현하기 위한 문장의 모임이 이루어지는 것이다. 문장 여럿이 하나의 주제를 위해 집중하고 있는 ②의 경우 ①보다 훨씬 설득력이 있게 된다. 그뿐만 아니라 '활동에너지'와 같은 단어를 반복하여 사용하거나 접속어를 넣어서 글이 긴밀하게 이어진다.

(3) 완결성

- 문단의 완결성은 소주제문을 뒷받침하는 문장들이 충분한 데서 온다.
- 문단의 완결성을 얻는 방법으로 상세화, 이유제시, 인용, 예시(예증) 등이 있다.

예문

① 텔레비전은 바보상자라 할 만한 점이 분명히 있다. ② 텔레비전은 우리가 조용히 생각할 수 있는 시간, 곧 고독의 시간을 빼앗는다. ③ 고독의 시간은 우리를 쓸쓸하게 만들게도 하지만 우리의 독자적인 생각을 많이 할 수 있게 만드는 기회가 된다. ④ 그런데 텔레비전은 여러 오락과 흥밋거리를 가지고 우리를 유혹함으로써 그 앞에 멍하게 앉아있게 만든다. ⑤ 또 텔레비전은 우리로 하여금 스스로 탐구하고 창조하는 힘을 약화시킨다. ⑥ 텔레비전은 온갖 지식과 새로운 정보들을 안방까지 가져다주는 충실한 하인과 같은 구실을 하다. ⑦ 이런 봉사적인 면은 우리에게 도움이 되기도 하지만, 그로 인해서 우리는 스스로 새로운 지식을 찾고 탐구하는 일에 게을러지게 된다.

위의 예문에서 소주제문은 ①이다. 글쓴이는 이 주장을 두 가지 이유(②, ⑤)를 제시함으로써 뒷받침하고 있다. 그런데 문단의 완결성을 갖추는 방법이 반드시 한 가지만 쓰이는 것은 아니다. 위의 예문에서 ③ · ④는 ②를 상세화한 뒷받침 문장이고, ⑥ · ⑦은 ⑤를 상세화한 뒷받침 문장이다.

길이라는 말처럼 그것이 뜻하는 사물의 범위가 넓은 말도 드물 것이다.

이 말이 적용되는 가장 큰 규모의 대상은 태양과 그것을 중심으로 돌고 있는 천체와의 관계일 것이다. 이 관계의 운동적인 측면을 우리는 '궤도'라고 부른다. 태양과 그의 위성들이 생긴 뒤에 이들 물체는 '궤도'라는 공간적인 형식에 나타나는 일정한 관계를 유지하고 있다. '궤도'라는 것은 변하지 않는 범위 속에서의 변화를 뜻한다. 변증법의 표현에 따른다면 변화와 변화 아닌 것의 통일이다. 천체의 움직임이 보여주는 이 질서는 인간들에게 깊은 인상을 주었다. 하늘에서 움직이는 위대한 물체들에게 '길'이 있다는 현상은 이 우주가 체계 있는 어떤 것이라고 인류가 받아들이게 하는 데에 결정적인 영향을 미쳤다. 인류의 체계적인 지식의 처음 형태가 천문학이라는 것은 어느 지역에서나 마찬가지이다. 천체라는 것이 가장 객관적인 모습으로 관찰할 수 있는 대상임을 생각하면 인간 쪽의 자연스러운 대응이다. 거기서 사람들은 의미를 찾으려고 했다. 왜 천체가 그런 길을 따르고 있는가 하는 점에 대해서 과학적인 접근과 초과학적인 접근이 언제나 혼합된 형식으로 이루어지는 것도 지구상 어디서나 볼 수 있는 현상이었다. 천문학은 과학이면서 마술이거나 종교의 일부였다. 천체들의 '길'은 눈에 보이는 길이면서 눈에 보이지 않는 길과 관련이 있는 것으로 생각하려고 했다. 대부분의 경우에 그 '길'은 어떤 인격적인 존재의 '뜻'이라고 생각하고 그 '뜻'이 인간에게 어떤 이야기를 전하려고 하는지를 해석하고자 하였다. 아무튼 이처럼 인류는 천체의 움직임에서 최초로 '길'이라는 사물을, 혹은 '길'이라는 개념을 형성하게 되었으리라는 짐작을 해볼 수 있다. 이 경우의 '길'의 특징은 그것이 객관적이고 규칙적인 반면에 멀리 있는 것이어서 운명적인 성격을 가진다. 우리가 그것을 바꾸는 길은 없다. '길'의 또 다른 뜻인 '방법' '기술' '수단' 같은 것과 가장 멀리 있는 것이 이 '하늘의 길'이다. 이 우주에 인간보다 먼저 태어난 천체가 이윽고 만들어낸 길인 '궤도'를 인간은 땅 위에서 우러러볼 뿐이었고 그 영향을 따를 뿐인 것으로 받아들였다.

–최인훈, 『바다의 편지』, 삼인, 2012, 29-30면

4. 진술 방식

자신의 생각을 독자에게 전달하고자 할 때, 어떤 방식으로 전달할 것인가를 결정해야 한다. 이때 전달하고자 하는 내용을 효과적으로 표현하여 독자에게 전달하는 방식을 진술 방식, 또는 기술방식이라고 한다. 진술 방식에는 설명(說明), 논증(論證), 묘사(描寫), 서사(敍事) 등이 있다.

글의 목적과 내용에 따라 진술 방식을 달리 사용한다. 대체로 설명과 논증은 실용문에서 많이 활용되고 있다. 특히 논증은 논문과 같이 학문을 위한 글이나 주장을 담는 논설(논술)문에서 긴요하게 사용된다. 이에 비해 묘사와 서사는 문예문과 실용문에서 주로 사용된다.

1) 설명

설명은 이미 알려진 사실이나 지식, 정보 등을 독자에게 전달하여 그를 이해시키려는 데 목적이 있는 진술 방식이다. 즉 설명은 사물에 관해서 알기 쉽게 풀이함으로써 독자의 이해를 돕는 진술 방식으로서, "S는 P이다"의 문장 형식을 띤다. 백과사전이나 역사 교과서, 과학 교과서의 서술 내용은 대부분 설명의 문장으로 이루어져 있다. 이는 설명이 사실이나 지식에 바탕을 두는, 지극히 객관적인 진술 방식임을 의미한다.

- 일반 단어나 전문 용어(술어)를 알기 쉽게 풀이해 놓은 글이 바로 설명이다.
- 기계의 구조와 원리, 또는 성능과 사용 방법 따위를 쉽게 풀이하여 소개한다.
- 어떤 사건의 인과적 관계를 자세하게 분석한다.

설명은 필자가 독자에게 무엇인가를 알리는 데 초점을 맞추는 진술 방식임을 알 수 있다. 따라서 설명의 진술 방식을 활용할 때에는 먼저 쓰고자 하는 대상을 올바르게 파악하여 그에 대한 정확한 지식을 갖추고 있어야 한다.

아울러 효과적으로 설명할 방법들을 알고 있어야 한다. 대체로 설명의 방법에는 지정, 정의, 예시, 비교와 대조, 유추, 분류와 분석, 서사, 묘사 등이 있다. 특히 설명을 위해 쓰이는 묘사와 서사를 각각 '설명적 서사', '설명적 묘사'라 한다.

(1) 지정

지정(指定)은 몇 가지 후보가 되는 사실 가운데 해당하는 사실을 찾아내어 알려주는 것으로 가장 단순한 설명 방법이다. 지정은 "무엇이냐? 누구냐?"고 묻는 말에 "이것이다. 아무개이다"고 대답하는 형식이다. 가령 "여기가 어디냐?, 네 이름이 무엇이냐?, 지금이 몇 시냐?"와 같이 물었을 때, "여기는 충주이다, 내 이름은 함초롱이다, 지금은 열 한 시다" 등의 대답이 곧 지정이다. 지정은 대개 설명의 첫머리에서 많이 활용된다.

예문

> 문학적인 문장은 말의 묘미를 살려 쓰는 것이다. 특히 처음으로 문학적 문장을 쓰고자 한다면 단어를 골라 결합할 때 무작위로 선정하되 말의 묘미를 염두에 둔다. 각각의 문장 성분이 다르게 충돌하고 있으므로 전혀 새로운 느낌이 전달되고 있다는 점을 감안한다. "무심한 이슬은 무거워진다."와 같은 표현이 있을 때 형용사나 동사를 첨가시키지 않았을 때보다 문장의 맛이 더 쓰고 떫다. 그리하여 숨겨진 의미들이 보다 더 증폭되어 새로운 의미를 형성한다.
>
> —상상력과 언어훈련 수업 중 일부

(2) 정의

정의(定義)는 사물의 개념을 확정하여 말하는 설명 방법이다. 가령 '사람은 무엇이냐?'라는 질문에 대하여 "사람은 이성적 동물이다."와 같은 명제의 형식으로 제시하는 것을 말한다. 지정이 구체적인 사물을 직접 설명하는 반면, 정의는 구체적인 사물을 일반화시키는 어사(語辭) 또는 어구(語句)를 설명한다. 따라서 정의는 우리가 어떤 용어(단어)를 사용할 때 그것에 대한 정확한 용법을 밝히는 일이다.

사람은 이성적 동물이다.　　　　사람은 이성적 동물이다.
(피정의항) = (정의항)　　　　(종개념) (종차) (유개념)

정의는 피정의항과 정의항으로 이루어지며, 정의항은 다시 유개념(類概念)과 종차(種差)로 이뤄진다. 위의 예에서 '동물'은 사람이 속할 수 있는 범주 가운데 가장 가까운 상위 개념이고, '이성적'은 사람이 지닌 특성으로 다른 동물과 변별되는 하위 개념이다. 그런데 모든 피정의항이 하나의 명제형식으로 단순하게 정의되지 않는다. 즉 정의하는 사람이 자기 나름의 생각, 지식 등을 바탕으로 충분히 설명을 제시하여 그 의미를 밝히게 된다.

예문

> 한국 여성에게 어머니는 영원한 식민지이다. 여성학자인 친구가 했던 뼈있는 농담이다. 딸을 교육시켜 세상에 내보내면, 특히 결혼이라도 시키면, 일하는 딸의 애들 거두어주고 궂은 일 뒷감당해주랴, 나이 들수록 엄마 일이 더 많아지는 이 땅의 여성은 살아있는 한 발 뻗고 편히 쉴 날이 언제 있겠는가. 엄마처럼 살지 않겠다고 공부하고 일을 가진 딸 세대가 할머니가 되면 좀 달라질까. 심심산골에서 외손자를 돌보는 꼬부랑 할머니가 나오는 <집으로…>를 보노라니 불현듯 그런 생각이 스치고 지나간다.
>
> —유지나, 『유지나의 여성영화 산책』, 생각의 나무, 2002, 15면

(3) 예시

예시는 내용을 쉽게 이해하고 추상적인 대상을 구체화할 수 있도록 사례를 제시하여 보여준다. 실제로 목격한 일, 역사적 사실, 고사나 설화, 들은 이야기, 신문, 잡지나 일반 도서에서 읽은 사건 등을 직접 들어 필자 나름대로 구성하거나, 때로는 해설을 곁들여 주제를 실증적으로 설명하는 방법이다.

예문

'리플리 증후군' 뜻이 화제다. 리플리 증후군은 허구의 세계를 진실이라고 믿고 거짓된 말과 행동을 상습적으로 반복하는 반사회적 인격장애를 뜻한다. 이 증후군은 성취욕구가 강한 무능력한 개인이 마음속으로 강렬하게 원하는 것을 현실에서 이룰 수 없는 사회구조적 문제에 직면했을 때 자주 발생한다. 이런 상황에서 개인은 자신의 욕구를 충족시킬 수 없어 열등감과 피해의식에 시달리다가 상습적이고 반복적인 거짓말을 일삼으면서 이를 진실로 믿고 행동하게 된다.

'리플리 증후군'이란 용어는 미국 소설가 패트리샤 하이스미스의 '재능 있는 리플리씨(The Talented Mr.Ripley)'(1955)라는 소설에서 유래했다. 이 소설의 주인공 '리플리'는 거짓말을 현실로 믿은 채 환상 속에서 사는 인물이다.

우리나라에선 2007년 신정아의 학력위조 사건을 영국의 일간지 인디펜던트가 보도하면서부터 이 용어가 널리 알려졌다. 이 신문은 '재능 있는 리플리씨'를 빗대어 '재능 있는 신씨(The Talented Ms.Shin), 한 여성은 한국의 문화귀족을 어떻게 농락했나?'라는 제목의 기사를 통해 "한국 사회에서 영화 '리플리'를 떠오르게 하는 스캔들이 일어났다"고 소개했다.

–온라인 중앙일보, 2015. 1. 9.

(4) 비교와 대조

비교와 대조는 둘 또는 그 이상의 사물을 견주어 공통점이나 차이점을 밝혀냄으로써 대상의 특성을 보다 선명하게 부각해 그에 대한 이해를 쉽게 하는 데 쓴다.

비교(比較)는 둘 이상의 사물을 견주어 서로 간의 유사점, 차이점, 일반 법칙 따위를 고찰하는 것이다. 대조(對照)는 둘 이상의 대상을 맞대어 같고 다름을 검토한다. 특히 비교는 서로 다른 사물 사이에서 어떤 연관성이나 유사성을 밝혀내는 데 큰 의미가 있다. 복잡한 개념이나 설명하기 어려운 사물을 단순하고도 친숙한 다른 개념이나 사물에 비유하여 설명한다.

비교와 대조의 글이 혼동될 경우, 비교는 정도의 유사점이나 차이를 견주는 것이고, 대조는 서로 대립하는 속성을 드러내는 것으로 이해하면 그 구별이 쉽다. 물론 비교와 대조라는 용어를 사용하지 않고 공통점과 차이점이 다 비교의 영역에 속한다고 보는 일반적인 견해도 있다. 특히 비교문을 쓸 때에는 다음 사항을 고려해야 그 효과를 거둘 수 있다.

첫째는 비교 대상은 서로 비교 가능한 것이어야 한다.

둘째는 비교의 기준이 필자가 의도하는 목적에 합당해야 한다.

셋째는 비교의 기준이 시공간이나 가치의 연속성에서 배열되어야 한다.

예문 - 비교

영화는 스크린이라는 일정한 공간 위에 시간적으로 흐르는 예술이며, 연극 또한 무대라는 제한된 공간 위에서 시간적으로 형상화되는 예술이다. 이 두 예술은 다 함께 시간과 공간의 예술이라는 특징을 지닌다.

예문 - 대조

시나리오는 장면 전환이 자유스러워 과거와 미래, 미래와 과거를 짧은 시간 내에 제시할 수 있으며 아무리 먼 거리의 장면도 동시에 표현할 수 있는 특징을 지닌다. 이에 비해 희곡은 일정한 무대 위에서 상연되는 것을 전제로 이루어지므로 공간적인 제약이 있다.

예문 - 비교와 대조

표면적으로 맹자와 순자가 차이를 보이는 학설은 성선설과 성악설이다. 그러나 맹자와 순자 사상의 차이점을 성선-성악설의 테두리에서 찾을 경우, 이 두 사상가의 이론이 가진 근본적인 차이점은 쉽게 드러나지 않는다.

맹자가 '성(性)'을 논할 때의 의미는 인간의 '도덕성'을 가리킨 것이다. 그러나 순자가 말한 '성(性)'은 신체의 '자연성'을 가리킨 것이다. 즉 신체가 생존하기 위해서 필요한 본능적 욕구이다. 맹자가 말하는 '성'은 순자의 개념으로 '위(爲)'에 해당한다. '위'는 인위(人爲)이므로 인간의 노력, 후천적으로 습득한 결과이다.

—이정호 외, 『철학의 이해』, 한국방송통신대학교출판부, 2004, 111-112면.

(5) 분류와 구분

분류와 구분은 복잡한 여러 사물의 특성을 명확하게 이해하기 위해 사물의 부류를 일관된 기준대로 계층화(범주화, 유형화)하여 모으거나 가르는 설명 방법이다.

구분(區分)은 일정한 기준에 따라 전체를 몇 개로 나누는 것이며, 분류(分類)는 종류에 따라 가르는 것이다. 논리학에서는 하위(종)개념에서 상위(유)개념으로 묶어가는 것을 분류라 하고, (상위)유개념에서 (하위)종개념으로 가르는 것을 구분이라 한다. 여러 사물을 모으거나 가를 때, 사물의 각 구성 분자는 서로 관련이 있어야 한다.

인간, 남자, 여자, 개, 말, 동물, 호랑이
→ 구분 : '인간'은 남자와 여자가 있다. 동물은 개, 말, 호랑이 등이 있다.
→ 분류 : '남자'와 '여자'는 인간이다. '개', '말', '호랑이' 등은 동물이다.

분류와 구분에는 다음과 같은 원칙을 적용해야 한다.

① 분류하거나 구분하고자 하는 대상들 사이에는 비슷한 점이 있어야 한다.

② 분류나 구분의 기준은 하나라야 한다.

③ 유개념은 종개념을 모두 포함해야 한다.

④ 처음 적용한 기준을 중간에 바꾸지 않고 일관되게 적용해야 한다.

⑤ 분류나 구분된 항목들은 상호 배타적이어야 한다.

예문

두 번째로 아리스토텔레스의 범주론을 이야기해 봅시다. '범주론'이라는 말은 아리스토텔레스의 이름과 결부되어 있어요. '범주론'이라고 하면 대개 아리스토텔레스와 칸트, 이 두 사람의 이름을 떠올리게 됩니다. 그만큼 아리스토텔레스의 범부론은 기본적인 범주론이죠. 아리스토텔레스의 초기 저작 제목이 『범주론』('오르가논'의 첫 번째 권. 따라서 아리스토텔레스 저작들 중 제일 처음에 오는 저작)입니다. 이로부터 범주론의 역사가 시작됩니다.

범주란 개별적인 존재들에서 시작해서 보편적인 존재들로 거슬러 올라갔을

> 때 더 이상은 환원되지 않는 최상위 유들을 뜻합니다. 개나 소나 말 같은 짐승들은 동물로 환원되죠. 그리고 동물은 생명체로 환원됩니다. 또 빨강, 노랑, 파랑 등은 색으로 환원되고, 네모, 세모, 동그라미는 모양으로 환원되죠. 이렇게 쭉 환원시켜 나가는 거예요. 그런데 더 이상 환원되지 않는 최상의 유들이 바로 범주들이라는 것이죠. 소크라테스, 오추마, 붉은 장미, … 등은 모두 '실체'의 범주에 들어가죠. 그리고 빨강, 노랑, 파랑, … 같은 색, 네모, 세모, 동그라미, … 같은 '모양', 단 맛, 쓴 맛, … 같은 맛, … 등은 궁극적으로 '질(質)'로 범주화됩니다. 거꾸로 이야기할 수도 있겠죠. 질에는 이러저러한 질이 있고, 그 중 감각적 성질에는 소리, 맛, … 이 있고, 맛에는 신 맛, 짠 맛, … 이 있고, … 이런 식으로 쭉 내려갈 수도 있겠죠. 또 양(量=quantity)이라는 범주도 있습니다. 아리스토텔레스는 이렇게 해서 10개의 범주를 제시하게 됩니다. 범주들 서로 간에는 더 이상 환원이 불가능합니다.
>
> —이정우, 「범주」, 『개념-뿌리들』, 철학아카데미, 2004, 338-339면

(6) 분석

분석(分析)은 얽혀 있거나 복잡한 것을 풀어서 개별적인 요소나 성질로 나눈 것이다. 논리학에서는 개념이나 문장을 보다 단순한 개념이나 문장으로 나누어 그 의미를 명료하게 하는 것을 말한다.

> 진공청소기는 모델에 따라 약간씩 구조가 다르나 그 원리상의 구조는 같다. 진공청소기의 가장 중요한 부분은 노즐, 팬, 모터 및 여과기이다. 표준적인 청소기의 부품은 보통 유연성 있는 호스, 연결대, 카펫용 노즐, 마룻바닥용 솔, 가구용 부품 및 틈바구니용 부품 등이다. 이러한 것들 가운데 서로서로 합쳐져서 그 자체로서 하나의 부품을 형성할 때도 있다. 그 밖의 부품도 모델에 따라서는 더 추가되는 수도 있다.

분석은 몇 개 이상의 성분이나, 복합 개념으로 이루어진 대상에만 적용할 수 있다. 분류가 개체에서 출발하여 전체적인 개념으로 체계화하는 것이라면, 분석은 큰 개념에서 출발하여 그것을 개체로 나누어 그 유기적 관계나 질서를 해명해 나가는 방법이다.

예문

해방 후 50년대에 이르는 동안 자본형성의 주된 원천은 귀속재산과 미국원조였다. 즉, 이 기간의 원조경제하에서 한국경제의 특성은 일제하의 식민지 독점자본에 종속되었던 생산력기반이 원조형태를 취한 미국자본으로 바뀌는 가운데 형성되었다. 또한 귀속재산의 불하도 민족경제의 영역 확대와 자립경제의 기틀을 마련하는 방향으로 이루어지지 못하였다. 전후 선진국 국가독점자본의 대외적 발현인 선진국 중심의 국제분업주의의 전개와 깊은 관련을 맺으면서, 대내적으로 특혜적 관료독점자본이 형성되었기 때문에 그 기초 위에서 한국경제는 새로운 종속적 발전으로 전개되었다.

결국 외국자본 및 매판자본이 민족자본의 형성 계기를 봉쇄하면서 그 지배구조를 강화하였는데 그 내용은 다음과 같은 것이었다.

① 원조물자 가공형 생산형태 및 산업구조가 형성되는 가운데 ② 자생적 중소기업은 도태되고 ③ 막대한 잉여농산물의 도입에 의한 농업생산력 기반의 약화와 ④ 저임금 아래 종속적 공업자본 축적의 계기가 마련되었다.

이런 과정에서 귀속재산 불하를 계기로 그 물질적 기초를 마련한 독점기업이 미국원조와 정치권력의 특혜적 지원에 힘입어 거대한 독점적 부를 축적함으로써 한국경제를 관료독점자본적 성격을 지니도록 하는 주체로 등장하였다. 관료독점자본이 자생적 중소기업과 경쟁적 · 대립적 관계에 설 수밖에 없는 것은 필연적 결과였고, 그 가운데 당시까지 상당히 발전하고 있었던 자생적 중소기업은 점차 소멸하였다. 그 결과 50년대 말에는 부가가치의 33%가 1%도 안 되는 소수 대기업에 의하여 산출되었으며 미국 잉여농산물의 원조에 기생하였던 제분, 제당, 방적, 비누 등과 수입원자재의 특혜적 배정에 기초를 두었던 합판, 고무 등의 업종에서 더욱 높은 생산집중과 독점화가 이루어졌다.

—이경의, 「민족경제론과 중소기업 문제」, 『민족경제론과 한국경제』, 1995, 167면

예문

물길은 소리 없이 적막하게 흐른다
언덕배기엔 개나리가 활짝 피어 있고
봄빛이 어느 샌가 우리들 곁에 가득 차 있다
이제 나도 물속의 청둥오리처럼 날렵한 친구 만나
사랑을 해볼까?
두 마리 암수가 파닥, 파닥, 파닥거리는
봄날의 화사한 꽃그늘 속 그 어디쯤에서
몰래 키운 분홍빛 연정도 발그레하게
온몸 붉히면서 익어가겠지

—이수익, 「봄빛 세상」 부분

이 한 편의 전형적인 서정시에는 풍경과 상상과 감정이 연계되는 자연스러운 과정이 고스란히 드러나고 있다. 산책로 풍경이 보여주는 객관적 현실은 시인의 상상과 교섭하면서 새로운 국면으로 펼쳐진다. 상상 속에서는 청둥오리와 같은 원초적인 사랑이 얼마든지 가능하다. 봄빛처럼 화사하고 완연한 사랑이 이 시의 여유 넘치는 넓은 행간은 상상 속 사랑의 장면을 천천히 음미하고 싶은 심리를 반영한다. 상상은 자유여서 현실의 경계를 쉽게 넘어간다. 상상 속에서는 청둥오리의 '파닥거리는' 몸짓에도 얼마든지 동화된다. 이수익 시인이 수십 년간 시를 쓰며 신선한 감각을 잃지 않는 비결은 자유롭게 꿈꿀 수 있는 서정시의 정신을 견지하고 있기 때문인 것으로 보인다. "물끄러미 서서 / 이렇게 꿈같은 서정시 한 편 떠올린다"라는 이 시의 마지막 구절에서는 서정시의 방법과 태도에 대한 소박하면서도 확고한 신념을 읽을 수 있다. 자유롭게 꿈꿀 수 있는 것은 서정시의 고유 영역인 것이다.

—이혜원, 「시의 꿈과 삶」, 『문학의식』, 다트앤, 2013 가을, 263-264면

(7) 설명적 서사

설명적 서사는 시간의 경과에 따라 대상의 움직임이나 사건의 전말이 어떻게 변화, 전개되었는가에 초점을 두어 변화하거나 진행된 내용을 제공함으로써 독자를 이해시키려는 설명 방법이다. 시간의 흐름에 따라 전개된 사건의 전말이 설명의 대상이 되며, 그 내용을 이해하기 쉽게 전달하는 데 목적을 둔다. 사건의 제시에 중점을 두는 일반적인 서사와는 차이가 있다.

예문

소설의 주인공 개츠비는 돈 한 푼 없는 군인인데 아름다운 처녀 데이지를 만나 사랑을 불태운다. '난초' 같은 향기를 지닌 데이지는 안타깝게도 돈을 좋아하는 유쾌한 속물근성의 여자였다. 개츠비는 데이지를 차지하려고 억척같이 돈을 모았다. 막대한 부를 축적한 후 그녀와 만나기 위해 날마다 성대한 잔치를 열었다. 이윽고 그녀를 차지하는 데 성공한 개츠비는, 마지막 고비에서 갈등하는 데이지로 인해 사고를 당하고, 죽음에 이르고 만다.

—엄창석, 『개츠비의 꿈』, 다트앤, 2013, 79면

(8) 설명적 묘사

설명적 묘사는 마치 대상이 눈앞에 있는 것처럼 그려 보이는 설명 방법이다. 설명적 서사와 마찬가지로, 사물을 구체적으로 이해시키거나 사물에 관한 정보를 제공하는 데 그 목적이 있다. 따라서 사물의 감각적 인상, 혹은 지배적 인상을 그려내어 그 대상의 속성이나 의미를 암시하는 일반적인 묘사와는 다르다.

예문

그 여자는 언제나 그 똑같은 엉뚱한 자리에, 트럭들과 자동차들이 부르릉대며 지나가는 지옥 같은 대로변에, 그 복도의 잔혹한 추위와 고독 속에, 거대한 건물들 발치에, 감옥 건물들에 에워싸인 텅 빈 마당으로 바람을 쏘이러 나온 죄수들처럼 잠시 동안 지하실의 환기창 밖으로 나와 서 있는 유령이었고 혼령이었다.

－르 끌레지오(로맹가리 외, 김화영 옮김), 「매혹」, 『새들은 페루에 가서 죽다』, 현대문학, 1995, 344면

예문

내가 열 살 나던 해, 고향인 작은 읍내의 라틴어 학교에 다니던 무렵의 체험부터 쓰기 시작하겠다.

그때 생각을 하면 여러 가지 냄새가 코를 찌르고 슬픔과 달콤한 전율에 내 마음은 내부로부터 뒤흔들린다. 음침한 골목이나 밝은 집들과 탑, 시계 치는 소리며 온갖 사람들의 얼굴, 따뜻한 분위기와 아주 마음이 편한 방들, 그리고 당장에 유령이라고 나올 것 같은 신비스런 몇 개의 방들, 사람의 훈기와 집토끼, 그리고 하녀들의 체취가 풍겼고 가정상비약과 건조시킨 과일 냄새가 물씬거리던 그 시절의 온갖 일들이 생생하게 떠오른다. 그 당시의 나에게는 두 개의 세계가 공존하여 그 두 개의 극으로부터 낮과 밤이 생겨났다.

－헤르만 헤세(박양균 옮김), 「데미안」, 『크늘프 · 데미안』, 내외신서, 1983, 7면

2) 논증

논증(論證)은 옳고 그름을 이유로 들어 진술하는 방식이다. 논증은 심리적 설득의 측면이 강하다. 독자로 하여금 필자가 증명한 판단이나 주장을 옳다고 믿게 하여 그 판단이나 주장을 인식하게 하거나 그를 좇아 행동하도록 설득하는 데 목적이 있다. 논증에는 논리적 사고를 바탕으로 사물의 진상이나 판단의 진위 등을 객관화하는 '증명 단계', 객관화된 내용대로 인식하고 행동하도록 촉구하는 '설득 혹은 실천 단계'를 포함한다.

논증에서는 논리적 사고와 비판적 사고가 핵심적인 개념이다. 논리적 사고는 억지, 감정, 권위에 얽매이지 않고 정확한 근거를 바탕으로 해서 이루어지는 사고이다. 모든 합리적인 견해나 판단은 논리적 사고를 통해 가능하다. 비판적 사고는 문제가 되는 주장, 이론, 시도하려는 어떤 착상에 대한 타당성과 유용성 등을 평가하는 사고를 말한다. 따라서 논증은 논리적 사고와 비판적 사고를 바탕으로 이루어지는 추리 과정이라 할 수 있다. 그러므로 논증은 참임을 주장하는 진술로만 이루어진다.

논증은 명제들로 이루어진다. 즉 논증의 결론과 전제는 명제의 형식을 띤다. 명제는 참이거나 거짓으로 구분될 수 있는 문장으로서 "S는 P이다." 또는 "S는 P가 아니다."와 같은 형식을 띤다. 명제는 어떤 사실에 대한 진위 판단을 진술한 사실 명제와 어떤 대상에 대한 의견, 주장을 진술한 정책명제, 그리고 어떤 대상에 대한 가치 판단을 진술한 가치명제로 나누어 볼 수 있다. 결론은 주장하는 명제로서 보통 '논지'라고도 한다. 전제는 그 주장을 뒷받침하는 명제인데, '논거'라 부르기도 한다.

요컨대 논증은 논지가 되는 결론과 그것을 지지하는 전제로 이루어져 있다. 논증의 과정, 즉 전제로부터 결론에 이르는 절차나 행위를 '추리'라 한다. 논증은 전제가 결론을 얼마나 강하게 지지하느냐에 따라 크게 귀납 논증과 연역 논증으로 나눌 수 있다. 귀납 논증과 연역 논증을 각각 귀납 추론과 연역 추론으로 부른다.

(1) 귀납 추론

귀납 추론은 많은 개별적 사례를 조사한 뒤에 그것을 종합해서 일반화된 결론을 이끌어 내는 사유의 방법이다. 귀납 논증의 간단한 예는 다음과 같다.

소크라테스는 죽는다. → 플라톤도 죽는다. → 모든 사람은 죽는다.

이렇게 개별적인 사례를 모아 거기에서부터 일반화된 결론을 도출하는 논증이 귀납이다. 귀납에 의해 일반적인 주장('모든'으로 시작하는)을 도출할 경우, 일반화된 결론이나 주장은 ('소크라테스' '플라톤' 등의 단일 개체에 속하는) 무수한 개별 사례의 축적에 의해 그것이 참임을 보장하려 한다.

하지만 귀납의 본질적 속성은 만약 어떤 논증에서 전제들이 모두 참인데 그 결론이 참이라는 것이 그럴듯할 뿐, 반드시 참은 아니다. 이 '그럴듯함'을 '개연성'이라고 하는데 곧 귀납 추론에서 전제가 옳을 때 결론은 개연적으로, 또는 확률적으로 참일 뿐이다. 그러므로 귀납 추론에서는 전제가 결론을 결정적으로 확립해 주지는 못한다. 물론 귀납 추론에서 지지해 주는 사실들이 전제에 더 많이 추가될수록 결론이 받아들여질 수 있는 확률이 높아진다.

귀납 추론에는 귀납적 일반화(열거에 의한 귀납과 통계적 귀납), 유추, 인과 관계 등이 있다.

예문

미국이 확고부동한 의지를 보여 주지 않는 한 일본은 중국에 순응할 가능성이 높은데, 미국이 그런 의지를 보일 확률은 낮은 편이다. 동아시아를 일방적으로 유린하면서 처참한 결과를 초래한 1930년대와 1940년대를 제외하고, 일본은 역사적으로 자신이 패권국으로 간주한 나라에 결탁함으로써 안보를 지켜 왔다. 1930년대에 일본이 독일, 이탈리아 추축국에 가세한 것도 이것을 그 당시 세계 정치에서 가장 역동적인 군사적, 이념적 세력으로 간주하였기 때문이다. 그보다 앞선 20세기 초반에 일본은 의식적으로 영·일 동맹에 합류한 적이 있다. 그 당시 세계 문제를 주도하는 나라가 영국이었기 때문이다. 1950년대의 일본은 비슷한 맥락에서 세계에서 가장 막강한 국력을 가졌고 일본의 안보를 보장할 수 있었던 미국과 동맹을 맺었다. 중국인처럼 일본인도 국제 정치를 위계 구조로 파악한다. 국내 정치의 역학이 그렇기 때문이다. 결국 일본의 동맹 성향은 '근본적으로 견제가 아닌 편승'이었고, '패권국과의 결탁'이었다. 일본에 오래 거주한 한 서구인은 일본인은 "'대세' 앞에 머리를 숙이고 윤리적 강자로 파악된 존재와 협력하는 데 누구보다 빠르고… 윤리적으로 쇠락하고 기울어가는 패권국으로부터 받은 수모에 대해서는 누구보다 빠르게 분개를 나타낸다."고 지적하였다. 아시아에서 미국의 역할이 축소되고 중국의 역할이 급신장하면 일본의 정책도 자연스럽게 변할 것이다.

–새뮤얼 헌팅턴(이희재 옮김), 『문명의 충돌』, 김영사, 2001, 318-319면

(2) 연역 추론

연역 추론은 하나 이상의 명제로부터 오로지 논리적인 규칙에 따라 필연적인 결론을 도출해 내는 과정을 의미한다. 경험에 의하지 않고 논리상 필연적인 결론을 내게 하는 것으로, 삼단 논법이 그 대표적인 형식이다. 이를테면 '모든 사람은 잘못을 저지르는 수가 있다. 모든 지도자도 사람이다. 그러므로 지도자도 잘못을 저지르는 수가 있다.' 하는 따위이다. 연역 추론은 결론이 전제로부터 필연적으로 나오기 때문에, 전제 속에 포함되지 않은 것은 결론으로 이끌어 낼 수 없다. 이렇게 볼 때 연역 추론의 결론에서 말하고 있는 정보나 내용은 모두 전제 속에 이미 들어있거나 적어도 숨어있는 내용이다.

연역 추론은 크게 직접 추리와 간접 추리로 구분할 수 있다. 직접 추리는 오직 하나의 전제에서 직접 새로운 판단이 되는 결론을 이끌어 내는 추리를 말한다. 예를 들어 '인간은 생물이다.'라는 명제를 전제로 해서 '인간은 무생물이 아니다.'라는 결론을 이끌어 내는 것이다. 간접 추리에는 정언삼단논법, 선언삼단논법, 가언삼단논법, 딜레마(양도논법, 兩刀論法) 등이 있다. 연역 추리는 각각의 형식적 규칙을 익혀야 타당한 추리에 도달할 수 있다.

예문

'고백'은 거의 모든 문학에 직접, 혹은 간접적으로 배경화 되어있는 심리요소로 1인칭을 우선으로 하여 배태되는 직설적 폭로나 충격이 특징이 되는 경우가 많다. 고백적 성격을 주조로 삼는 시가 고백시이며 소설은 고백소설이 된다.

고백적 글쓰기라는 표현 형식은 치유적인 성격을 내포하고 있다. 자신의 말 못할 고민을 토로하면서 치유를 모색하는 것이다. 즉 마음의 상처를 치유하고 승화하는 심리요법들이 고백문학 속에 들어오면서 고백적 글쓰기는 현대사회에서 중요한 위치를 점하고 있다.

이것은 문학적인 성과가 중심이 되기보다 체험을 시화하고 자전적 사건을 작품화하여 '폭로' 내지 '발표'에 초점을 맞추고 있다. 가식 없는 자기폭로를 일차적 조건으로 삼는 고백문학은 그간 금기시되어 왔던 사건들의 폭로로 좀 더 객관적인 자신을 발견하며 주변을 바라보게 할 뿐만 아니라 무엇보다 치유를 모색한다는 점에서 주목을 받고 있다.

–문학과 글쓰기 수업 중 일부

3) 묘사

묘사(描寫)는 대상의 구체적인 모습 즉 모양, 빛깔, 감촉, 소리, 냄새 등을 마치 눈앞에 있는 것처럼 생생하고 사실적으로 그려 보이는 진술 방식이다. 묘사는 공간성을 전제한다. 이 공간성이 묘사의 본질적 속성이다. 그런데 공간성의 가장 핵심적인 속성은 동시성이라고 할 수 있다. 묘사는 대상에 대한 느낌이나 정서를 환기할 뿐만 아니라 의미나 가치를 생성하는 데 목적을 둔다. 묘사에는 대상을 관찰하고 묘사한 글쓴이의 독특하고 개성적인 인상이 나타난다. 대상에 대한 인상이 감각과 정서를 불러일으키고, 의미나 가치를 만들어 낸다.

대상을 묘사할 때 모든 것을 세밀하게 그려낼 필요는 없으며 가장 강렬한 느낌을 받은 부분에 대한 인상을 그리거나 특별히 관심을 두고 있는 부분만을 선택하여 그리는 것이 좋다. 묘사 문장을 잘 구사하기 위해 다음 몇 가지 사항을 고려해야 한다.

① 대상의 지배적인 인상을 중심으로 조화롭게 구성한다.

② 대상의 중심부는 자세하고 정밀하게 진술하고, 주변부는 간략하게 진술한다.

③ 비유적인 표현이나 구체적인 단어를 통해 감각적인 인상을 부각한다.

④ 자신의 느낌을 독창적이고 생생하게 나타낸다.

예문

지방 기상대인 측후소는, 대구 외곽에 있는 우리 동네 한가운데서 편백나무 숲에 에워싸여 유럽의 성탑처럼 높이 치솟아 있었다. 나는 지금껏 이보다 더 아름답고 비밀을 간직한 건물을 본 적이 없다.

거대한 사각 병을 거꾸로 세워 놓은 것 같은 측후소는 겉면이 주황색 타일로 되어있어 햇살을 받으면 무지갯빛 반사광을 뿜었다. 구름이 짙게 깔렸을 때조차 대기로부터 붉고 누르스름한 빛을 빨아들여, 오래된 사원이 주위의 온갖 비천한 것들을 멸시하듯이 홀로 수려한 자태를 뽐냈다. 칠촌 아저씨가 근무하고 있어서 나는 측후소 경내를 종종 들락거렸다. 작은 연못과 짙푸른 편백나무 숲 너머로 하늘을 찌르는 본관이 나타났다. 육중한 갈색 문을 열고 들어서면 낡은 바닥 한가운데에 육각형 은선이 그어져 있고, 칠이 벗겨진 기둥들과 미로처럼 어디론가 사라져 버리는 복도가 있었다. 중앙 회랑의 창문 아래에 놓인 커다란 동환은 먼저 내 발길을 끌어당겼다. 그건 무척 오래된 쇠로 만들어진 지구의였다. 약간 기울어진 지구의를 손으로 돌리면, 오밀조밀하고 신비로운 선들 아래로 내 눈동자가 잠겨 흐르듯이 비쳤다.

—엄창석, 『빨간 염소들의 거리』, 민음사, 2014, 8-9면

4) 서사

서사(敍事)는 시간의 흐름에 따라 변화하는 대상의 움직임이나 사건의 전개 양상을 서술하는 진술 방식이다. 좁게는 대상의 움직임을, 넓게는 우리가 행동하였거나 겪은 일, 남이 한 행동, 주위에서 일어난 사건 그리고 옛날 일이나 고사들에 나타나는 사건 등의 외연을 의미한다. 따라서 서사는 과정을 설명하는 것이 아니라 그 과정을 우리 눈앞에 생생하게 보여주어야 한다. 그리고 이 과정에서 서사의 중심은 움직이는 대상 그 자체가 아니라 움직임이나 행동의 성격, 또는 사건이나 고사의 의미에 있다고 할 수 있다.

묘사가 공간성을 본질적 속성으로 삼는 데 비해 서사는 시간성을 본질적 속성으로 삼는다. 서사에서 시간성은 내용을 순차적이고 인과적으로 전개한다. 서사문을 잘 쓰기 위해 다음 몇 가지 사항을 고려해야 한다.

① 서사의 내용에서 핵심 내용이 명확하게 드러나도록 서술한다.

② 서사의 내용에 따라 각 구성 요소들이 유기적 관계를 형성하도록 서술한다.

③ 서사의 내용이 길거나 복잡할 경우 기준을 세워 몇 개의 문단이나 양상으로 나누어 서술한다.

④ 서사의 내용을 서술해 나갈 때 일정한 기준을 세워 서술의 일관성을 유지한다.

⑤ 시간이나 시제 표현에 유의한다.

⑥ 서사의 내용에 따라 개성 있는 문체로 서술한다.

예문

그는 평소 말이 거추장스러웠다. 말을 하다 보면 자연스레 사족이 붙고, 했던 이야기를 다시 하게 된다. 또한, 누구라고 할 것 없이 자기 생각만을 고집하고 전달하려 애쓰니 대화에 의욕적으로 빠져들 수가 없었다. 때론 침묵이 더 많은 의미를 전달하며 설득력이 있었음을 기억한다.

그가 자란 순천(順天) ― 아니 무진(霧津)이라고 해야 할까? ― 의 해풍도 말이 없었지만, 그는 그것이 자신에게 하려는 말이 무엇인지 충분히 이해할 수 있었다. 기하학적 구도의 갈대숲, 무채색의 개펄, 바닷가를 온통 보랏빛으로 물들이던 석양도 마찬가지였다.

처음 누군가를 사랑하게 되었을 때도, 그는 그녀가 아무 말이 없었지만, 그에게 하고 싶은 말이 어떤 것인지 다 알아버리곤 했다. 두근대는 가슴을 "빠담, 빠담, 빠담"이라고 글로 써야만 아는가? 누구든 상대의 가슴에 손을 얹어보면 "당신을 사랑해요."라는 말을 읽을 수 있지 않던가.

그때처럼 요즈음 아침을 맞은 듯 조용하고 평화롭다. 가족과도 역시 마찬가지다. 소통이 어려울 것이라고 지레짐작한 사람들은 그들대로 … 설령 아니라고 해도 꼭 필요한 내용이 아니면 그에게 전달될 일이 거의 없다. 아니 그렇지 않더라도 사는 데 필요한 언어는 단어 몇 개만으로도 충분하다는 것을 배우고 있다.

젊을 적엔 조금은 무모했고 나이가 들어선 기묘하게 고독했다. 그러다 보니 너무도 많은 것을 표현했고 쏟아냈다. 어쩌면 말이 다 소진된 것일 수도 있다.

―김선주, 「말(言) 그리기」, 월간 『좋은만남』, 문화저널, 2010. 11, 24면

예문

깨진 유리조각에서 피가 배어 나왔다. 아- 하고 놀랄 틈도 없이 발바닥에 박혀버린 유리조각이 꽤나 반짝이고 있었다. 엊저녁, 그가 깨어버린 와인글라스의 조각이 아직 남아있었던 모양이었다. 식탁 옆 의자에 앉아 핀셋으로 유리조각을 빼냈다. 어젯밤 깨져버린 글라스에도 이런 빛깔의 액체가 스며들어 있었지. 샤토 무통 로쉴드, 빈티지는 1997년. 어떻든 꽤나 비싼 음료수, 아직은 여린 향기가 나던 고운 녀석이었는데. 조각난 유리잔, 바닥에 흘러 퍼져가던 와인. 그리고 저 현관문을 나서던 그. 모두 다시는 돌이킬 수 없는 것들뿐.

—'유리컵 발상' 수업을 활용한 창작 사례

연습문제

1. 자신의 전공 책이나 교양서적을 읽으면서 알게 된 새로운 어휘를 적고 익혀 봅시다.

2. 일상생활(신문이나 간판 등)에서 잘못된 문장의 예를 찾아 고쳐 봅시다.

3. 문학작품과 신문, 잡지의 글에서 서사가 활용된 부분을 3~5개 찾아 정리해 봅시다.

4. 추론 방법을 적용하여 하나의 주장을 논증의 형식으로 작성해 봅시다.

5. 글쓰기 진술방식 중 '예시'를 이용하여 글을 써 봅시다.

CHAPTER 03

어문 규범에 맞는 글쓰기

글이란 어떤 생각이나 일 따위의 내용을 글자로 나타낸 기록을 말한다. 이때 서로의 생각을 정확히 공유하기 위해서는 사전에 약속된 표기 원칙을 지켜야 한다. 이러한 표기 원칙을 정해 놓은 것이 어문 규범이다. 어문 규범을 지키는 것은 좋은 글쓰기의 전제 조건이다. 우리의 어문 규범은 언어학적으로 탄탄한 이론적 바탕 위에 만들어졌다. 그러므로 어문 규범을 익히는 가장 효율적인 방법은 기본 원리를 충실히 이해하는 것이다.

■ 목표

1. 어문 규범의 성격을 이해한다.
2. 한글 맞춤법과 외래어 표기의 기본 원리를 이해하고 이를 응용할 줄 안다.
3. 띄어쓰기의 기본 단위를 이해한다.
4. 표준어 사정 원리를 이해한다.

■ 구성

1. 어문 규범
2. 한글 맞춤법
3. 띄어쓰기
4. 외래어 표기법
5. 표준어 규정

연습문제

1. 어문 규범

어문 규범이란 국민이 공적인 상황에서 효과적으로 의사소통을 할 수 있도록 정부가 공시한 말과 글에 관한 규범을 말한다. 어문 규범을 지킨 글이 곧 좋은 글이라고 할 수는 없지만 적어도 좋은 글이라면 어문 규범을 제대로 지킨 글이어야 한다.

그런데 우리 사회에서 어문 규범을 강조하는 것을 고루한 것으로 여겨 창조적인 글쓰기에 방해가 되는 것으로 생각하는 사람이 있다. 하지만 규범에 맞지 않는 글은 신뢰도가 떨어질 뿐만 아니라 맞춤법을 습관적으로 틀릴 때 글쓴이에 대한 호감도가 떨어질 수 있다는 점에서 가볍게 넘길 문제가 아니다. 무엇보다 독자에게 정확한 의미를 전달하기 위해 상호간에 약속된 즉, 규범에 맞게 글을 쓰는 것은 글을 쓰는 사람이 갖추어야 할 최소한의 소양이라고 할 수 있다.

그런데 어문 규범에 대해 우리들이 잘못 알고 있는 상식이 있다.

첫 번째는 한글 맞춤법을 포함한 어문 규범이 너무 어렵다는 것이다. 이런 생각이 얼핏 이해되지 않는 것은 아니지만 이는 잘못된 것이다. 우리가 무엇이 어렵다고 할 때는 기준이 있어야 한다. 한글 맞춤법이 어렵다면 무엇보다 어려운지 얘기가 되어야 한다. 한국 사람들이 대중적으로 알고 있는 다른 나라의 표기라면 한자와 영어 정도이다. 그런데 적어도 수많은 한자 표기를 익히는 것보다 한글 맞춤법이 어렵다는 것은 아닐 것이다. 그렇다면 한글 맞춤법이 영어의 철자법보다 어렵다는 것일까? 알파벳은 이집트의 상형문자에서 시작하여 음절문자를 거쳐 음소문자로 정착한 후에도 오랜 굴곡을 거쳤다. 현재 영어의 알파벳은 소리와 글자가 일 대 일로 대응하지 않는다. 그 결과 'circle, cup, chicken'에서 'c'는 서로 다른 소릿값을 갖는다. 반대로 'son'이나 'sun'은 모음이 다르지만 발음은 같다. 'report'는 '리포트'가 되기도 하고 '레포트'가 되기도 한다. 이와 같이 영어의 알파벳은 자모 하나하나가 일정한 소릿값을 갖고 있지 않아 발음만으로 정확한 표기를 예측하기 어렵다.

그래서 우리가 영어 단어를 익힐 때는 부득이 철자를 일일이 암기해야 한다. 이에 반해 한글은 자모 하나하나의 소릿값이 분명하며 일정한 원리에 따라 표기하도록 되어 있어 기본적인 표기 원리를 이해하고 있으면 우리말을 바르게 적는 것은 사실 그리 어려운 일이 아니다.

두 번째는 한글 맞춤법이 너무 자주 바뀐다고 불평들을 한다. 많은 사람들이 작년에, 재작년에 또는 최근에 한글 맞춤법이 바뀌었다고 말한다. 하지만 이는 전혀 사실이 아니다. 우리가 흔히 <한글 맞춤법>이라고 부르는 것은 다음 네 가지 어문 규범 중에 하나다.

4대 어문 규범	제 정	개 념
한글 맞춤법	1988년	한글로 우리말을 표기하는 규칙의 전반을 규정한 것.
표준어 규정	1988년	표준어 사정의 원칙과 표준 발음법을 규정한 것.
외래어 표기법	1986년	외래어를 한글로 표기하는 방법을 규정한 것.
로마자 표기법	2000년	우리말을 로마자로 표기하는 방법을 규정한 것.

<한글 맞춤법>은 어문 규범의 핵심으로 '표기'와 관련된 규정이다. 예를 들어 우리는 물이 언 것을 [어름]이라고 발음하는데 이를 글자로 적을 때 '얼음'으로 적을 것인지 소리대로 '어름'으로 적을 것인지를 규정한 것이 <한글 맞춤법>이다. 이에 대해 <표준어 규정>은 '말'에 대한 규정이다. 즉 여러 말이 같이 사용될 때 그 가운데 표준이 될 만한 말을 정하는 것이다. 예를 들어 '상추'와 '상치' 가운데 '상추'를, '자두'와 '오얏' 가운데 '자두'를 표준으로 정하는 것은 말에 관한 문제로 <표준어 규정>에서 원칙을 정한다. 외래어 표기는 한자어를 제외한 외래어(외국어 포함)를 한글로 표기하는 원칙을 정한 것이다. 예를 들어 cafe를 '카페'로 적을지 '까페'로 적을지를 규정한 것이 <외래어 표기법>이다. 마지막으로 우리말을 로마자로 표기하는 원칙을 정한 <로마자 표기법>이 있다. '서울'을 'Seoul'로, '부산'을 'Busan'으로 적는 것은 <로마자 표기법>에 따른 것이다. 그런데 위의 표에서 알 수 있듯이 현행 <한글 맞춤법>과 <표준어 규정>은 1988년에 제정된 이후 지금까지 한 번도 바뀐 적이 없다. <외래어 표기법>도 대상 언어가 추가된 것을 제외하면

기본 원칙에 일체 변함이 없으며 <로마자 표기법> 역시 마찬가지이다.

> 2011년과 2014년 두 차례에 걸쳐 '짜장면', '먹거리, '날개', '맨날', '오손도손', '허접하다', '딴지' 등 40여 개 단어가 새로 표준어 자격을 부여 받은 일은 있지만 이 또한 규정이 바뀐 것은 아니다. 2015년 1월 1일부터 〈한글 맞춤법〉의 부록으로 수록되어 있는 문장부호의 일부가 개정되어 시행되고 있다.

우리가 한글 맞춤법을 포함한 어문 규범이 어렵다고 생각하는 이유 중에 하나는 따로 익혀야 하는 규정이 있기 때문이다. 사실 우리처럼 성문화된 어문 규범을 갖고 있는 나라는 찾아보기 어렵다. 대부분의 나라는 권위 있는 모국어 사전을 참고하여 표기하는 것이 일반적이다. 사전에 의존하는 방법은 규정을 따로 익히지 않아도 된다는 점에서 얼핏 쉬워 보이지만 일일이 사전에서 바른 표기를 확인해야 하다는 점에서 적지 않은 불편을 감수해야 한다. 반면에 우리는 어문 규범을 배워야 한다는 부담이 있지만 기본 원칙을 이해하고 나면 사전에 크게 의존하지 않고도 대부분 바른 표기를 이끌어 낼 수 있다는 점에서 보다 경제적인 언어생활이 가능하다. 원리를 바탕으로 한 어문 규범을 이해하면 틀리기 쉬운 어문 규범을 뽑아 공부하는 것보다 기억에 오래 남는다. 처음 구구단을 외우는 것이 힘이 들지만 한 번 외우고 나면 수식을 계산할 때 두고두고 유용한 것과 마찬가지이다.

【활동】 '설레이다/설레다' 중에서는 '설레다'가, '개이다/개다' 중에서는 '개다'가 맞는 말이다. 이와 관련된 어문 규범은 〈한글 맞춤법〉일까 〈표준어 규정〉일까?

2. 한글 맞춤법

1) 〈한글 맞춤법〉의 기본 원리

맞춤법의 기본 원리는 다음과 같이 <한글 맞춤법> 총칙 제1항에 잘 나타나 있다.

> 한글 맞춤법은 표준어를 소리대로 적되, 어법에 맞도록 함을 원칙으로 한다. [제1항]

여기서 소리대로 적는다는 것은 '표음주의' 원칙을 말한다. 한글은 영어의 알파벳과 더불어 대표적인 소리글자로 우리가 말하는 소리를 그대로 적을 수 있다. 즉 '자다', '깨다', '하늘', '바람', '땅' 등은 모두 표음주의 원칙에 따라 소리대로 적은 것이다. 어법에 맞게 적는다는 것은 각 단어를 구성하는 형태소의 원형대로 표기한다는 뜻이다. 그런데 우리는 의외로 소리대로 적지 않는 경우가 많다. /먹따/로 발음하지만 '먹다'로 적고 /멍는다/라고 발음하지만 '먹는다'라고 적는다. 이는 다음에 오는 '어법에 맞도록 함을 원칙으로 한다'는 규정 때문이다.

우리말은 말하는 조건에 따라 말소리가 바뀌는 경우가 적지 않다. 특히 '어근'과 '어근'이 결합하거나 '어근'과 '접사'가 결합할 때, 또는 '어간'과 '어미'가 이어지거나 '명사'에 '조사'가 결합할 때 이러한 현상이 두드러진다.

구 성	말소리	원형 표기
꽃+밭(어근+어근)	[꼬빧]	꽃-밭
덮+개(어근+접사)	[덥깨]	덮-개
읽+어(어간+어미)	[일거]	읽-어
책+을(명사+조사)	[채글]	책-을

어법에 맞게 적는 것은 '어근'이나 '접사'를 본래 형태대로 적는다는 뜻이다. 이는 독자가 글자를 쉽게 인식해 의미를 보다 쉽게 파악하게 하기 위한 것이다.

혹자는 우리말을 소리대로 적으면 더 쉽지 않겠느냐고 말한다. 얼핏 생각하면 그럴 듯하지만 실상은 그렇지 않다.

- **소리대로 적기** : 꼬빠테서 채글 잉는다.
- **어법대로 적기** : 꽃밭에서 책을 읽는다.

만약 '읽다'를 소리대로 표기한다면 다음과 같이 말하는 상황에 따라 여러 형태로 표기해야 한다.

- **익찌** 않는다.
- **잉는** 중이다.
- **일꼬** 있다.

독자 입장에서 '익찌'가 책을 읽는 것인지 음식이 익는 것인지 알 수 없다. 글자는 시각적인 기호이다. 그러므로 글이란 모름지기 즉각적으로 눈으로 보고 의미를 구별할 수 있도록 표기하는 것이 중요하다. '빗', '빚', '빛'을 소리대로 표기하면 모두 [빋]이 되는데 이래서는 제대로 의미가 통할 수 없다. 그래서 <한글 맞춤법>에서는 소리대로 적되 의미 단위인 형태소를 늘 일정하게, 즉 원형대로 적도록 규정한 것이다.

하지만 우리말을 늘 원형대로 표기할 수 있는 것은 아니다.

구성	말소리	표기
얼 + 음(어근+접사)	[어름]	얼음
웃 + 음(어근+접사)	[우슴]	웃음
묻 + 엄(어근+접사)	[무덤]	무덤
집 + 웅(어근+접사)	[지붕]	지붕

'얼음', '웃음', '무덤', '지붕'은 모두 '어근'에 '접사'가 결합하여 이루어진 말이다. 그런데 '얼음'과 '웃음'은 원형대로 적는 데 반해 '무덤'과 '지붕'은 소리대로 적는다. 이는 '-음'에 비해 '-엄'이나 '-웅'이 갖는 접사로서의 가치가 다르기 때문이다.

굳 + 음 → 굳음,　　　묶 + 다 → 묶음,

졸 + 음 → 졸음,　　　믿 + 다 → 믿음, ….

우리말에서 어근에 '-음'이 결합하여 새로운 단어를 만드는 것은 매우 흔한 일이다. 이때 어근과 접사 '-음'의 관계는 형태나 의미적으로 매우 투명하다. 반면에 어근에 접사 '-엄'이나 '-웅'이 결합하여 다른 단어를 만드는 것은 국어에서 매우 드문 일이다. 이 경우 굳이 두 형태의 원형을 밝혀 적을 필요가 없다. 이처럼 <한글 맞춤법>은 단어를 구성하는 형태소의 원형을 밝혀 적는 것이 원칙이지만 형태소 간의 관계가 불규칙하거나 의미적으로 불투명할 때는 소리대로 적는다.

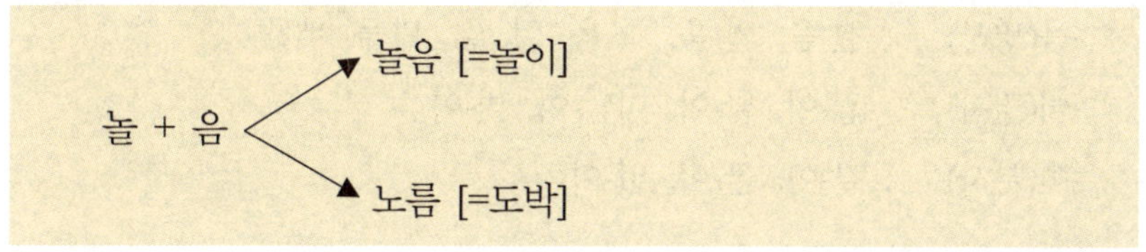

'놀음'이나 '노름'은 모두 '놀다'의 어근 '놀-'에 접미사 '-음'이 결합한 것이지만 '놀음'은 원형대로 적고 '노름'은 소리대로 적는다. 이는 '놀음'의 경우 동사인 [놀다]의 의미를 그대로 가지고 있어 의미적으로 투명한 데 반해, '노름'은 [도박]이라는 의미로 변하여 굳이 '놀-'의 형태를 밝혀 적을 필요가 없기 때문이다.

정리하면, 우리가 <한글 맞춤법>을 이해한다는 것은 결국 언제 원형대로 적고 언제 소리대로 적는지를 아는 것이다.

【활동】 1. '죽음'과 '주검'의 표기 차이를 〈한글 맞춤법〉의 원리로 설명해 보자.

【활동】 2. '몇일'과 '며칠' 중 올바른 표기는 무엇인지 〈한글 맞춤법〉의 원리로 알아보자.

2) '원형대로 적기'와 '소리대로 적기'

그렇다면 언제 원형대로 적고 언제 소리대로 적는지 좀 더 구체적으로 살펴보자.

(1) 어근이 생산적(규칙적)**인 접사와 결합할 때는 원형대로 적는다. 반대로 생산적이지 않은 접사**(대개 '-이'나 '-음' 이외의 모음으로 시작하는 접사)**와 결합할 때에는 소리대로 적는다.**

■ 생산적인 접사 : 원형을 밝혀 적는다

-음(명사)	: 걸-**음**, 얼-**음**, 졸-**음**, 앎, 삶, 만듦, 베풂		
-이(명사)	: 길-**이**, 넓-**이**, 미닫-**이**, 벌-**이**		
-이(부사)	: 같-**이**, 굳-**이**, 없-**이**		

■ 생산적이지 않은 접사 : 소리대로 적는다

-아리	: 잎+**아리**	→	이파리
-아지	: 목+**아지**	→	모가지
-악서니	: 꼴+**악서니**	→	꼬락서니
-어리	: 귀먹-**어리**	→	귀머거리
-우라기	: 짚+**우라기**	→	지푸라기

생산적인 접사란 다양한 어근과 결합하는 접사를 말한다. 우리말에서 명사나 명사형을 만드는 접사 '-음'과 '-이', 부사를 만드는 접사 '-이'는 다양한 어근과 결합하여 명사나 부사를 만들며 그렇게 만들어진 말은 원말과 의미적으로 투명하다. 그러므로 이때는 어근과 접사의 원형을 각각 밝혀 적는다. 특히 '베풀-다', '만들-다'처럼 'ㄹ'로 끝나는 동사 어간에 '-음'이 결합하여 준 경우에 '만듬'이나 '베품'처럼 적지 않도록 주의해야 한다. 반면에 '-아지', '-악서니', '-아리' 등은 몇몇 한정된 어근과 결합하는 접사들이어서 굳이

형태를 밝혀 적을 필요가 없다.

(2) '–하다'나 '–거리다'가 결합할 수 있는 어근에 접사 '–이'가 결합하여 명사가 된 것은 원형을 밝혀 적는다. '–하다'나 '–거리다'가 결합하지 않는 어근에 '–이'가 결합할 때는 소리대로 적는다.

■ '–하다', '–거리다'가 결합할 경우 : 원형을 밝혀 적는다

꿀꿀거리다(○) : 꿀꿀+**이** → 꿀꿀이
삐죽거리다(○) : 삐죽+**이** → 삐죽이
오뚝하다(○) : 오뚝+**이** → 오뚝이

■ '–하다', '–거리다'가 결합하지 못할 경우 : 소리대로 적는다

개굴거리다(×) : 개굴+**이** → 개구리
누덕거리다(×) : 누덕+**이** → 누더기
깍둑거리다(×) : 깍둑+**이** → 깍두기

'개구리'나 '꿀꿀이'는 모두 동물의 울음소리를 흉내 낸 '개굴개굴'과 '꿀꿀'에서 온 말이다. '개굴'과 '꿀꿀'에 '-이'가 결합하여 만든 말이지만 '개구리'는 소리대로 '꿀꿀이'는 원형대로 적는다. 이는 '꿀꿀거리다'가 가능한 데 반해 '개굴거리다'는 가능하지 않다는 형태적 차이에 따른 것이다.

(3) '– 하다'가 결합하는 어근에 '–히'나 '–이'가 결합하여 부사가 되면 원형을 밝혀 적는다.

■ '–하다'가 결합하는 어근 : 원형을 밝혀 적는다

어렴풋하다(○) : 어렴풋+이 → 어렴풋이
깨끗하다(○) : 깨끗+이 → 깨끗이

■ '-하다'가 결합하지 못하는 어근 : 소리대로 적는다

갑작하다(×) : 갑작+이 → 갑자기

슬멋하다(×) : 슬멋+이 → 슬며시

(4) 부사에 '-이'가 결합하여 뜻을 더하는 경우에는 부사의 원형을 밝혀 적는다.

■ 부사와 결합 : 원형대로 적는다

더욱 : 더욱+이 → 더욱이

일찍 : 일찍+이 → 일찍이

생긋 : 생긋+이 → 생긋이

우리말에서 '더욱'이나 '일찍', '생긋'은 그것만으로 문장에서 부사어로 기능하는 단어이다. 여기에 다시 '-이'가 결합하여 부사가 되는데 이들은 원형대로 적는다.

【활동】 '반드시'와 '반듯이', '지그시'와 '지긋이'의 의미 차이를 생각해보고 각각의 표기가 다른 이유를 앞의 규정을 바탕으로 설명해 보자.

(5) 높임의 종결 어미 '-오'는 '요'로 소리 나는 경우가 있더라도 원형대로 '오'로 적는다. 높임의 조사 '요'와 구별하여 적는다.

종결 어미 '-오'	조사 '요'
오십시오 당기시오 미시오	먹어요, 예쁘군요, 예쁘지요 벌써요, 어서요, 언제요

종결 어미 '-오'와 조사 '요'는 발음이 비슷하고 둘 다 높임의 기능을 수행하므로 구별이 쉽지 않다. 그런데 우리말에서 '어미'와 '조사'는 생략 여부로 구별할 수 있다.

- 어미 '-오' 생략 불가 : 오십시-오 → 오십시 (×)
미시-오 → 미시 (×)
- 조사 '요' 생략 가능 : 먹어-요 → 먹어 (○)
예쁘군-요 → 예쁘군 (○)

국어에서 어미는 단어의 일부분이므로 생략할 수 없다. 반면에 조사는 앞에 오는 형태와 구별되는 독립된 단어이므로 생략할 수 있다. 즉 '오십시오', '미시오'에서 어미 '-오'를 생략하면 이상한 말이 되지만 '먹어요', '예쁘군요', '벌써요' 등에서 조사 '요'를 생략한 '먹어', '예쁘군', '벌써' 등은 모두 자연스러운 말이다.

【활동】 다음은 컴퓨터 작업 중에 흔히 볼 수 있는 안내창이다. '예'에 대응하는 칸에 들어갈 표기로 맞는 것은 '아니오'일까 '아니요'일까 앞의 원리로 설명해 보자.

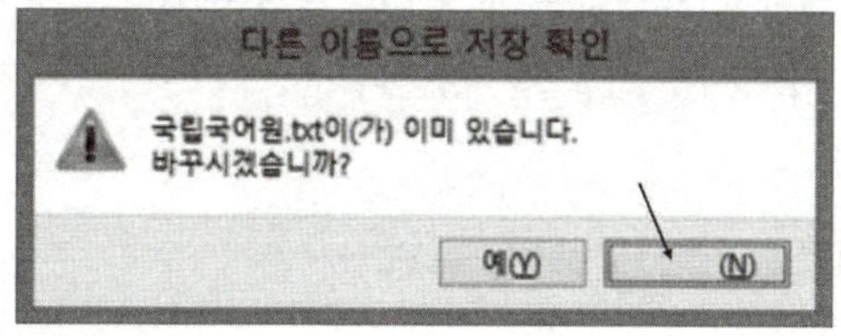

3) 사이시옷 표기 원칙

우리말은 어근과 어근이 결합하여 합성어가 될 때 그 사이에 사잇소리가 덧날 때가 있다. 이를 표기에 반영한 것이 사이시옷이다. 그런데 말을 할 때 사잇소리가 덧난다고 해서 반드시 사이시옷을 받쳐 적는 것은 아니다. <한글 맞춤법>에서는 사이시옷 적기에 대해 엄격한 원칙을 제시하고 있다. 올바른 사이시옷 표기를 위해서는 다음의 원칙을 반드시 숙지하고 있어야 한다.

- 순 우리말 + 순 우리말 : 나뭇가지, 나뭇잎, 바닷물, 장맛비
- 순 우리말 + 한자어 : 등굣길(登校-), 수돗물(水道-,) 전셋집(專貰-), 우윳빛(牛乳-)
- 한자어 : 개수(個數), 대가(代價), 시가(時價), 초점(焦點), 허점(虛點)

사이시옷은 순 우리말과 순 우리말, 순 우리말과 한자어가 결합한 합성어에서 사잇소리가 덧날 때에 한해 쓴다. 원칙적으로 한자어로만 이루어진 단어는 사이시옷을 쓰지 않는다. 그러므로 '개수'(個數), '대가'(代價), '허점'(虛點)과 같은 한자어는 '갯수', '댓가', '헛점' 등으로 쓰지 않도록 특히 주의해야 한다. 다만 다음과 같이 6개의 한자어는 사이시옷을 적는 예외이므로 따로 기억하고 있어야 한다.

- 6개 사이시옷 표기 예외 : 곳간(庫間), 셋방(貰房), 숫자(數字), 찻간(車間), 툇간(退間), 횟수(回數)

또, 뒤에 된소리나 거센소리로 시작하는 말이 오면 순 우리말이나 한자어와 관계없이 항상 사이시옷을 쓰지 않는다.

- 지게꾼, 위쪽, 위층, 뒤풀이, 뒤편, ….

【활동】 1. '젓가락'은 사이시옷을 적는데 '숟가락'은 왜 'ㄷ' 받침을 쓰는지 생각해 보자.

【활동】 2. '찻간(車間)은 한자어지만 사이시옷을 쓴다. 그렇다면 '기차+간(汽車+間)'은 어떻게 써야 할지 생각해 보자.

4) 두음법칙 표기

두음법칙은 어떤 소리가 단어의 첫머리에서 발음되는 것을 꺼려 자연스럽

게 다른 소리로 바꾸는 현상을 말한다. 국어는 한자어의 경우 단어의 첫머리에 서 'ㄹ'이나 'ㄴ'이 오는 것을 꺼려한다. 이에 'ㄹ'을 본음으로 하는 한자어가 어두에 올 때는 'ㄴ'이나 'ㅇ'으로 바꾸고, 'ㄴ'으로 시작하는 한자어 뒤에 'ㅣ, ㅑ, ㅕ, ㅛ, ㅠ' 등의 모음이 올 때는 'ㅇ'으로 바꾸어 말한다. <한글 맞춤법>은 한자어의 경우 다음과 같이 우리말의 두음법칙에 따라 표기하는 것을 원칙으로 한다.

한자 본음	두음법칙 표기
녀-자(女子)	여-자
뉴-대(紐帶)	유-대
로-인(老人)	노-인
력-사(歷史)	역-사
룡-궁(龍宮)	용-궁

그런데 두음법칙은 어두에만 적용되는 규칙이므로 어두 이외에는 한자의 본음대로 적는다. 다만 접두사처럼 쓰이는 한자가 붙어서 된 말이나 합성어는 뒷말의 첫소리 역시 두음법칙에 따라 적는다

한자 본음	두음법칙 표기
신-녀성(新-女性)	신-여성
중-로동(重-勞動)	중-노동
실-락원(失樂-園)	실-낙원
등-룡문(登-龍門)	등-용문

어중에 오는 한자는 본음대로 표기하지만 앞말이 모음이나 'ㄴ' 받침으로 끝날 경우 뒤에 이어지는 '렬, 률'은 예외적으로 '열, 율'로 적는다. '렬, 률'의 표기는 발음으로 잘 구별되지 않으므로 표기 원칙을 반드시 숙지하고 있어야 한다.

한자 본음	두음법칙 표기
나-렬(羅列)	나-열
분-렬(分列)	분-열
선-률(旋律)	선-율
백분-률(百分率)	백분-율

【활동】 1. '년월일'이 맞을까 '연월일'이 맞을까, '쌍용'이 맞을까 '쌍룡'이 맞을까 두음법칙 표기 원칙을 근거로 생각해 보자.

【활동】 2. '고랭지(高冷地)'는 '고냉지'라고 표기하지 않는다. 그 이유는 무엇인지 생각해 보자.

5) 그 밖에 구별해서 써야 할 표기들

비 교	설 명	보 기
-(으)로서	[지위, 신분, 자격]	사람으로서 그럴 수 없다
-(으)로써	[도구, 수단]	닭으로써 꿩을 대신했다.
-(으)러	[목적]	공부하러 집에 간다.
-(으)려	[의도]	일찍 집에 가려 한다.
-으므로	어미, [까닭]	그는 나를 믿으므로 나도 그를 믿는다.
-음으로	어미+조사 [방법]	그는 믿음으로 산 보람을 느꼈다.
-데	어미 [직접 경험] =-더라	그 사람이 말을 잘 하데 (하더라)
-대	어미 [간접 경험] = -다고 해	철수는 피아노를 잘 친대 (친다고 해)
-더라	지난 일	지난 겨울은 몹시 춥더라
-든지	선택	오든지 가든지 마음대로 해라

3. 띄어쓰기

1) 〈띄어쓰기〉의 기본 원리

올바른 띄어쓰기는 문장의 뜻을 정확히 전달하고 독서 효율을 높인다. 띄어쓰기를 하지 않으면 독서 효율이 현저히 떨어지며, 띄어쓰기에 따라 문장의 의미가 달라지기도 한다.

- 오늘밤 나 무 사온다.
- 오늘밤 나무 사온다.
- 오늘 밤나무 사온다.

<띄어쓰기>는 별도의 규정이 있는 것이 아니라 <한글 맞춤법>에 포함되어 있다. 띄어쓰기 원칙은 <한글 맞춤법> 총칙 제2항에 다음과 같이 명확히 제시되어 있다.

문장의 각 단어는 띄어 씀을 원칙으로 한다. [제2항]

띄어쓰기의 기본 단위는 '단어'이다. 그러므로 띄어쓰기는 '단어'인지 아닌지를 아는 것이 무엇보다 중요하다. 단어를 판단하는 것은 대부분 어려운 일이 아니다. '산', '바다', '하늘'이 하나의 단어라는 것은 누구나 아는 사실이다. 마찬가지로 '산토끼'나 '연필깎이'가 본래 두 개의 단어이지만 하나의 단어가 되었다는 것쯤은 대부분 잘 안다. 그런데 명사가 연이어 있을 때 구인지 하나의 합성어인지 종종 판단하기 어려운 경우가 있다. 이때는 국어사전에서 확인하고 띄어 쓸지 붙여 쓸지를 결정해야 한다. 국어사전에 표제어로 수록되어 있는 말은 한 단어이므로 찾는 말이 국어사전에 표제어로 수록되어 있으면 하나의 단어로 보고 붙여 쓰면 된다.

국어사전에 있는 말(한 단어)	국어사전에 없는 말
우리나라	우리 학교
우리말	우리 마을
우리글	우리 집

국어사전에서 '우리나라', '우리말', '우리글'을 찾으면 표제어로 수록되어 있다. 이들을 한 단어로 인정하기 때문이다. 반면에 '우리 학교', '우리 마을', '우리 집'은 국어사전에 없다. 한 단어가 아니기 때문이다. 단어와 구를 구분하는 명확한 기준은 없다. 잘 모를 때는 국어사전에서 확인하고 그때그때 익혀 두어야 한다. 참고로 '우리'로 시작하는 합성어는 '우리나라', '우리말', '우리글' 이외에는 없으니 나머지는 띄어 쓴다.

【활동】 '함흥냉면', '충주사과', '전주비빔밥', '영광굴비' 가운데 어느 것이 한 단어인지 국어사전에서 찾아 확인해 보자.

2) 반드시 띄어 쓰는 경우

▪의존 명사, 단위를 나타내는 명사는 띄어 쓴다.	- 아는 것이 힘이다. / 나도 할 수 있다. - 신 두 켤레, 쌀 한 되, 구름 한 점, 한 명

우리말의 의존명사나 단위를 나타내는 말은 앞말에 대한 의존성이 높지만 엄연히 독립적인 단어이므로 앞말과 띄어 쓴다.

3) 반드시 붙여 쓰는 경우

▪조사는 그 앞말에 붙여 쓴다.	- 꽃이, 꽃은, 꽃도, 꽃마저, 꽃밖에, 꽃에서부터

조사는 체언이나 부사, 어미 등에 붙어 그 말과 다른 말과의 문법적 관계를

나타내거나 뜻을 도와주는 말이다. 학교 문법에서 국어의 '조사'는 단어로 인정하지만 어미나 접사처럼 자립성이 없으므로 띄어 쓰지 않고 반드시 앞말에 붙여 쓴다. 우리는 '이/가', '을/를', '는', '도' 등 대부분 조사인지 아닌지 쉽게 판단할 수 있지만 잘 판단이 잘 안 선다면 국어사전을 참고해야 한다. '부터'나 '까지'를 부사로 잘못 알고 띄어 쓰는 경우가 있으나 조사이므로 항상 앞말에 붙여 쓴다. '은커녕' 역시 조사이므로 앞말에 붙여 쓴다. 학교 문법에서 '이다'는 서술격 조사로 보고 있다. 그러므로 '이다' 외에 '이고', '이니', '이며', '인지' 등의 활용형도 모두 앞말에 붙여 써야 한다.

- 서울부터 부산까지 얼마나 걸릴까?
- 밥은커녕 죽도 구경하지 못했다.
- 그래서인지 몰랐다.

조사는 여러 개가 겹쳐 날 수도 있으나 어떠한 경우에도 띄어 쓰지 않는다.

- 집-에서-만-이라도 좀 조용히 있어라.

4) 띄어 쓰거나 붙여 쓰는 경우

▪ 보조 용언은 띄어 씀을 원칙으로 하되, 경우에 따라 붙여 씀도 허용한다.	- 불이 꺼져 간다.(○) / 불이 꺼져간다.(○) - 어머니를 도와 드린다.(○) / 어머니를 도와드린다.(○)

보조용언은 본용언 뒤에서 본용언의 뜻을 보충하는 기능을 한다. 보조용언은 본용언과 별도의 단어이므로 본용언과 보조용언은 띄어 쓰는 것이 원칙이다. 하지만 본용언과 보조용언은 의미적으로 밀접한 관련이 있으므로 붙여 쓰는 것을 허용한다.

▪성과 이름은 붙여 쓴다.	- 홍길동(○) / 홍 길동(X) - 남궁억(○) / 남궁 억(○)

성과 이름은 붙여 쓰는 것이 원칙이다. 그런데 한국인의 성은 대개 외자이다. 그러므로 성과 이름을 붙여 쓰더라도 성과 이름을 쉽게 구별할 수 있다. 다만 '남궁억'처럼 붙여 썼을 때 '남궁'이 성인지 '남'이 성인지 잘 구분이 되지 않는 경우가 있다. 이와 같은 경우에는 필요에 따라 띄어 쓸 수 있다.

▪고유 명사와 전문 용어는 단위 별로 띄어 쓰거나 붙여 쓸 수 있다.	- 건국 대학교(○) / 건국대학교(○) - 중거리 탄도 유도탄 (○) / 중거리탄도유도탄 (○)

고유 명사의 경우 단어별로 띄어 쓰는 것을 원칙으로 하지만 일반적으로 붙여 쓰는 경우가 많다. 전문 용어 역시 단어별로 띄어 쓰는 것을 원칙으로 하지만 붙여 쓸 수 있다.

▪아라비아 숫자와 어울릴 때는 띄어 쓰거나 붙여 쓸 수 있다.	- 1 학년 / 1학년 - 1000 번 / 1000번

숫자와 뒤에 단위를 나타내는 말은 본래 별개의 단어이지만 아라비아 숫자라는 특수성을 고려해 붙여 쓰는 것을 허용한다.

띄어 쓰거나 붙여 쓰는 것이 모두 허용될 때 한 글 안에서는 일관되게 띄거나 붙여 쓰는 것이 좋다.

【활동】 '제1회', '제1 회', '제 1회', '제 1 회' 중 띄어쓰기가 바르지 않은 것은 무엇일까?, 국어사전과 띄어쓰기 원칙을 참고하여 설명해 보자.

5) 주의해야 할 띄어쓰기

국어에는 동일한 형태가 두 가지 이상의 기능을 하는 경우가 있다. 이때는 해당 문장에서 어떤 기능으로 사용되는지를 살펴 띄어 쓸 것인지 붙여 쓸 것인지를 판단해야 한다.

(1) '조사'와 '의존명사'

조사로 쓰일 때는 앞말에 붙여 쓰고 의존명사로 쓰일 때는 띄어 쓴다.

- 나만큼 했다. (조사) / 살 만큼 살았다. (의존명사)
- 나뿐 아니라 (조사) / 했을 뿐 아니라. (의존명사)
- 너는 너대로 가. (조사) / 내가 가는 대로 내버려 둬. (의존명사)

'만큼', '뿐', '대로'가 체언 바로 뒤에 오면 조사이므로 붙여 쓰고 동사의 '-은', '-는', '-을' 관형형 뒤에 오면 의존명사로 띄어 쓴다.

(2) '의존명사'와 '어미'

의존명사는 독립된 단어이므로 앞말과 띄어 쓰고 어미는 단어의 일부분이므로 붙여 쓴다.

- 그를 만난 지 10년이 지났다. / 그 사람은 언제 왔는지 모른다.
  (의존명사) (어미)
- 네가 있는 데가 어디니? / 집에 가는데 철수가 왔다.
  (의존명사) (어미)
- 방금 전까지 비가 온 듯도 하다. / 비 오듯 땀이 흘렀다.
  (의존명사) (어미)
- 너에게 배울 게 많다. / 내가 너에게 줄게.
  (의존명사) (어미)

'떠난 지'의 '지'는 어떤 일이 있었던 때로부터 지금까지의 동안을 나타내는 말로 의존명사이므로 앞말과 띄어 쓴다. '있는지'의 '-는지'는 앞말과 뒷말을 이어주는 연결어미이므로 붙여 쓴다. '네가 가는 데'의 '데'는 [장소]를 가리키는 의존명사이다. '집에 가는데'의 '-는데'는 연결어미이므로 앞말에 붙여 쓴다. '비가 온 듯도 하다'에서 '듯'은 [추측]의 뜻으로 쓰인 의존명사이고 '비 오듯 땀이 흘렀다'의 '-듯'은 뒤의 내용이 앞 절과 거의 같음을 뜻하는 연결 어미이다. '배울 게'에서 '게'는 '것+이'가 준말로 앞말과 띄어 쓰고 '줄게'에서 '-게'는 종결 어미이므로 앞말에 붙여 쓴다.

(3) '(의존)명사'와 '접사'

(의존)명사는 독립된 단어이므로 앞말과 띄어 쓰고 접사는 붙여 쓴다.

- 배고프던 차에 배달이 왔다. / 구경차 왔다.
  (의존명사) (접사)
- 도로 상의 차들 / 절차상의 문제
  (명사) (접사)

'배고프던 차'에의 '차'는 일의 [기회]나 [순서]를 뜻하는 의존명사이고, '구경차'의 '-차'는 '연구차', '인사차'처럼 [목적]의 뜻을 더하는 접미사이다. '도로 상'에서 '상'은 [위]의 뜻으로 구체적인 위치를 나타내는 명사인 데 반해, '철자상'의 '-상'은 '인터넷상', '전설상'에서처럼 [추상적인 공간]을 뜻하는 접사이다.

(4) 의미에 따라 구와 합성어가 구별되는 말들

같은 단어가 연속되어 있더라도 의미에 따라 별개의 단어이거나 하나의 합성어가 될 수 있다. 별개의 단어일 경우 띄어 쓰고 합성어일 경우 붙여 쓴다.

- 한 번에 성공했다. / 구경 한번 잘했다.
  (구) (합성어)
- 하는 일마다 안 됐다. / 그가 빵점을 받았다니 참 안됐다.
  (구) (합성어)

본래 '한'은 수를 나타내는 관형사이고 '번'은 횟수를 나타내는 의존명사이다. '한 번'이 '두 번', '세 번'처럼 횟수를 세는 의미로 사용되었을 때에는 구이므로 띄어 쓴다. 하지만 '구경 한번 잘했다'에서처럼 어떤 상태를 [강조]하거나 '한번 해보다'처럼 [시도]의 의미로 해석되거나 '우리 집에 한번 놀러 와'처럼 [기회]의 의미일 때는 한 단어로 붙여 쓴다. '한 번'이 별개의 단어일 때에는 '두 번', '세 번' 등으로 바꾸어도 말이 되지만 [강조], [시도], [기회]의 의미일 때는 이렇게 바꾸어 말할 수 없다. '하는 일마다 안 됐다'에서 '안'은 동사 '되다(됐다)'를 꾸미는 부사로 이때 '안'과 '되다'는 별개의 단어이다. 반면에 '참 안됐다'에서 '안되다'는 [불쌍하다]의 의미로 한 단어이므로 붙여 쓴다.

【활동】 1. '너밖에 없다'와 '집 밖에 있다'에서 '밖에'는 각각 어떻게 다른지 생각해 보자.

【활동】 2. '십 년 만에 만나다', '좋아할 만은 하다', '나만 예뻐한다'에서 '만'은 각각 어떻게 다른지 생각해 보자.

4. 외래어 표기법

<외래어 표기법>은 다른 언어에서 빌려 온 단어를 한글로 적는 법을 정한 것이다. 외래어는 외국에서 들어온 말 중에서 '국어'처럼 쓰이는 단어이다.

그러므로 외래어는 넓은 의미의 국어에 속하며 원어에 가깝게 적지 않고 국어의 음운 체계에 동화된 대로 적는 것이 원칙이다. 외래어는 개인에 따라 발음의 차이가 있어 이를 한글로 표기할 때 오류를 범하는 경우가 많으므로 특히 주의해야 한다.

'오렌지'와 '오뤤지'

예전에 한 대학교수가 '오렌지'라고 말하면 영어권 사람들이 알아듣지 못하니 '오뤤지' 또는 '오린지'라고 쓰고 말해야 한다고 주장한 적이 있다. 하지만 이는 외래어의 속성을 잘못 이해한 그릇된 주장이다. orange[ɔ́ : rindʒ]를 원어와 똑같이 한글로 적는 것은 가능하지 않으며 그렇게 적을 필요도 없다. '오렌지'는 국어의 음운 체계에 동화된 대로 표기하는 것이 옳다.

(1) 외래어의 1 음운은 원칙적으로 1 기호로 적는다.

외래어의 1 음운은 한글로 표기할 때 항상 같은 자모를 사용하여 적는다. 이러한 원칙에 따라 영어의 'f'는 일관되게 'ㅍ'으로 적는다.

	○	×
fantasia	판타지아	환타지아
fighting	파이팅	화이팅
finale	피날레	휘날레

영어의 'f' 소리를 한글로 적을 때 개인에 따라 'ㅍ'과 'ㅎ'이 혼용되어 쓰인다. 한국어에는 'f' 발음이 없으며 이를 정확히 옮길 수 있는 한글 자모가 없기 때문이다. 외래어에 따라 'ㅍ' 표기를 선호하거나 'ㅎ' 표기를 선호하는 것이 사람마다 다르다. 그러므로 이를 개인의 판단에 맡기면 표기의 통일성을 기대하기 어렵다.

(2) 받침에는 'ㄱ, ㄴ, ㄹ, ㅁ, ㅂ, ㅅ, ㅇ'만을 쓴다.

외래어를 한글로 적을 때 받침에는 한글의 자음 가운데 7가지만 쓴다.

	○	×
coffee shop	커피숍	커피숖
supermarket	슈퍼마켓	슈퍼마켙

'coffee shop'의 'p'는 우리말의 'ㅍ'에, supermarket'의 't'는 우리말의 'ㅌ' 소리에 가깝다. 하지만 외래어를 한글로 적을 때 받침에는 'ㄱ, ㄴ, ㄹ, ㅁ, ㅂ, ㅅ, ㅇ'의 7개 외에 어떤 자음도 사용하지 않는다. 이에 따라 받침으로 적는 'p'는 'ㅂ'으로 't'은 'ㅅ'으로 적는다. 이 원칙에는 예외가 없다.

【활동】 'coffee shop'의 'p' 소리나 'supermarket'의 't' 소리는 한글의 'ㅍ'과 'ㅌ' 소리와 유사한데 'ㅍ'과 'ㅌ'을 쓰지 않는 이유는 무엇인지 생각해 보자.

(3) 파열음 표기에는 된소리를 쓰지 않는 것을 원칙으로 한다.

[p, t, k]나 [b, d g] 등의 파열음은 국어에서 된소리나 된소리에 가깝게 발음하는 경향이 있으나 외래어 표기에 'ㄲ, ㄸ, ㅃ' 등의 된소리 글자를 쓰지 않는다.

	○	×
Paris	파리	빠리
bus	버스	뻐스
conte	콩트	꽁트
gas	가스	까스
cafe	카페	까페
tank	탱크	땡크
東京	도쿄	도꾜

파열음의 된소리 표기는 외래어 표기 가운데 가장 빈번히 틀리는 부분이므로 글을 쓸 때 특히 주의해야 한다. 서구 외래어의 경우에는 파열음 외에 마찰음 'ㅅ'과 파찰음 'ㅈ'의 된소리인 'ㅆ'과 'ㅉ'도 쓰지 않는다.

	○	×
circle	서클	써클
service	서비스	써비스
Mozart	모차르트	모짜르트

파열음의 된소리 표기에는 '껌(gum), 빵(pao), 삐라(Bill), 빨치산(Partizan)' 등을 제외하고는 예외가 거의 없다.

(4) 'ㅈ'과 'ㅊ' 뒤에는 이중 모음 'ㅑ, ㅕ, ㅛ, ㅠ'를 쓰지 않고 단모음 'ㅏ, ㅓ, ㅗ, ㅜ'를 쓴다.

국어는 'ㅈ'과 'ㅊ' 뒤에 오는 'ㅏ, ㅓ, ㅗ, ㅜ'와 'ㅑ, ㅕ, ㅛ, ㅠ'의 발음이 잘 구분되지 않는다. 이에 'ㅈ, ㅊ' 뒤에서는 'ㅏ, ㅓ, ㅗ, ㅜ'와 'ㅑ, ㅕ, ㅛ, ㅠ'를 구별하지 않고 'ㅏ, ㅓ, ㅗ, ㅜ' 한 가지로 적는다.

	○	×
juice	주스	쥬스
jewelry	주얼리	쥬얼리
vision	비전	비젼
venture	벤처	벤쳐

'training'에서 온 운동복 역시 '츄리닝'이라고 하지 않고 '추리닝'이라고 한다.

(5) 어말의 [ʃ]는 '시'로 적는다.

	○	×
membership	멤버십	멤버쉽
leadership	리더십	리더쉽

'의자'를 뜻하는 'bench'나 '해변'을 뜻하는 'beach' 역시 '벤취'나 '비취'가 아니라 '벤치', '비치'로 적어야 한다.

(6) 어말에서 단모음 뒤의 오는 [k, t, p]는 받침으로 적고 장모음이나 이중모음 뒤에서는 '크, 트, 프'처럼 모음 'ㅡ'를 받쳐 적는다.

	○	×
rocket	로켓	로케트
robot	로봇	로보트
teamwork	팀워크	팀웍

'rocket'과 'robot'에서 't'는 단모음 뒤에 오므로 받침으로 적는다. 'teamwork'에서 'k'는 장모음([wəːrk]) 뒤에 오므로 '크'로 적는다. 다만 이 규정은 예외가 많으므로 잘 모를 때는 국어사전에서 확인하는 것이 좋다.

(7) 이미 굳어진 외래어는 관용을 존중하되, 그 범위와 용례는 따로 정한다.

'카메라', '라디오' 등 이미 굳어진 외래어는 외래어 표기법 원칙을 준수하지 않고 관용에 따른다. 뜻에 따라 외래어 표기 원칙을 준수하거나 관용 표기가 모두 사용되는 경우도 있다.

	외래어 표기 원칙	관용 표기 허용
cut	컷 [영화의 한 장면]	커트 [머리를 자름]
type	타이프 [글자를 찍는 기계]	타입 [유형]

'cut'[kʌt]의 't'는 단모음 뒤에 오므로 (6)의 규정에 따라 '컷'으로 적는 것이 원칙이다. 하지만 일상 언어에서 머리를 자르거나 타자가 투수가 던진 공을 살짝 쳐 내는 행위를 가리킬 때는 '커트'라고 말하는 것이 일반적이다. 이에 의미를 구별하여 '컷'과 '커트'를 모두 허용한다.

【활동】 다음 포장지에 쓰인 'cake'의 표기 중 외래어 표기법에 맞는 것은 무엇인지 생각해 보자.

[참고] 틀리기 쉬운 외래어 표기 모음

원어	외래어 표기	원어	외래어 표기
accent	악센트/액센트	glass	글라스/글래스
accessory	액세서리/악세사리	hanger	행어/행거
ad lib	애드리브/애드립	highlight	하이라이트/하일라이트
airconditioner	에어컨/에어콘	hip	히프/힙
alcohol	알코올/알콜	Hollywood	할리우드/헐리우드
ankle	앵글/앵클	hook	훅/후크
atelier	아틀리에/아뜨리에	hop	홉/호프
barbecue	바비큐/바베큐	jacket	재킷/자켓
barricade	바리케이드/바리케이트	jam	잼/쨈
biscuit	비스킷/비스켓	jazz	재즈/째즈
body	보디/바디	jeep	지프/집
bonnet	보닛/본네트	Jinghis Khan	칭기즈칸/징기스칸
bravo	브라보/부라보	juice	주스/쥬스
buffet	뷔페/부페	junior	주니어/쥬니어
business	비즈니스/비지니스	Jurassic	쥐라기/쥬라기/주라기
cabaret	카바레/캬바레	leadership	리더십/리더쉽
cabinet	캐비닛/캐비넷	license	라이선스/라이센스
cake	케이크/케잌/케익	mania	마니아/ 매니아
Cannes	칸/깐느	membership	멤버십/멤버쉽
cardigan	카디건/가디건	message	메시지/메세지
carol	캐럴/캐롤	Mozart	모차르트/모짜르트
carpet	카펫/카페트	mystery	미스터리/미스테리
Catholic	가톨릭/카톨릭	narrator	내레이터/나레이터
center	센터/센타/쎈터/쎈타	negative	네거티브/네가티브
chocolate	초콜릿/쵸콜릿	nonsense	난센스/넌센스
circle	서클/써클	Notre Dame	노트르담/노틀담
cleaning	클리닝/크리닝	oxford	옥스퍼드/옥스포드
club	클럽/크럽	panel	패널/판넬
cognac	코냑/꼬냑	panphlet	팸플릿/팜플렛
color	컬러/칼라	pantomime	팬터마임/판토마임
comedian	코미디언/코메디안	pierrot	피에로/삐에로
comedy	코미디/코메디	placard	플래카드/플랭카드
compact	콤팩트/컴팩트	premium	프리미엄/프레미엄

원어	외래어 표기	원어	외래어 표기
complex	콤플렉스/컴플렉스	presentation	프레젠테이션/ 프리젠테이션
concept	콘셉트/컨셉	remote control	리모컨/리모콘
cont	콩트/꽁트	rendez-vous	랑데부/랑데뷰
container	컨테이너/콘테이너	report	리포트/레포트
contents	콘텐츠/컨텐츠	robot	로봇/로보트
control	컨트롤/콘트롤	sash	섀시/쌔시/샤시/샷시
crystal	크리스털/크리스탈	sausage	소시지/쏘세지
curtain	커튼/커텐	scout	스카우트/스카웃
cycle	사이클/싸이클	sense	센스/쎈스
data	데이터/데이타	service	서비스/써비스
digital	디지털/디지탈/디지틀	sharp	샤프/샵/샾
directory	디렉터리/디렉토리	signal	시그널/시그날
document	도큐먼트/다큐멘트	Singapore	싱가포르/싱가폴
documentary	다큐멘터리/다큐멘타리	sink-대	싱크대/씽크대
doughnut	도넛/도너츠	snow	스노/스노우
dragon	드래건/드래곤	summer	서머/써머
dynamic	다이내믹/다이나믹	sunglass	선글라스/썬글라스
encore	앙코르/앙콜/앵콜	supermarket	슈퍼마켓/슈퍼마겟
enquete	앙케트/앙케이트	symbol	심벌/심볼
family	패밀리/훼미리	symposium	심포지엄/심포지움
fanfare	팡파르/팡파레	talent	탤런트/탈렌트
fantasia	판타지아/환타지아	tape	테이프/테입/테잎
fastival	페스티벌/훼스티발	target	타깃/타겟
fighting	파이팅/화이팅	teamwork	팀워크/팀웍
file	파일/화일	television	텔레비전/텔레비젼
finale	피날레/휘날레	terminal	터미널/터미날
flash	플래시/후레쉬/후라시	The Beatles	비틀스/비틀즈
foil	포일/호일	vision	비전/비젼
fry-pan	프라이팬/후라이팬	window	윈도/윈도우
gas	가스/까스	workshop	워크숍/워크샵

5. 표준어 규정

'표준어'란 한 나라에서 공용어로 사용하는 규범적인 언어를 말한다. 주로 지역에 따른 방언 차이로 발생하는 의사소통의 불편을 덜기 위하여 표준으로 정한 말이다. 표준어는 "교양 있는 사람들이 두루 쓰는 현대 서울말"을 기준으로 삼는다.

표준어의 세 가지 기준

계층적 기준	시대적 기준	지역적 기준
교양 있는 사람들이 쓰는 말	현대인이 쓰는 말	서울에서 쓰는 말

지역적으로 서울말을 기준으로 삼은 것은 편의에 따른 것이지 서울말이 다른 지역의 방언보다 아름답거나 표현이 섬세하거나 구조적으로 더 뛰어나서 그런 것은 아니다. '교양 있는 사람들'이라는 계층적 기준은 표준어를 구사하지 못하면 교양 없는 사람이라는 점을 강조하는 의미도 포함하고 있다.

표준어 선정에서 가장 중요한 기준은 "두루 써야 한다"는 것이다. 말은 언중의 자율적인 선택에 따라 결정되는 것이어서, 표준어 사정은 맞춤법과 같은 엄격한 규칙을 두기 어렵다. 그래서 <표준어 규정>은 '시대별', '지역별', '어원별'로 표준어 사정에 관한 대원칙을 세우고 해당하는 어휘의 일부를 예시하는 방식을 취하고 있다. 표준어와 비표준어에 대한 대부분의 판정은 국어사전에서 이루어지므로 수시로 국어사전을 참고해야 한다.

(1) 다음의 단어들은 의미를 구별함이 없이, 한 가지 형태만을 표준어로 삼는다.

표준어	비표준어
돌	돐
둘째, 셋째, 넷째	두째, 세째, 네째
빌리다	빌다

예전에는 주기를 뜻하는 '돌'과 아이가 태어나서 1년째 되는 생일을 뜻하는 '돐'을 구별하였으나 지금은 '돌'만 표준어로 삼는다. 둘째/두째, 셋째/세째, 넷째/네째 역시 혼용되었으나 지금은 '둘째, 셋째, 넷째'만을 표준어로 삼는다. 다만, 십 단위 이상의 순서를 나타내는 서수사는 '열두째, 스물두째'처럼 쓰고 수량을 나타내는 기수사의 경우에는 '열둘째, 스물둘째'로 쓴다. 본래 '빌다'는 '빌어 오다'처럼 다른 사람에게 돈이나 물건을 꾸어 올 때 사용하였고, '빌리다'는 '빌려 주다'처럼 꾸어 줄 때 쓰는 말로 구별하여 사용하던 말이다. 이제는 '빌리다'만 표준어로 삼아 '빌려 오다', '빌려 주다'와 같이 쓴다.

(2) 수컷을 이르는 접두사는 '수-'로 통일한다.

표준어	비표준어
수-나사	숫-나사
수-놈	숫-놈
수-사자	숫-사자
수-소	숫-소

수컷의 '수'는 '수-'와 '숫-'의 사용에 혼란이 있어 기본형을 '수-'로 통일하였다. 다만 '숫양, 숫염소, 숫쥐'는 '숫-'으로 쓴다. 수컷을 이르는 접두사 '수-'는 역사적으로 '수ㅎ-'에서 온 말이다. 오늘날에도 'ㅎ'의 흔적이 남아 있는 다음과 같은 단어들은 거센소리를 표준어로 삼는다.

- 수캉아지, 수캐, 수컷, 수키와, 수탉, 수탕나귀, 수톨쩌귀, 수퇘지, 수평아리

다만 'ㅎ'의 흔적은 위의 8개의 단어만 인정한다. 그러므로 '수벌', '수개미'를 [수펄], [수캐미]로 발음하기도 하지만 '수벌', '수개미'가 표준어이다.

(3) 양성 모음이 음성 모음으로 바뀌어 굳어진 단어는 음성 모음 형태를 표준어로 삼는다.

표준어	비표준어
깡충깡충	깡총깡총
-둥이(막둥이, 쌍둥이)	-동이
오뚝이	오똑이

현대국어에서 어말에 오는 모음이 고모음화되는 경향이 있다. 특히 어말의 양성모음 'ㅗ'가 음성모음 'ㅜ'로 고모음화하는 경향이 두드러진다. '그리고'를 [그리구]로 발음하거나 '나도'를 [나두]로 발음하는 현상이 그것이다. '깡충깡충', '-둥이', '오뚝이' 등은 이러한 현상을 반영하여 표준어로 삼은 것이다. '부조(扶助)', '사돈(查頓)', '삼촌(三寸)' 등도 '부주', '사둔', '삼춘'으로 발음하는 경향이 있으나 한자의 본음대로 양성 모음을 표준어로 삼는다.

(4) 'ㅣ' 역행 동화 현상에 의한 발음은 원칙적으로 표준 발음으로 인정하지 않는다. 다만 다음 단어들은 그러한 동화가 적용된 형태를 표준어로 삼는다.

표준어	비표준어
-내기(신출내기, 풋내기)	-나기
냄비	남비

'아지랑이'는 '아지랭이'라고 발음하는 경향이 있으나 현실 언어에서 '아지랑이'로 발음하는 것이 우세하므로 이를 표준어로 삼는다. '아비/애비'나 '아기/애기'처럼 'ㅣ' 역행 동화는 국어에서 널리 일어나는 음운 현상이기는 하지만 표준으로 삼을 정도로 일반적인 것은 아니다. 그러므로 'ㅣ' 역행 동화 현상에 의한 어형은 표준어로 인정하지 않는다. 다만 '-내기', '냄비'처럼 'ㅣ' 역행 동화 현상에 의한 발음이 굳어진 경우에 표준어로 인정하였다.

(5) 기술자에게는 '-장이', 그 외에는 '-쟁이'가 붙는 형태를 표준어로 삼는다.

표준어	비표준어
미-장이	미-쟁이
대장-장이	대장-쟁이
멋-쟁이	멋-장이
개구-쟁이	개구-장이

'-장이'는 그것과 관련된 기술을 가진 사람을, '-쟁이'는 그러한 속성을 많이 가진 사람을 뜻하는 접미사이다. '-장이'는 특히 기술직 전문가 즉 장인(匠人)의 뜻일 때 사용한다.

【활동】 중매를 직업적으로 하는 사람은 '중매장이'일까 '중매쟁이'일까? 또 '점'을 전문적으로 보는 사람은 어떻게 불러야 하는지 생각해 보자.

(6) '웃-' 및 '윗-'은 명사 '위'에 맞추어 '윗-'으로 통일한다.

표준어	비표준어
윗-니	웃-니
윗-도리	웃-도리
윗-목	웃-목
윗-몸	웃-몸
윗-입술	웃-입술

'윗니'는 위쪽에 난 이를 뜻하는 것으로 아래쪽에 난 '아랫니'에 상대하는 말이다. 위쪽에 난 이이므로 '위'의 형태에 맞추어 '윗'을 표준어로 삼았다. 반면에 '아래', '위'의 대립이 없는 '웃돈'이나 '웃어른' 등은 '웃-' 쪽을 표준어로 삼는다.

【활동】 '웃옷'과 '윗옷 중 어느 것이 표준어인지 생각해 보자.

(7) 의미는 같지만 형태가 다른 복수 표준어

'복수 표준어'란 한 가지 의미를 나타내는 형태 몇 가지가 널리 쓰일 때, 이들 중 하나만을 표준으로 인정하는 것이 아니라 규범에 맞는 것은 모두 표준으로 인정하는 것을 말한다. 하나의 의미를 나타내는 말에 반드시 하나의 표준어만 있는 것이 아니다. 두 말 이상이 두루 쓰일 때는 모두 표준어로 삼는다.

표준어	표준어
네	예
멍게	우렁쉥이
쇠고기	소고기
가엾다	가엽다
-(으)세요	-(으)셔요
-거리다	-대다
-뜨리다	-트리다

긍정하여 대답할 때 쓰는 말로 '네'와 '예'가 두루 쓰이므로 둘 다 표준어로 삼는다. '멍게'는 본래 비표준어였지만 서울말로 널리 쓰여 '우렁쉥이'와 함께 복수 표준어로 인정하였다. 서울말에서 [가여워서], [가엽서서]의 발음을 모두 사용하므로 '가엾다'와 '가엽다'를 복수 표준어로 인정하였다. '-으시어요'의 준말인 '-(으)셔요'만 표준어였으나 현실 언어에서 '-(으)세요'도 널리 쓰이므로 표준어로 인정하였다. '-거리다'와 '-대다'는 '반짝-거리다/반짝-대다'처럼 의성어나 의태어와 결합하여 동사를 만드는 접미사이다. '-거리다'와 '-대다'는 의미가 같고 두루 쓰여 모두 표준어로 삼는다. '넘어뜨리다/넘어트리다'처럼 '-뜨리다/트리다' 역시 강조의 뜻을 더하는 접미사로 의미가 같은 복수 표준어이다.

◔ '홍길동'을 로마자로 쓰면 'Hong Gil-dong'이 맞을까? 'Gil-dong Hong'이 맞을까?

결론부터 말하면 Hong Gil-dong이라고 하는 게 맞다. 영어는 우리와 달리 '이름-성' 순으로 쓰고 말한다. 그래서 우리가 영어로 자기를 소개할 때 '마이 네임 이즈 길동-홍'처럼 영어식으로 말해야 하는 것으로 알고 있는 경우가 있는데 이는 잘못이다.

Ban Ki-moon Will Attend Iran Summit Over American and Israeli ...

Despite American-led efforts to marginalize Iran, **Ban Ki-moon**, the secretary general of the United Nations, plans to attend the annual meeting ...

August 22, 2012 - By RICK GLADSTONE - World / Middle East - Article - Print Headline: "U.N. Visit Will Set Back a Push to Isolate Iran"

－≪뉴욕타임스≫, 2012. 9. 22.

위의 <그림>은 뉴욕타임스 인터넷 판에 실린 반기문 유엔 사무총장의 기사를 갈무리한 것이다. 영미권의 주요 신문에서는 한국 사람의 이름을 일관되게 '성-이름' 순으로 표기한다. '성'과 '이름'은 하나의 지칭 단위가 되므로 여기에 영어의 어순을 적용하는 것은 적절하지 않다. 영미권의 신문이나 방송에서 한국 사람을 '성-이름' 순으로 말하거나 쓰는데 정작 한국 사람이 자기의 이름을 영어(로마자)로 쓸 때 '이름-성' 순으로 쓰는 것은 아이러니한 일이다.

◔ 모르면 묻자!

대학생이라면 한글 맞춤법이나 외래어 표기, 표준어 규정 등의 기본 원리를 이해하고 국어사전만 잘 활용하더라도 바른 말과 표기를 쓰는 것은 어려운 일이 아니다. 그래도 잘 판단이 안 설 때에는 국립국어원의 가나다 전화(1599-9979)나 온라인 가나다(www.korean.go.kr)에 묻자.

국립국어원은 어문 규범을 주관하는 국가 기관으로 어문 규범에 관한한 가장 신뢰할 수 있는 대답을 들을 수 있는 곳이다.

다음 예문에서 〈한글 맞춤법〉, 〈외래어 표기법〉에 어긋난 표기나 비표준어를 사용한 것이 있으면 찾아 바르게 잡아봅시다.

예 문	바로 잡기
걔는 행동하는 게 정말 싸이코야.	
곧 갈께 가지 말고 기다려.	
그가 성공할 확율은 거의 없어 보인다.	
그건 도저히 옳바른 생각이라고 할 수 없습니다.	
그는 매사에 흐리멍덩하고 행동하는 게 주책이다.	
그는 자신의 이익을 위해서라면 나쁜 짓도 서슴치 않는다.	
그는 특히 뒷태가 빼어났다.	
그에게 진 신세를 잊지 않고 되갚음하였다.	
그와 나는 입장이 서로 틀리다.	
나는 그 일을 오랫동안 염두해 두고 있었다.	
나는 그가 너무 반가와서 손을 덥석 잡았다.	
나는 그녀와 써클 활동을 통해 친분을 쌓았다.	
나는 하루 종일 그의 뒤치닥거리를 했습니다.	
날으는 슈퍼맨과 뛰는 러닝맨.	
낯빛이 환한 걸 보니 요세 좋은 소식이 없나 봐요	
내 꺼에 절대 손대지 마.	
내노라하는 사람들이 다 모였다.	
너무 자주 먹다보니 싫증이 났다.	
너희들이 이미 아다시피 우리 반이 1등을 했다.	
네가 어떡해 나한테 그럴 수 있니?	
노골적인 스킨쉽은 상대방에게 불쾌감을 줄 수 있다.	
눈으로 덮힌 호수가 마치 운동장 같다.	

예 문	바로 잡기
담배는 반드시 재털이에 터십시오.	
대학에서의 첫걸음을 힘차게 내딛었다.	
드디어 나의 바램이 이루어졌다.	
마구잡이로 짜집기를 하면 안 됩니다.	
만나서 반가웠습니다. 조만간 또 뵈요.	
밥을 앉치고 나서 국을 끓였다.	
병이 말끔히 다 낳았다	
비로서 어머니의 굳은 얼굴이 환해졌다.	
사과는 껍질채 먹는 게 더 좋아.	
사과를 깍아 먹다 칼에 손을 베었다.	
산 넘어 남촌에는 누가 살까?	
새벽 찬 바람에 몸이 으시시하게 떨렸다.	
생각보다 금새 도착했다.	
설겆이가 너무 많이 밀려서 걱정이에요.	
실내에서는 고성방가를 삼가해 주시기 바랍니다.	
실력이 딸려 합격하지 못했다.	
아니예요, 저는 아무거나 괜찮습니다.	
어찌나 배가 고팠던지 짜장면 곱배기를 단숨에 먹었다.	
얼마 전에 이웃사람에게 들은 예기다.	
엉뚱한 사람에게 덤탱이 씌우지 마세요.	
여기에 있는 물건들 통털어서 얼마면 되겠소.	
염치 불구하고 신세를 졌다.	
오늘 안주는 아구찜과 돼지 껍질 중 뭐로 할까?	
오늘 점심은 주꾸미와 꼼장어 중 뭘 먹을까?	
오늘은 웬지 하루 종일 비가 올 것 같다.	
오랜만에 김치를 담궜다.	
왠일로 네가 여기까지 다 왔니?	
우리는 지식과 자원을 계발하는 데 늘 힘써야 한다.	
육개장과 김치찌게 중 어느 것을 시킬까요?	
일 끝내고 있다가 보자.	

예 문	바로 잡기
잊으신 물건 없이 안녕히 가십시요.	
제가 그런 게 아니예요.	
조금 있다가 보자.	
중간고사 뒤에 잇따라 보고서를 내야 합니다.	
지난밤에는 우뢰 소리로 통 잠을 이루지 못했다.	
집에 갈려고 하는데 형이 불렀다.	
집에 도착하는 데로 전화 주세요.	
큰일을 치루고 나니 속이 후련하다.	
퇴실 시에는 반드시 문을 잠궈 주십시오.	
하던지 말던지 네 마음대로 해.	
하루 종일 곰곰히 생각해 봤다.	
하마트면 큰일 날 뻔했다.	
한약은 정성껏 다려야 해.	
할아버지는 며칠째 몸도 못 추스리고 누워만 계신다.	
허투로 그런 말을 하고 다니면 못써!	
홀몸도 아닌데 장시간 여행을 하는 건 좋지 않다.	
화가 나서 서류를 갈갈이 찢어버렸다.	

CHAPTER 04

글쓰기의 과정

한 편의 글을 작성하는 과정은 흔히 건축의 과정에 빗대어 설명되곤 한다. 아무리 작은 건물일지라도 계획 없이 벽돌만 무작정 쌓아 올려 짓게 되면, 견고한 건축물이 탄생할 가능성은 희박해질 것이다. 하나의 건물을 짓기 위해서는 먼저 설계사가 건축물의 용도, 목적, 규모 등을 파악하여 설계도를 작성해야 한다. 설계도가 완성되면 이를 바탕으로 착공이 가능해진다. 설계도를 바탕으로 건물이 완공된 이후에도 하자보수를 통한 꼼꼼한 마무리 작업은 필수적이다.

우리가 글을 완성해나갈 때에도 이와 비슷한 절차를 거쳐야 한다. 우선 글을 쓰는 목적을 고려하여 주제와 제목을 정하고(계획하기), 그것을 효과적으로 드러내기 위한 다양한 자료를 수집해야 하며(자료찾기), 이를 토대로 개요를 작성(구성하기)해야 한다. 이러한 준비 절차가 끝나면 본격적으로 글을 작성하게 되고(진술하기), 초고(草稿)는 글다듬기의 과정을 통해 비로소 완성(퇴고하기)된다.

■ 목표

1. 글쓰기의 절차를 설명할 수 있다.
2. 주제를 선정하여 주제문을 작성할 수 있다.
3. 자료를 수집하고 정리하는 방법을 이해한다.
4. 글을 진술하기에 앞서 개요를 작성할 수 있다.

■ 구성

1. 계획
2. 자료 찾기
3. 구성
4. 진술
5. 퇴고

연습문제

1. 계 획

1) 독자 분석하기

글쓰기는 자신의 사고를 표현하는 행위이지만, 궁극적으로 의사소통을 하기 위한 방법이기도 하다. 따라서 필자는 글을 쓰기에 앞서 자신의 글을 읽게 될 독자의 연령, 지적 수준, 계층 등을 고려하여 작성해야 한다. 독자를 고려한다는 것은 필자가 글이 읽히게 될 구체적인 상황을 염두에 둔다는 점에서 글쓰기의 성격을 분명하게 파악하는 것과도 관련이 있다.

가령 자기소개서를 작성할 때에도 자기소개서를 읽게 될 사람이 동급생인가, 교수인가, 대학원 진학 또는 취업을 목적으로 제출한 서류를 검토하는 심사위원인가, 인사담당자인가에 따라 소재와 문체, 구성방식이 달라져야 할 것이다. 동급생에게 자신을 소개하는 글을 쓸 때에는 어린 시절부터 지금까지의 소중한 추억들, 오늘의 내가 있게 한 인생의 전환점 등에 대해 편안하게 적어보면 된다. 그러나 자신의 자기소개서를 읽게 될 사람이 취업에 앞서 서류전형의 통과를 결정하게 될 인사담당자라면, 보다 전략적으로 자신이 그 기업에 얼마나 필요한 인재인가를 드러내는 글쓰기가 필요할 것이다.

2) 주제 정하기와 주제문 쓰기

주제(主題)란 글에서 중심이 되는 생각이다. 필자가 한 편의 글을 통해 전달하고자 하는 중심 사상이 바로 주제이다. 글을 작성할 때 주제를 분명하게 설정하지 못하면 글 전체가 어수선해질 수밖에 없다.

주제를 선택할 때에는 자신이 잘 알고 있거나 감당할 수 있는 범위를 고려하여, 구체적으로 한정해야 한다. 그러나 처음부터 구체적인 주제를 설정하는 것은 어렵다. 무엇인가 쓰고 싶은 소재가 떠올랐거나 어떤 과제를 부여받은 경우, 일단 그것을 '가주제'로 정한다. 그러나 가주제는 범위가 넓고 막연하여 막상 글을 쓰려고 하면 막막해질 수 있으므로, 가주제의 범위를 한정하고 구체화하여 참주제를 설정해야 한다. 참주제가 정해졌다면 이에 대한 필자의 의견과 태도를 밝혀 주제문을 써야 한다. 주제문이 정해져야 글의 방향이 정해졌다고 말할 수 있다.

예컨대 '대학생의 일과'이라는 주제로 글을 써야 한다면, 일단 가주제가 정해졌다고 볼 수 있다. 그러나 '대학생의 일과'라는 광범위한 가주제를 보다 구체화하여 참주제로 만들어보면 '대학생의 동아리 활동', '대학생의 놀이문화', '대학생의 아르바이트' 등이 가능하다. 참주제를 설정한 다음에는 '대학생의 동아리활동은 취업에 도움이 될 수 있다', '음주문화에 치중된 대학생의 놀이문화는 부정적인 문제 상황을 초래할 수 있으므로 대안이 필요하다' 등의 주제문을 작성해 볼 수 있다.

【활동】 다음의 가주제에 대하여 참주제를 작성해 봅시다.

가주제	참주제	주제문
꿈(잠, 목표, 이상, 장래 희망)		
스마트폰(통화, 소셜 네트워크, 어플, 인터넷, 통신언어)		

3) 제목 붙이기

제목은 글의 첫인상을 좌우한다. 제목은 글의 내용을 요약적으로 반영한다는 점에서 주제와 관련이 있으며, 글의 맨 앞에서 글 전체를 대략적으로 드러내는 역할을 한다. 오늘날처럼 정보 과잉의 시대에서는 제목의 역할이 중요하다. 독자들이 제목을 읽고 그 글을 읽을 것인가 말 것인가를 판단하는 경우도 많기 때문이다.

일반적으로 제목을 정할 때에는 글의 내용을 발췌하거나 주제를 압축하되,

참신하고 독창적인 것으로 붙여야 한다. 그러나 제목을 정하는 방식은 글의 성격에 따라 다르다. 문예문의 경우에는 작가의 참신한 생각이 반영된 제목을 소신 있게 붙이지만, 신문기사나 광고는 작가나 편집자들이 독자의 관심을 자극할 수 있는 제목을 뽑아내려고 노력하게 되며, 논문이나 리포트 등 학술적인 글의 경우는 연구자들이 연구주제, 연구방법, 연구범위 등에 초점을 맞추어 붙이게 된다.

학교 과제물을 제출할 때에도 내용을 요약적으로 반영한 제목을 붙이는 것이 필요하다. 만일 국립국악단의 <각설이타령>을 관람하고 감상문을 작성하라는 과제를 부여받은 경우, '국립국악단의 <각설이타령>' 또는 '<각설이타령>을 감상하고 …'라는 제목은 지양해야 한다. 예컨대 '순환하는 삶의 이야기로서의 <각설이 타령>'이라는 제목은 리포트의 주제를 명료하게 반영한 참신하고 좋은 제목이라 평가받을 수 있을 것이다.

다양한 글의 제목을 예로 들면 다음과 같다.

문예문의 제목 : <누이를 이해하기 위하여>(김승옥), <조그만 사랑 노래>(황동규), <눈보라 퀵서비스>(김희업), <난장이가 쏘아올린 작은 공>(조세희),

신문기사의 제목 : <세월호 인양 조사나선 유족들 "진실 풀렸으면 …">, <'용산기지 개발' 좁혀지지 않는 시각차>, <민간택지 아파트 분양가 상한제 4월부터 폐지>

학생 자기소개서 제목 : <매사에 최선을 다하는 거북이, 한은혜입니다.>, <디자인에게 선택받은 나>, <외향적인 소심이>, <마음이 따뜻한 건축가>, <포기하지 않는 오뚝이>, <준비된 교사 김진경입니다.>

학생 리포트 제목 : <대학생의 전공 만족도와 직장 선택의 연관성 연구>, <TV 시청이 연애하는 대학생의 소비에 미치는 영향>, <대학생의 취업 불안에 대한 연구>, <대학생의 스마트폰 중독에 대한 연구>, <패션브랜드의 콜라보레이션 사례 연구> 등

2. 자료 찾기

글을 쓸 주제를 설정한 다음에는 이를 구체화하고 심화시킬 수 있는 자료를 수집해야 한다. 문예문을 작성할 때에는 개인적인 경험과 지식에 의존해야 참신한 작품을 작성할 수 있다고 생각할 수도 있다. 그러나 주제를 뒷받침할 소재를 자신이 직접 경험한 것들로 국한한다는 것은 무모한 발상이라고 해도 과언이 아니다. 다른 사람이 작성한 글을 통한 간접체험도 자신의 체험을 다양한 시각에서 바라볼 수 있도록 도와줄 수 있기 때문이다. 보고서, 리포트, 논문 등 학술적인 글을 쓸 때에는 주제에 대한 선행 연구를 낱낱이 찾아서 검토하는 과정이 반드시 선행되어야 한다. 자료를 수집하는 방법은 다음과 같다.

첫째, 인터넷 검색을 통해서이다. 이는 많은 대학생들이 가장 즐겨 쓰는 방식이다. Naver, Google, Daum등 검색사이트에는 방대한 자료가 담겨 있다. 그러나 출처가 분명하지 않은 글들은 검증되지 않은 잘못된 정보일 가능성이 높으므로 각별히 주의해야 한다.

둘째, 현장조사를 통해서이다. 문헌 자료에만 의존할 수 없는 주제를 다루기 위해서는 현장을 방문하여 자료를 확보하는 것이 필요하다. 예컨대 특정 지역의 방언 수집, 구전설화 채록, 역사적 사료 발굴, 대학생의 아르바이트 실태 조사, 대학교 동아리 활동 현황 관찰 등을 통해 살아있는 정보를 수집할 수도 있다.

셋째, 도서관에서 자료를 찾는 방법이다. 대학교 도서관에는 오랜 기간 동안 축적된 많은 문헌들이 비치되어 있다. 짧은 수업시간 동안 습득할 수 있는 지식은 한계가 있으므로 보다 심도 있게 탐구하기 위해서는 도서관 자료열람실과 참고문헌실의 사용법을 익혀두어야 한다. 또한 도서관 사이트를 통해서 도서관을 직접 방문하지 않고서도 자료를 검색, 수집할 수 있는 방법도 익혀두어야 한다. 도서관에 접속하여 자료를 검색하는 방법에 대해 살펴보면 다음과 같다.

가령 '대학생의 취업실태'에 대한 리포트를 작성해야 할 경우, 다음의 절차에 따라 학교 도서관 홈페이지에 접속하여 관련 자료를 다운받을 수 있다.

① 학교도서관 홈페이지에 접속한다. 우측 상단에 로그인 버튼을 클릭하고 학교 포탈 아이디와 비밀번호를 입력한다. 아이디와 비밀번호 입력 후 도서관 첫 화면으로 돌아와서, '전자정보' 중 '메타검색'을 클릭한다.

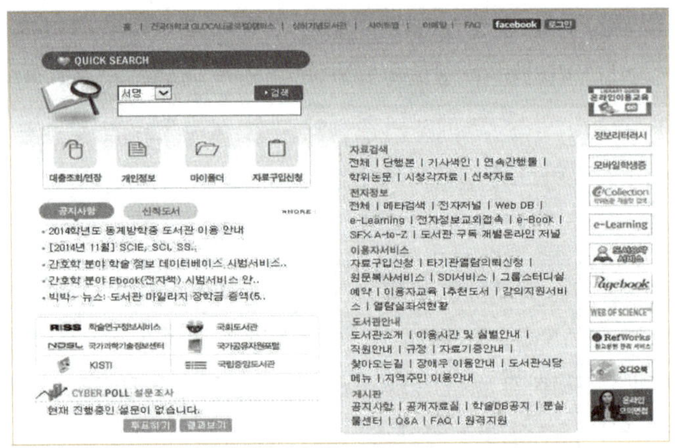

그림 1. 중앙도서관의 시작 화면

② 메타검색을 클릭하면 다음과 같은 창으로 넘어간다. 가운데 네모 칸에 검색하고자 하는 주제를 입력한 다음, 옆의 '검색' 버튼을 누른다.

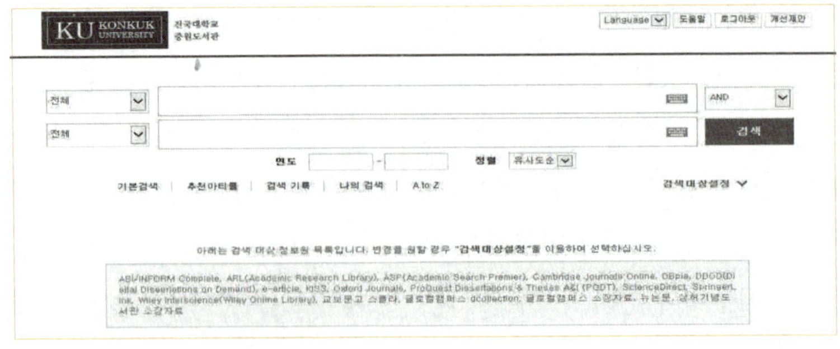

그림 2. 메타검색의 기본검색 화면

상세검색을 클릭할 경우 창은 다음과 같이 바뀌며, 제목, 키워드, 저자, ISBN, 초록, 발행처 중 두 가지 사항을 동시에 충족시키는 자료를 검색하는 것도 가능하다.

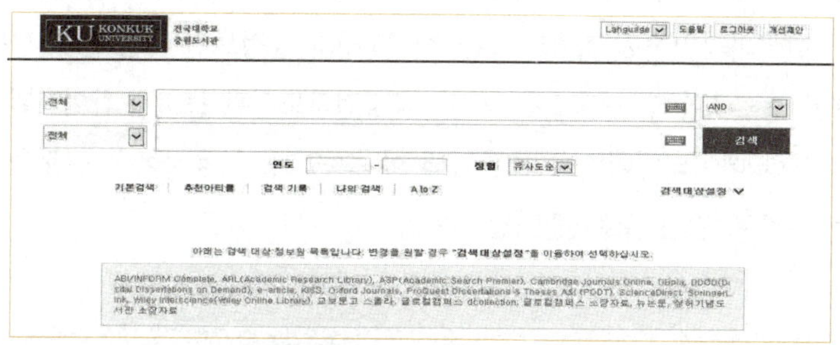

그림 3. 메타검색의 상세검색 화면

③ '대학생 취업'이라는 주제로 자료를 검색한 결과는 다음과 같다. 자료가 너무 많아 모두 검색하기 어려울 경우, 연도별로 클릭하여 최신자료부터 검색하거나 저자별로 분류되어 있는 항목을 클릭하여 그 분야에 대해 많은 업적을 쌓은 사람의 글을 먼저 수집하여 검토하는 방법도 효과적이다. 그리고 논문 제목 하단에 'PDF'라고 밑줄 그어져 있는 부분을 클릭하면, 컴퓨터에 Adobe 소프트웨어가 설치되어 있는 경우 내용확인이 가능할 뿐 아니라,

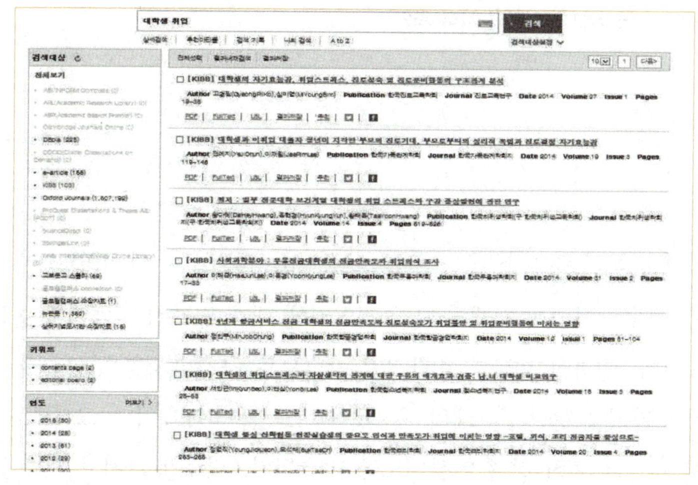

그림 4. 메타검색을 통한 '대학생 취업' 검색 결과 화면

자료를 PDF 파일 형식으로 다운로드하여 저장할 수도 있다.

만일 찾고자 하는 자료가 우리 학교 도서관에 없다면 국가전자도서관(www.dlibrary.go.kr)에 접속하여 다른 도서관의 자료를 검색하는 방법을 시도해 볼 필요가 있다. 국가전자도서관에서는 국립중앙도서관, 국회도서관, 법원도서관, 한국과학기술원 과학도서관, 한국과학기술정보연구원, 한국교육학술정보원, 농촌진흥청 농업과학도서관, 국방전자도서관 등 8개 참여기관 70종의 다양한 데이터베이스를 통합검색 할 수 있다. 이용자들은 원문을 유료 또는 무료로 열람 또는 출력할 수 있다.

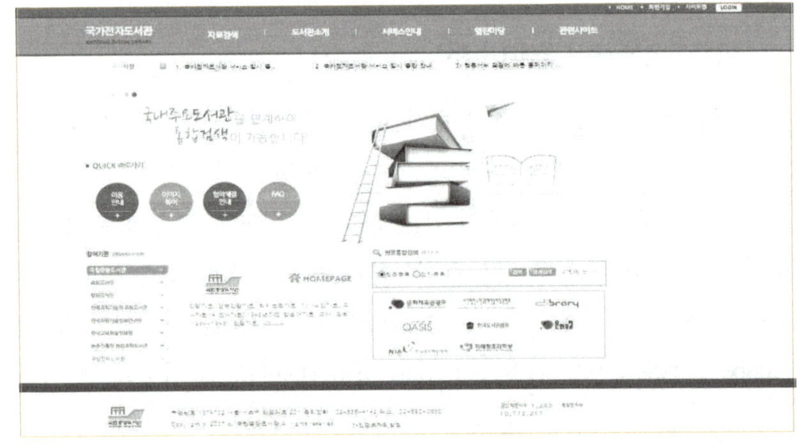

그림 5. 국가전자도서관의 시작 화면

3. 구 성

주제를 뒷받침할 수 있는 자료가 충분히 수집되면, 한 편의 글을 어떠한 구성을 거쳐 어떻게 전개해 나갈 것인가에 대해 전체적인 뼈대를 잡는 것이 필요하다. 준비된 재료를 효과적인 방법으로 구조화시킴으로써, 글 전체를 어떻게 작성할 것인가를 계획하는 것이 바로 글의 개요이다. 그러므로 글쓰기에서 개요는 흔히 건축의 설계도에 비유된다. 재료만 가지고 건축을 할 수 없듯이, 자료를 수집했다고 바로 글쓰기를 할 수는 없다. 교재의 1장에서 연습한 브레인스토밍과 마인드맵, 그리고 주제를 뒷받침할 수 있는 다양한 자료를 충분히 수집한 다음 개요를 작성해야 한다.

개요는 진술 방식에 따라 화제 개요와 문장 개요로 나눌 수 있다. 각 항목의 부제나 주요 논점을 단어나 어구로 나타내면 화제 개요라 하고, 문장으로 표현하면 문장 개요라 한다. 문장 개요는 화제 개요에 비해 내용의 흐름을 충실하게 반영하여 자세하게 보여준다는 이점이 있지만, 작성하는 데에 시간이 오래 걸릴 수 있으며 장황해질 우려가 있다는 단점이 있다.

물론 개요 작성에서 정말 중요한 사항은 화제 개요로 작성하느냐 문장 개요로 작성하느냐의 문제가 아니다. 근본적으로 중요한 점은 주제에 대한 깊이 있는 성찰을 통해 주제와 각 항목이 유기적인 연관성을 지닐 수 있도록 작성하는 것이다.

다음은 글쓰기를 수강한 학생이 '스마트폰 중독'을 주제로 작성한 개요이다. 이 개요를 검토하여 문제점을 찾고, 이를 통해 개요 작성의 중요성에 대해 생각해 보자.

예문 1

주제 : 스마트폰 중독
주제문 : 스마트폰 중독이 심각한 사회적 문제로 대두
개요

1. 스마트폰 중독의 개념과 원인
   1.1 스마트폰 중독 개념
   1.2. 스마트폰 중독 원인
2. 스마트폰 중독의 문제점
   2.1. 스마트폰 중독의 현재 실태
   2.2. 사회적 문제
   2.3. 정신적, 신체적 문제
3. 스마트폰 중독의 해결방안
   3.1. 가정적 해결방안
   3.2. 사회적 해결방안

이 개요는 전체 내용의 흐름상 큰 오류를 범하고 있다. 스마트폰의 개념에 대해 설명한 다음 원인을 분석하고, 문제점을 파헤쳤다. 논리적인 전개를 위해서는 문제점을 먼저 지적한 다음 원인을 분석해야 할 것이다. 즉 스마트폰 중독이란 무엇인지, 어떠한 문제 상황이 야기되었는지에 대해 논의한 다음, 문제의 원인을 규명하고 그에 대한 대안을 제시하는 방향으로 진행해야 한다. 또한 '2. 스마트폰 중독의 문제점'은 '2.1. 스마트폰 중독의 현재 실태'라는 하위항목과 내용이 중복될 수밖에 없다. 또한 3장에서 '가정적 해결방안', '사회적 해결방안'이라는 분류는 스마트폰 중독 실태와 원인으로 지적한 항목들과의 유기적 연관성이 떨어지므로 수정해야 할 필요가 있다.

위의 개요를 수정, 보완하여 작성한 개요를 소개해보면 다음과 같다.

예문 2

주제 : 스마트폰 중독

주제문 : 스마트폰 중독이 심각한 사회적 문제로 대두되고 있으며, 구체적인 해결방안 모색이 시급하다.

개요: 1. 스마트폰 중독의 개념

2. 스마트폰 중독의 실태
   2.1. 정신적, 신체적 문제
   2.2. 사회적 문제
3. 스마트폰 중독의 원인
   3.1. 개인적인 원인 - 쇼핑 등 생활의 편리, 소통의 욕구, 노출증과 관음증
   3.2. 사회적인 원인 - 소셜네트워크, 경쟁 유발 게임 어플
4. 스마트폰 중독의 해결방안
   4.1. 개인적 측면에서의 해결방안
   4.2. 사회적 측면에서의 해결방안

■ 활동

– 다음 글을 읽고, 김지훈 학생이 작성해야 할 리포트의 주제문과 개요를 적어봅시다.

사회복지학과에 재학 중인 김지훈이 이번에 작성하여 제출해야 하는 기말 과제의 주제는 '대학생의 진로불안 실태'이다. 이 학생은 리포트를 작성하기 위해 먼저 각 과 대학생들을 모집하여 이들을 대상으로 현재 이들이 겪고 있는 진로불안과 관련한 고민들을 인터뷰하였다. 이를 통해 현재 대학생들이 어떠한 측면에서 진로불안을 느끼고 있는지에 대한 실제 상황을 파악한 다음, 이들이 진로불안을 느낄 수밖에 없는 근본적인 원인을 생각해보고, 이를 해결하기 위해 앞으로 어떤 점을 개선해 나아가야 할지 등에 대해 고찰해보기 위해서이다. 김지훈은 이상의 내용을 바탕으로 이번 리포트를 작성할 예정이다.

주제문 :

개 요 :

4. 진 술

주제를 뒷받침할 충분한 자료를 준비하고, 개요 작성까지 마쳤다면 이제 본격적으로 글을 작성할 차례이다. 진술하기란 준비된 바를 바탕으로 실제 글을 쓰는 단계이다. 집필을 할 때에는 자신이 처음에 의도했던 주제를 마음에 새기고, 독자들이 이해하기 쉽도록 간결하게 작성해나가야 한다. "구슬이 서 말이라도 꿰어야 보배"라는 속담이 있듯이, 아무리 참신하고 기발한 자료를 준비했을지라도 글로 옮기지 못하면 아무런 의미가 없으므로 중요한 내용을 빠뜨리지 않도록 꼼꼼하게 점검하며 집필해야 한다.

글은 서론 · 본론 · 결론의 3단 구성을 취하는 것이 가장 기본이며, 학술적 글의 경우 서론은 5~15%, 본론은 70~75%, 결론은 10~20%의 비율로 배분하는 것이 적당하다.

1) 서론 쓰기

서론은 글 전체에서 얼굴에 해당하는 부분이다. 글을 쓰기 시작하는 첫 단계로써, 글의 주제와 글을 쓰는 목적을 밝히는 것이 핵심이다. 그러므로 독자가 이 부분만 읽고도 그 글이 전체적으로 어떠한 내용을 담고 있는지 짐작할 수 있도록 작성해야 한다. 즉, 독자의 관심을 끌 수 있는 화제를 분명하게 제시해야 한다.

도입부에서는 앞으로 전개될 글의 구체적인 내용을 개략적으로 소개하여 본론, 결론과 유기적인 관계에 놓이도록 작성하되 분량이 너무 길어지지 않도록 적절하게 조절해야 한다. 글을 시작하는 방법은 말을 건네는 방법만큼이나 다양하지만 그 중 몇 가지 방법을 소개해 보면 다음과 같다.

(1) 구체적인 경험이나 일화를 소개하며 시작하는 방법

글의 주제와 관련하여 자신이나 주변 사람들이 실제 생활 속에서 겪은 경험이나 보고 들은 사실을 바탕으로 글을 시작하고 주제를 소개하거나 문제 제기를 하는 방식이다.

안나 이야기는 내 딸 아만다가 만 세 살이 되던 해에 시작되었다. 당시 아만다는 무척 수줍음을 많이 타는 아이였다. 이 점은 후에 스토리텔링에 관한 나의 첫 번째 책을 홍보하면서 만난 기자들과의 인터뷰에서 웃음의 빌미를 제공하였다. 대부분의 첫 질문이 "안나 이야기를 쓰게 된 동기가 무엇이었습니까?"였는데, 그에 대해 나는 "아만다가 수줍어했기 때문이었지요."라고 대답하였다. 당시 만 열 살이었던 아만다는 더 이상 수줍음을 타는 소녀가 아니었다. 자신의 모습이 방송에 더 많이 나가게 하기 위해 엄마의 마이크를 살짝 빼앗는 아만다를 본 기자들의 얼굴엔 내 말을 믿기 어렵다는 표정이 역력했다.

–도리스 브렛(김인옥 옮김), 『은유적 이야기치료』, 여문각, 2009, 19면

(2) 시사적인 이야기로 시작하는 방법

그 당시에 일어난 여러 가지 사회적 사건 중 주제와 관련된 사항을 선택하여 이를 소개하고 설명하는 방식으로 시작하는 방법이다.

> **대학생의 부담을 덜기 위한 등록금 분할납부제가 확대될 전망이다.**
>
> 교육부는 2015학년도부터 대학 등록금 분할납부제를 활성화하는 방안을 시행한다고 1일 밝혔다. 우선 장학금을 받는 학생도 분할납부제 범위에 포함해 대상을 늘릴 예정이다. 현재 일부 대학은 국가장학금 등 장학금을 받는 학생에게 분할납부를 적용하지 않고 있다. 또 교육부는 분할납부 횟수를 학기당 4차례 이상으로 설정, 원칙적으로 매달 1차례 납부가 이뤄지도록 유도하고 수납창구뿐 아니라 온라인 납부를 확대할 방침이다. 교육부는 등록금 납부고지서에 포함할 ▲납부기간 ▲납부방식(일시 · 카드 · 분할 등) ▲신청기간 ▲신청대상 ▲신청방법 ▲분할납부 선택 횟수별 납부금액 등의 필수항목 6개도 지정하기로 했다.
>
> –유현진, 「대학 등록금 4차례 이상 나눠서 낸다 ; 교육부, 분할납부제 활성화 방침」, ≪문화일보≫, 2015. 1. 1.

(3) 주제에 대한 문제제기로 시작하는 방법

> 스토킹(stalking)으로 인한 인권침해의 심각성이 높아지고 있는 가운데 스토킹을 범죄의 시작 또는 미수로 봐야 한다는 주장이 나왔다. 상대방의 거부에도 불구하고 다양한 방법으로 공포와 불안을 반복적으로 주는 행위인 스토킹은 현행법 아래에서는 경범죄처벌법에 의해 10만 원 미만의 벌금형만 부과할 수 있을 뿐이어서 처벌이 가볍다는 것이다. 스토킹을 방임하면 폭행이나 납치, 강간, 살인 등 중범죄가 발생할 수 있어 이를 특별법으로 규제해야 한다는 목소리가 높아지고 있다.
>
> –이승윤, 「스토킹은 범죄의 시작 또는 미수로 봐야」, ≪법률신문≫, 2014. 12. 11.

(4) 문제에 대한 배경 설명으로 시작하는 방법

> 연구자들은 우울증을 정서적 스트레스로, 그저 '흔한 감기'라고 곧잘 부른다. 특히 미국, 캐나다, 오스트레일리아, 영국, 유럽 같은 선진국에서 우울증 발병률이 높다. 아직은 그 이유를 정확히 알 수 없지만, 어쨌든 한 세대 전에 비해 현재 우울증에 걸릴 확률이 높은 것은 사실이다. 우울증은 미칠 듯이 고통스러운 병이다. 우울증에 걸린 사람들은 보통 심장 통증을 호소한다. 말 그대로 심장이 무겁고 제 기능을 못한다는 것이다. 이들은 하루 종일, 심지어는 꿈속에서조차 심장에 통증을 느낀다.
>
> –발레리 위펜(유숙렬 옮김), 『여자를 우울하게 하는 것들』, 레드박스, 2009, 17면

(5) 경구, 격언 등 다른 사람의 말을 인용하며 시작하는 방법

> 『주역(周易)』의 풍뢰익괘(風雷益卦) 대상전(大象傳)에 "착함을 보거든 옮겨가고 허물이 있거든 고친다.(見善則遷 有過則改)"는 말이 있다. 그런데 우리들의 삶을 돌이켜 보면 그것이 착한 일인 줄 알면서도 정작 그것을 하지 못하는 경우가 많고 그것이 허물이 되는 일인 줄 알면서도 막상 그것을 고치지 못하는 경우가 많다. 아는 것과 하는 것 사이에 엄청난 틈이 있는 것이다. 옛사람들도 이 어마어마한 틈을 느꼈기에 "아는 것과 하는 것의 일치(知行合一)"를 매우 힘주어 말한 것이 아닌가 한다. 그러니까 아무리 좋은 생각이 있다고 해도 그것을 어떻게 실천하고 실현하느냐 하는 문제에 이르면 우리는 갑자기 속수무책(束手無策)으로 무력해지고 만다. 아는 것과 하는 것 사이의 그 거대한 틈을 메꾸어 낼 방도가 쉽사리 떠오르지 않기 때문이다.
>
> –정운채, 「우리 민족의 정체성과 통일서사」, 『인문학논총』 제47집, 2009. 5, 5면

(6) 일반인들의 통념을 언급하며 시작하는 방법

사회에 널리 퍼져 있는 보편적 관념을 이야기하여 독자들이 자연스럽게 몰입할 수 있도록 작성하는 방법이다.

감정은 어떻게 생겨나는가?

부모님과 주변 사람들은 우리가 어렸을 때부터 행복해지기 위해 노력해야 한다고 가르쳤다. 우리는 만족감이나 정신적 평화가 돈, 성공, 외모 같은 외적인 것으로부터 온다고 배웠다. 다른 사람들의 인정을 받기 위해 노력해야 한다고 배웠으며, 다른 사람들이 보기에 그다지 '좋지 않은 것'을 했을 경우 죄책감을 느끼도록 훈련받았다. 다른 사람들과 비교하여 자신을 평가하도록 배웠기 때문에 거기서 자신이 좀 뒤처지는 것 같으면 열등감을 느끼거나 스스로를 가치 없는 사람으로 여겼다. 스스로를 어떻게 생각하느냐보다 다른 사람들이 자기를 어떻게 생각하느냐가 훨씬 중요하다고 가르침을 받았기 때문에 규범이나 도덕적 원칙에 어긋나는 말을 했다면 스스로를 꾸짖는 습관을 갖게 되었다. 맡은 일은 언제나 잘해내야 한다고 교육받았으며, 타인에게 감정적으로 상처를 줄 수도 받을 수도 있다고 가슴에 새겼다. 분노를 억누르거나 폭발시키는 것을 배웠으며, 자신의 기분은 흘러가는 대로 맡겨두는 것으로 알았다. 그리하여 우리의 정신 상태는 다른 사람이나 상황에 종속되었다.

—롤프 메르클레 · 도리스 볼프 공저(유영미 옮김),
『감정사용설명서』, 생각의 날개, 2014, 19-20면

2) 본론 쓰기

본론에서는 다루려고 하는 주제를 바탕으로 자료수집과 개요 작성을 통해 계획한 내용을 구체적으로 빠짐없이 진술해야 한다. 서론에서 문제제기한 것을 중심으로 항목별로 나누어 치밀하게 분석하고 논증해 나가야 한다. 본론을 작성할 때에는 서론에서 제시한 방향을 토대로, 자신의 견해를 분명하게 제시해나갈 필요가 있다. 이때 자신의 주장을 효과적으로 뒷받침할 수 있는 적절한 진술방식을 선택하는 것이 중요하다.

예를 들어 영화감상문을 작성해야 한다면, 작품자체의 구조적 특징에 대해 설명을 할 수도 있을 것이고, 주제가 비슷한 작품 또는 장르가 같은 다른 작품과 비교 · 분석을 해볼 수도 있을 것이다. 작품이 반영하는 사회적 부조리 실태를 논증의 방식으로 진술할 수도 있을 것이다. 자신의 견해를 적극적으로 피력해야 하는 부분, 또는 리포트나 논문 등 학문적 글쓰기를 하는 경우에는

여러 가지 객관적 근거를 통해 문제에 대한 필자의 견해를 논증적으로 작성하는 방법이 적절할 것이다. 글의 주제와 성격에 따라 주장을 효과적으로 드러낼 수 있는 적절한 진술방식을 선택하여 작성해야 한다.

단어가 모여 문장이 되고, 문장이 모여 문단이 되며, 문단이 모여 한 편의 글을 이루게 된다. 좋은 글을 쓰기 위해서는 글의 서론, 본론, 결론 각 부분이 유기적으로 결합하여 하나의 체계인 구성을 이룰 수 있어야 한다. 서사, 묘사, 설명, 논증 등 구체적인 진술방식에 대해서는 2장에서 자세히 설명한 바 있다.

3) 결론 쓰기

결론은 마무리 단계로서 본론의 내용들을 요약·정리하여 제시하는 부분이다. 서론을 작성할 때 문제 제기한 사항과 본론에서 주장하고 자세하게 논의한 내용에 대해 압축적으로 정리하고, 남은 전망 등을 구체적으로 제시함으로써 글을 작성한 궁극적인 목적과 의의를 밝혀야 한다.

주의해야 할 점은 글을 마무리하면서 새로운 제안을 한다거나 주제에서 벗어난 다른 화제를 덧붙이는 행위를 해서는 안 된다는 것이다. 처음 글을 작성할 때의 기본 생각이 흔들려 길을 잃어버린 경우, 또는 억지로 분량을 채우려고 할 경우 이러한 일이 발생할 수 있다. 결론을 작성할 때에는 필자가 독자에게 전달하고자 하는 주제의식을 간결하고 명료하게 정리하여 효과적으로 기억할 수 있도록 돕는 것이 필요하다. 글쓰기의 궁극적인 목적은 필자와 독자 사이의 의사소통이기 때문이다.

글을 마무리하는 여러 가지 방법을 소개해 보면 다음과 같다.

(1) 본론을 요약하며 마치기

위에서 살펴보았다시피, 문학(독서와 글쓰기)은 진단적 용도와 치료적 용도로 사용될 수 있다. 이를테면, 문학을 통해 치료자/상담자는 환자/내담자가 어떤 심리적 문제를 가지고 있으며 어떤 갈등을 가지고 있는지를 탐색할 수 있다. 독서의 내용을 얼마만큼 인식하고 있으며, 어느 부분을 망각하고, 어떻게 변화시키고, 얼마만큼 추가하는지를 관찰하면서 환자의 심적 상태를 진단할 수 있다.

또한 글을 쓸 때도 어떤 부분을 강조하고 어떤 부분은 사소하게 다루며, 어떤 주제를 부각시키는지를 통해서 고착된 심리, 퇴행된 심리를 관찰할 수 있다. 그것은 독서나 글쓰기를 통해서 투사한 이미지와 심리 역동이 잘 드러나기 때문이다. 나아가 환자/내담자/독자는 주인공이 문제를 해결하는 방법과 같은 방법을 사용해 보려는 생각을 가지게 되며, 이것이 치료적 힘으로 작용할 수 있다.

—변학수, 「문학치료와 문학적 경험」, 『독일어문학』 제10집, 한국독일어문학회, 1999, 293면

(2) 문제 상황을 환기시키며 마치기

인생 전체를 놓고 볼 때 수학 문제를 실수 없이 풀어내는 것, 영어 단어 하나를 외우는 것은 너무나 작은 의미일 뿐입니다. 초등학교 기간 동안 아이들은 인생을 살아갈 엔진을 만들고 있습니다. 그 엔진은 아이가 앞으로 삶을 헤쳐 나가는 데 있어서 얼마나 자신감을 가질지, 얼마나 열심히 해 보려는 의지를 가질지를 결정합니다.

아이의 능력을 키워야 하는 것은 맞습니다. 그렇지만 그 능력은 억지로 우겨서 아이에게 집어넣을 것은 아닙니다. 아이가 스스로 찾아서 먹어야 아이는 자랄 수 있습니다. 나무가 자라길 바란다면 물을 줘야지, 커지라고 잡아 뽑아서는 안 될 일이니까요.

—서천석, 『아이와 함께 자라는 부모』, 창비, 2013, 322면

(3) 주제를 압축적으로 진술하며 마치기

자기존중감에는 지름길이 없다.

강한 자기존중감에 이르는 데에는 어떠한 지름길도 없다. 우리는 진실을 기만할 수 없다. 만약 우리가 자각하고 진실되며, 책임을 지고 정직하게 살지 못하면 우리가 비록 성공하고, 평판이 좋고, 부를 누리며 모든 권리를 누리는 집단에 속해 있을지라도 우리는 가식의 자기존중감을 지니게 될 것이다. 자기존중감은 항상 본질적인 경험이다. 그것은 다른 사람이 생각하고 느끼는 것이 아닌 우리가 우리들 자신에 대해 생각하고 느끼는 것이다. 자기존중감은 진정으로 우리 자신에게서 얻게 되는 믿음인 것이다.

—나사니엘 브랜든(강승규 옮김), 『나를 존중하는 삶』, 학지사, 1994, 136-137면

(4) 과제에 대한 전망을 제시하며 마치기

동물학을 연구하는 과학자뿐 아니라, 인간은 누구나 '우리는 어디서 왔으며 지구라는 자연환경 속에서 인간은 어떤 위치에 있는가'에 대해 고민하며 살아간다. 우리를 이해하기 위해서는 먼저 우리를 둘러싼 우주를 이해하고, 자연을 이해하고, 우리와 늘 함께하는 동식물들을 이해해야 한다. 침팬지와 고릴라와 오랑우탄에 대한 연구는 우리가 왜 그들과 다른 존재가 되었는가를 이해하는 중요한 단서를 제공할 것임에 틀림없다.

침팬지와 고릴라와 오랑우탄에게서 인류의 모습을 찾는다는 것, 그것이 인간의 자존심을 건드리는 일이라고 생각하는 사람은 없었으면 하는 바람이다.

—정재승, 『뇌과학자는 영화에서 인간을 본다』, 어크로스, 2010, 270면

(5) 다른 사람의 견해를 인용하며 마치기

프로이트는 전래동화가 아이들의 정신적 삶에서 중요한 위치를 차지한다는 사실을 정신분석을 통해 거듭 확인하게 되는 것이 놀라운 일이 아니라고 하고, 어린이 심리치료사인 베텔하임은 어린이에게 가장 영향력 있는 문화유산으로 전래동화만한 것이 없다고 한다.

전래동화는 '아이'라는 개념에 대한 인식이 있기 이전에 대개가 '설화'로서 존재했던 이야기이다. 설화에는 삶의 가장 기본적이고 보편적인 문제가 녹아있고, 행복한 삶을 위한 바람직한 해결책이 단순하고 명쾌하게 제시되어 있다. 아득한 옛날에 만들어진 '옛날이야기'가 현대사회의 어린이들에게 꾸준히 사랑을 받아온 이유는 이 때문인지도 모르겠다.

—노제운, 「한국 전래동화의 원형(原形)과 변용에 관한 연구 : 「콩쥐팥쥐」 이야기를 중심으로」, 『어문논집』 제59집, 민족어문학회, 2009, 75면

5. 퇴 고

퇴고란 보다 완성도 높은 글을 쓰기 위해 작성한 글을 고치고 다듬는 행위이다. 초고가 완성되면, 전체적으로는 처음 의도한 바가 잘 표현되었는가

를 점검하고, 세부적으로는 정확한 단어를 구사하였는지 확인하고, 문장과 단락을 올바르게 구성하였는지 재검토하는 작업이 필요하다. 퇴고라는 말의 어원은 『상소잡기(湘素雜記)』에 실린 유명한 일화에서 비롯되었다.

당나라 때 가도(賈島)라는 시인이 있었다. 어느 날 노새의 잔등에 올라탄 채 무언가 골똘히 생각하고 흔들리며 길을 갔다. 알 수 없는 말을 중얼거리니 지나가던 행인들은 그가 분명 정신 이상일 것이라며 손가락질을 했다. 얼마쯤 가다가 나이든 고관을 만났으나 그는 그만 행렬의 한가운데를 파고들고 말았다. 당연히 불호령이 떨어졌다. 그제야 정신이 든 가도는 혼비백산했는데, 다행히 고관은 무슨 일인지 연유를 물어보았다.

가도가 심각한 생각에 빠진 것은 길을 가는 중간에 떠올린 시구 때문이었다. 그는 다음과 같은 작품을 구상하고 있었다.

閑居隣竝少　　한가로이 머무니 이웃이 드물고
草徑入荒園　　풀숲 오솔길은 적막한 정원으로 드는구나.
鳥宿池邊樹　　새는 연못가의 나무에서 잠들고

그런데 마지막 결구에서 한 글자를 놓고 고민에 빠지고 말았다.

僧敲月下門　　스님은 달 아래 문을 두드리네.

결구에서 두 번째 글자를 '밀다'라는 의미의 '퇴(推)'를 쓸지 '두드리다'라는 의미의 '고(敲)'로 쓸지를 고민하다가 한유(768~824)의 행차를 미처 보지 못했던 것이다. 대문장가인 한유는 이 시인의 말을 듣고, 꾸짖는 것은 잊고 잠시 생각하더니 '두드릴 고(敲)가 좋겠다'고 말했다. 이후 둘은 둘도 없는 시우(詩友)가 되었고, 나중에 가도가 벼슬살이를 할 때에도 한유가 도움을 주었다고 한다.

초고를 마친 것은 결코 글의 완성이 아니다. 완성도가 높은 글을 쓰기 위해서는 자신이 처음에 의도했던 대로 집필이 되었는가를 확인하는 작업이 반드시 필요하다.

퇴고의 세 가지 원칙은 첨가의 원칙, 삭제의 원칙, 재구성의 원칙이다. 첨가의 원칙은 쓰고자 하는 바가 충족되지 못한 경우, 부족한 부분을 첨가 보충하는 것이다. 필요에 따라서는 자료를 다시 수집하여 보충해야 하는 경우도 있을 것이다. 삭제의 원칙은 글의 흐름상 불필요한 부분을 삭제하여 글 전체의 통일성을 높이는 것이다. 글을 쓰다보면 주제에서 파생되는 여러 생각들을 작성해 나가는 과정에서 때로는 직접적 관련성이 떨어지는 내용들이 들어갈 때가 있다. 이러한 경우 아무리 참신한 내용일지라도 글 전체의 흐름을 방해한다면 삭제해야 일관성 있는 글로 완성될 수 있다. 재구성의 원칙이란 문장이나 단락의 연결이 자연스러운가를 점검하고, 필요에 따라 글의 순서를 바꾸어 글 전체의 주제를 보다 명료하게 나타내는 것이다.

보다 훌륭한 작품을 창작하기 위해서 시어 하나에도 골몰했던 가도의 일화에서 볼 수 있듯이, 좋은 글을 작성하기 위해서는 뼈대를 세우는 것부터 작성한 초고를 수정하여 완성하기까지 많은 정성과 노력이 필요하다.

1. 다음 주제에 대하여 개요를 작성해 봅시다.

제목 : 대학교 축제 이대로 괜찮은가

주제 : 대학교 축제는 그 의미와 목적을 분명히 정립하여 올바르게 진행되어야 한다.

2. 한 편의 글을 작성하는 과정에 대해 단계별로 설명해 봅시다.

PART 2

CHAPTER 01

학술적 글쓰기

학문의 장인 대학 수업에서 우리는 어떠한 글쓰기를 하게 되는가. 평소 학술적 글에 익숙하지 않은 학생들은 에세이나 보고서 등 학술적 글쓰기를 접할 때 막막한 경험을 겪을 수 있다. 학술적 글이란 무엇이며 왜 필요한가. 특히 보고서 작성을 위해 어떤 과정을 거쳐야 하는가.

■ 목표:

1. 학술적 글쓰기의 종류를 안다.
2. 학술적 글쓰기의 기본을 익힌다.
3. 전공별 특성에 맞는 학술적 글쓰기를 한다.
4. 연구윤리를 이해한다.

■ 구성

1. 학술적인 글의 성격
2. 학술적 글쓰기의 과정
3. 학술적 글쓰기의 종류와 실제
4. 학술적 글쓰기와 연구윤리

연습문제

1. 학술적인 글의 성격

학술적인 글이라 함은 '학문과 예술에 관련한 글'을 말한다. 이때 '관련한 모든 글'이 아니라 '학술활동에 필요한 전반적인 글, 보다 체계를 갖춘 글'을 의미함은 물론이다. 대학은 명실 공히 학문의 장이다. 대학에서 우리는 다양한 학문을 배우고 익히며 나아가 자신의 공부한 바를 표현하기도 해야 한다. 물론 대학에서만 학문을 하는 것은 아니다. 급변하는 사회 속에서 늘 변화하는 정보를 익혀야 하고 더구나 인격완성을 위한 공부는 평생 하는 것이 아니면 안 된다. 모두가 학문을 위한 자세를 갖추어야 할 필요성은 여기에 있다. 학술적인 글을 쓸 줄 알면 학문 활동이 훨씬 용이하고 즐겁게 될 수 있다. 열심히 공부하고 그 익힌 바를 요약, 정리하거나 학술 에세이를 써 보고 관련 보고서와 논문을 쓸 줄 안다면 누구나 학문의 전문가가 될 수 있다.

1) 학술적 글쓰기의 전제

학술적 글쓰기의 전제 조건은 기존 학문에 대한 이해이다. 학문의 사전적 의미는 "어떤 분야를 체계적으로 배워서 익힘 또는 그런 지식"이다. '체계적'이라는 표현에서 알 수 있듯이 학문 활동은 논리를 전제로 한다. 논리적 단계를 거쳐서 일반화의 단계까지 나가는 것을 '이론'이라고 한다. 이렇게 설정된 이론은 다시 비판의 대상이 되고 극복의 대상이 되면서 학문은 발전하는 것이다. 학문 활동은 체계적으로 배워 익힐 뿐만 아니라 거기에서 나아가 새로운 지식을 만들어내는 생산적 활동이 되어야 한다.

학문의 종류는 다양하다. 오늘날 세분화되기도 하지만 일반적으로 문학 언어학 철학 미학 사학 종교학 등의 인문학, 정치학 사회학 법학 경제학 경영학 심리학 교육학 등의 사회과학, 물리학 화학 수학 생물학 공학 등의 자연과학 정도로 구분한다. 인문학은 인간과 인간 문화를 연구하는 학문 분야이고 사회과학은 인간 사회의 여러 현상을 연구하는 것이며 자연과학은 자연현상을 연구대상으로 하는 학문 분야이다.

학문 연구의 장 대학에서 대학생은 학문의 주체, 연구자가 되어야 할 필요가 있다. 자기 전공뿐 아니라 다양한 학문에 대한 관심을 가져야 한다. 이를 통하여 대학생은 대학에서뿐 아니라 삶의 모든 영역에서 마주치는 여러 문제를 해결할 능력을 갖추게 될 수 있으리라 믿는다. 대학의 수업이 일방적인 주입식 강의로만 이루어지기보다 다양한 문제해결력과 적절한 발표력을 함양하는 방식을 지향하는 것도 그 때문이다.

대학생이 학문의 주체인 이상 기존 학문에 대한 단순 이해에서 그쳐서는 안 된다. 능동적인 이해를 바탕으로 비판적 사고가 더해져야 한다. 그리고 그 비판적 사고에서 한 걸음 나아가 자신의 주장, 자신의 이론도 만들어 보는 작업이 필요하다.

전공 관련 글 읽기가 학문 활동의 기초 작업이다. 글 읽기에서 우선적으로 필요한 것은 글을 효과적으로 읽는 일과 요약하는 작업이다. 글을 읽고 중요사항 중심으로 요약하며 메모하는 일은 학문 활동을 크게 도와준다.

효과적 읽기 방법은 정해진 것이 아니라 경우에 따라 달라질 수 있다. 자신에게 맞게 때로는 속독, 때로는 정독의 방법이 효과적이라는 말이다. 이때 '읽기'란 내용을 수동적으로 받아들이는 읽기가 아니라 '비판적으로 읽기'여야 한다. 읽은 바를 요약하는 것은 접한 지식을 보관하는 작업이 된다. 요약의 방법은 그 글의 핵심을 찾는 것이다. 정독을 하면서 글의 내용과 주제를 파악하고 핵심어나 중심문장을 표시하면서 전체적인 흐름을 파악한다. 요약해야 할 내용의 흐름이 추려졌으면 표시한 부분을 중심으로 불필요하거나 수식 등 꼭 필요하지 않은 부분 위주로 생략하면서 글을 만들어간다. 대강 요약을 한 후 글에서 주장하는 바는 무엇인가, 그 근거는 무엇인가를 나눠본다. 1차 줄인 뒤 더 줄여 본다.

2) 학술적 글쓰기의 예

다음은 여러 전공의 글을 조금씩 발췌한 것이다. 중요한 부분을 표시하며 각 글을 읽어 보고 요약도 해 보자.

예문 – 인문학 전공 관련 글

21세기로 들어선 오늘날의 문학은 많은 변화의 조짐을 보이고 있다. 이미 20세기 말부터 진행되어 온 것이지만 탈 중심 시대의 포스트모던한 특징들은 문학뿐만 아니라 모든 예술 장르에 걸쳐 반영되고 있다. 특히 전통 서사문학의 중심에 있던 소설이나 희곡 등의 장르가 대중서사 장르인 영화나 TV드라마, 혹은 게임이나 만화, 시나리오 등으로 인하여 이제까지 누려왔던 중심적 역할이 많이 축소된 것만 보아도 알 수 있는 일이다. 이제까지 부동의 지위를 누려왔던 중심적 가치들이 밀려나고 그 자리를 주변적 가치들로 메워지는 것에 대하여 인정하고 싶지 않아도 인정할 수밖에 없는 시대가 된 것이다. 최근에 환상문학에 대한 관심이 높아지는 것도 현대가 지향하는 문화적 특징을 그대로 반영한 것이라고 해도 과언이 아닐 것이다. 이러한 문화적 현상은 리얼리즘 문학의 쇠퇴를 알리는 것임과 동시에, 컴퓨터를 통해서 몰입할 수 있는 가상공간 등의 발전으로 인하여 누구나 환상적 세계를 즐길 수 있는 시대적 환경이 만들어졌다는 것을 의미한다. 그리고 한때는 인정받지 못하던 환상문학(fantastic literature)이 문학의 중심으로 다가올 수 있는 환경 변화의 신호이기도 하다. 또 한편으로는 제대로 평가받지 못했던 문학 장르에 대하여 그 가치를 인정한 포스트모더니즘의 영향이기도 하다. 토도로프의 환상문학 이론 이후 주목할 만한 업적을 낸 저서들은 모두 포스트모던한 시각과 정신에서 나온 것들이다.

–박혜숙, 「한국 현대시의 환상성 — 초현실 시와 초자연세계의 시를 중심으로」,
『새국어교육』 76권, 한국국어교육학회, 2007, 514면

뷰티디자인에서의 색채는 아름다움과 개성을 표현하는 기초재료가 된다. 또한 뷰티디자이너에게 있어 색을 능숙하게 다룬다는 것이야말로 자신이 말하고자 하는 부분을 단순, 명료하게 하나의 인상으로 남기기 때문에 언어를 뛰어넘는 중요한 단서가 된다. 현대의 뷰티디자인이 조형예술의 한분야로 자리 잡아가고 있는 시점에서 문헌분석을 통해 현대 예술사조의 흐름을 살펴보고 색채가 감성을 표현하는 수단이 된 현대에 이르기까지 미술사조별 색채 경향을 분석하여 이를 활용한 네일아트 디자인을 제시하고자 한다. 뷰티디자인에서의 창의적인 발상과 함께 무한히 활용할 수 있는 역사적인 보물창고인 회화를 바탕으로 하여 색채를 주제로 뷰티디자인의 교육적 자료로 활용하기 위함이다. 미술사조 색채를 활용함은 각 시대마다 다른 표상과 이미지로 존재하는 위대한 예술작품들

이 색채를 연구하는 데 있어 중요한 역할을 하고 있다는 점을 알 수 있으며, 뷰티디자인에서 적극적으로 활용 가능한 모티프로 작용할 수 있음을 알 수 있다.

―정연자 · 정시은, 「현대 미술사의 색채를 활용한 네일아트 연구」

예문 – 자연과학 전공 관련 글

현재 오늘날의 전 세계 통신 시스템은 고정 중이거나 이동 중에도 자유로이 초고속, 광대역 서비스를 지원할 수 있는 기술 개발에 역점을 두고 있다. 기존의 이동전화 기반의 무선인터넷(CDMA 1x, EV-DO, W-CDMA) 서비스를 비롯한 이동통신 기술은 Laptop, PDA, SmartPhone을 통해 고속의 인터넷 서비스가 가능한 차세대 휴대인터넷 시스템 개발을 수행하고 있으며, Receive-only 고정형 방식의 기존 방송은 방송과 더불어 양방향 인터넷 및 데이터 서비스를 제공하고, 이를 고정형 TV 수상기에서 이동하면서 TV 서비스를 제공할 수 있도록 휴대단말기로까지 확대해서 어디서이든지 방송 서비스를 제공받을 수 있는 지상 DMB 및 위성 DMB 서비스의 상용화가 목전에 있다.

(중략)

우리나라는 2002년에 정지궤도 위성을 이용한 고정형 양방향 멀티미디어 서비스를 최대 포워드링크에서 40Mbps, 리턴링크에서 2Mbps까지 지원하는 BSAN(Broadband Satellite Access Network) 시스템을 개발하였고, 2003년에 고속의 인터넷 서비스와 위성 방송 서비스를 이동체 환경에서 제공할 수 있는 MSIA(Mobile Satellite Internet Access) 시스템을 통해 리턴링크는 포워드링크에서 최대 40Mbps, 리턴링크에서는 이동 중에 384kbps까지 지원할 수 있는 기술을 개발하였다. 이러한 기술 개발 경험을 바탕으로, 현재 ETRI는 2005년까지 이동형 광대역 위성접속 시스템(MoBISAT: Mobile Broadband Interactive Satellite Access Technology) 개발 과제를 수행 중에 있으며, 이를 통해 정지궤도 위성을 사용하여 정지 시뿐만 아니라 이동 중인 차량, 선반, 항공기내 사용자들에게 고속의 인터넷 접속(포워드링크에서 80Mbps, 리턴링크는 최대 10Mbps까지 지원)과 디지털 A/V 서비스를 제공하며, 전 세계와의 개방 경쟁에서 가격 경쟁력을 갖는 이동체 단말국을 이용하여 비즈니스, 정보, 오락, 교육을 위한 디지털 위성방송, 비디오 멀티캐스팅, 유/무선 인터넷을 비롯한 각종 멀티미디어 서비스를 제공할 수 있을 것이다.

―진광자 외, 「이동형 광대역 위성접속 시스템 개발」, 『한국통신학회 종합 학술 발표회 논문집』 2004. 11, 179면

사회복지조직이 혁신적으로 변화하기 위해서는 본 연구의 결과가 시사하는 바와 같이 현실적으로 조직 최고관리자의 역할이 중요할 것이다. 따라서 실천적인 측면에서 조직 최고관리자인 시설장이나 관장은 변화하는 서비스 이용자와 지역사회의 욕구를 정확하게 인지하고 이에 대응할 수 있는 서비스의 개발과 전달에 있어 구성원들의 창의적인 아이디어의 개발과 실행을 적극적으로 독려할 필요가 있다. 사회복지조직의 경우 클라이언트 및 서비스 이용자와의 대면적(face-to-face) 접촉에 의한 서비스 공급을 담당하는 일선 사회복지사들의 역할이 조직활동의 성패를 가늠하는 핵심적 요인이 될 수 있다. 따라서 이들이 현장 실무에서 창의적이고 새로운 아이디어를 개발하고 실행할 수 있도록 격려하며, 주요 의사결정에 이들을 적극 참여시킴과 동시에 이들의 업무에 대한 자율권을 좀 더 부여하는 조직 최고관리자의 노력이 중요할 것으로 보인다. 이와 함께 관리적 측면에서 조직 최고관리자는 조직의 구조적 차원, 업무 차원, 직원관리 차원 등에서 좀 더 새로운 관리기법을 도입, 실행할 필요가 있다. 일례로 조직의 혁신적 활동을 보다 강조하는 기업조직 등에서 실행하는 혁신적 활동과 노력들에서 도입 가능한 활동들을 선별하여 이를 시도하는 실험적 리더십이 필요해 보인다. 사회복지조직이 기업과는 달리 영리 추구를 목적으로 하지는 않지만 조직 관리에 있어 영리와 비영리 조직 모두에게 적용할 수 있는 공통적인 관리 원칙과 기술들이 있을 수 있기 때문이다.

–신준섭, 「사회복지조직의 혁신성 : 조직특성/리더십, 조직성과의 관계를 중심으로」, 『한국사회복지행정학』 14(4), 한국사회복지행정학회, 2012. 11, 20면

21세기와 함께 도래한 세계화, 정보화, 지방화라는 행정환경의 변화로 인해 정부조직의 변화도 시작되었다. 대규모 관료제가 중심이었던 기존의 정부체제는 새로운 행정환경하에서 효율적으로 작동하지 못하고 정부실패를 초래하였기 때문이다. 정부실패를 극복하고 21세기 행정환경에 걸맞는 새롭고 효율적인 정부를 만들기 위해 도입된 여러 가지 정부개혁기제 가운데 거버넌스가 있다.

거버넌스는 새로운 형태의 국가운영체제로서 정부의 수준과 역할에 따라 크게는 글로벌 거버넌스(global governance)로부터 작게는 커뮤니티 거버넌스(community governance)에 이르기까지 다양한 차원과 형태로 구성되고 있다. 거버넌스를 도입하는 정부 역시 그 수준과 관할 범위에 따라 달라지게 된다. 지방자치단체의 경우 그 구역 내의 업무로 제한되지만 중앙정부의 관할 범위는 전 국가적이며 세계적이라 할 수 있다. 따라서 중앙정부의 거버넌스는 세계적 차원에서부터 전국적 차원의 거버넌스로 구성되어야 하고 지방자치단체는 지역적 차원에서 요구되는 거버넌스를 형성하게 된다. 이러한 거버넌스에 참여하는

행위주체들 또한 각 수준의 정부와 거버넌스의 차원에 따라 달라지게 된다. 따라서 정부의 실질적 역할을 수행하는 공무원의 거버넌스에 대한 인식과 태도 또한 거버넌스의 다양한 차원과 유형에 따라 달라질 수 있다.

정부의 조직은 전통적으로 계선조직과 참모조직으로 구분된다. 특히 우리나라의 경우 법규정에 의해 오랫동안 계선조직과 참모조직을 엄격하게 구분하여 왔기 때문에 계선조직과 참모조직의 전형적인 특성들이 강하게 지배하고 있을 가능성이 크다. 보편적으로 계선조직은 수직적 체계와 경직성이 큰 전통 관료제의 특성이 강한 집단으로 변화의 수용과 적응이 어렵고 구성원의 보수적 성향이 강하다. 반면에 참모조직은 보다 유연하고 수평적인 체계와 융통성이 크며, 구성원의 이상적·개혁적 성향이 높아 변화의 수용과 적응이 상대적으로 쉬운 집단이라 할 수 있다. 따라서 이러한 조직의 특성이 새로운 변화와 함께 도입되는 거버넌스 체제에 대한 공무원의 인식과 태도에 크게 영향을 미치게 된다.

–전영상·안형기, 「조직특성에 따른 공무원의 거버넌스 인식차이 분석」, 『한국거버넌스학회보』 19(1), 한국거버넌스학회, 2012. 4, 154면

2. 학술적 글쓰기의 과정

학술적인 글을 어떻게 쓸 것인가. 학술적인 글의 준비 단계는 주제 정하기, 자료수집, 개요 짜기 등 일반 글의 과정과 비슷할 수밖에 없다. 하지만 조금

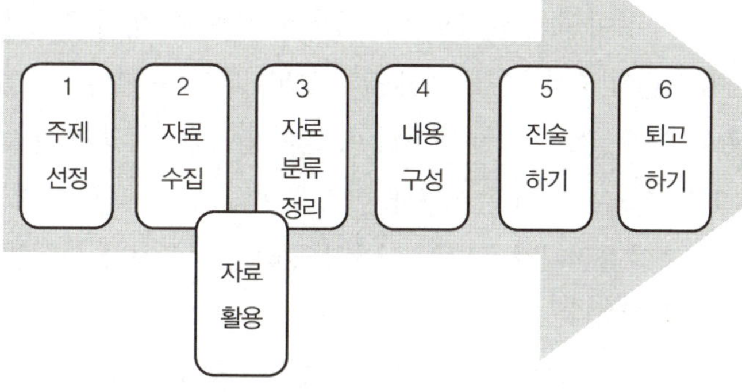

그림 1. 학술적 글쓰기의 과정

더 학문적인 주제로, 자료로, 개요로 구성되어야 한다는 점에서 구별된다.

1) 맥락 파악하기, 주제 정하기

글을 읽는 독자와 대상, 나아가 효과에 대하여 생각하는 것이 '맥락 파악하기'이다. 대학 내에서 쓰는 학술적 글의 경우 그 독자는 교수가 된다. 그러나 이때에도 교수 개인이 독자가 되는 것이 아니라 불특정 다수 학술 공동체를 대상으로 쓰는 것임을 명심하여야 한다. 학술적 글에서 존대어를 쓰지 않는 것은 그 때문이다.

학술적인 글에서는 주제를 잡을 때 일반적인 주제 잡기와는 조금 다른 방식을 사용한다. 일반적인 글에서 자신이 쓰고자 하는, 작고 쉽고 재미있고 내가 쓸 수 있으며 가치 있는 것이 주제(참주제)였다면 학술적 글에서는 '학술적'인 내용이 첨가되어야 한다. 글을 쓰고자 하는 주제가 먼저 정해져 있지 않다면 자신의 관심 분야를 검색하면서 주제 잡기를 시작해야 한다. 우선 관심 가는 방향의 주제어를 찾은 뒤에 주제를 한정하고 자료 수집을 시작하는 것이 좋다.

이때 글의 목적에 따라 형식과 작성 방법, 분량, 제출 마감일 등을 확인하고 주제에 대한 이해도를 점검하면서 주제를 잡아야 낭패를 당하지 않는다. 이를테면 마감일이 촉박한데 하고 싶다는 의욕만으로 전혀 모르는 분야의 주제를 잡으면 곤란하다.

주제가 정해지면 그 주제에 자신의 견해를 더한 주제문을 만들어보는 것이 좋다. 아직 자료 수집이 되지 않았으므로 이때의 주제문은 임시 주제문이라 할 수 있다. 예를 들어 주제가 '감성마케팅의 방법'이라면 주제문은 '감성마케팅의 방법은 첫째 감성을 최대한 활용하고, 둘째 감각을 자극하도록 한다.' 등이 될 수 있다. 이것은 정답은 아니다. 하지만 이렇게 잠정적으로 써 두고 조사를 시작하면 효율적이다. 조사과정에서 생각이 바뀌거나 확실해지면 주제문을 수정 확정한다.

앞에서 공부한 바가 있듯이 어느 글에나 제목이 중요하다. 제목은 글의 얼굴이기 때문이다. 제목은 글의 내용을 적절히 반영하면서(적절성) 지나치게 수식을 가하거나 복잡하지 않도록 하고(간결성) 주의를 끌 수 있어야(매력성) 한다. 학술적인 글의 제목은 이 요소 중에서도 특별히 적절성에 더 무게를 두어야 한다. 하지만 학술 에세이의 경우는 매력적 요소를 강화하는 것도 좋다.

2) 자료 수집

자료 수집은 기본서에서 출발하는 것이 좋다. 개념과 학계의 평가, 연구목록을 알 수 있는 기본서적들을 먼저 살핀다. 관련한 참고문헌을 가급적 많이 확보하는 것이 좋다. 많이 찾고 많이 읽으며 그 중 자신의 논리에 도움될 것들을 수집해 둔다. 오늘날 무조건 인터넷 검색만을 능사로 하는 경우가 있는데, 편리하긴 하지만 인터넷의 정보는 때로는 신뢰할 수 없는 경우도 있고 누구나 검색하면 나오는 자료이기 때문에 새로운 자료나 가치 있는 자료가 되기 어렵다. 황무지를 개척하는 심정으로, 혹은 특종자료를 찾는 심정으로 도서관 구석구석, 각종 전문사이트 등을 잘 찾아보면 훨씬 다양한 참고문헌, 좋은 자료들을 확보할 수 있다. 체계적이며 광범위하게 자료를 수집해 보자. 수집 과정에서부터 읽고 분류하며 수집하면 반복 수집이나 자료 누락의 위험이 적게 된다.

현재 대학의 도서관들은 전국 각 대학 도서관이나 국립도서관과 자료 복사 공유 시스템이 잘 갖추어져 있다. 때문에 다른 학교 도서관을 직접 찾아가지 않아도 자료를 손쉽게 얻을 수 있다.

그 외에 설문이나 현장 조사 등의 직접 조사 방법을 사용할 수 있다.(자세한 자료 수집 방법은 4장을 참고할 것)

자료의 종류

자료는 1차 자료, 2차 자료, 3차 자료로 나뉜다. 1차 자료는 가공되지 않은 자료로서 각종 문학작품, 사회적 혹은 과학적 현상, 통계자료나 실험자료 등의 데이터 등을 말한다. 2차 자료는 여기에 다른 연구자의 해석이나 분석이 곁들여 진 것, 3차 자료는 2차 자료를 토대로 쓴 글들이다. 예를 들어 고등학교 교과서에 관한 연구를 한다 하였을 때, 교과서가 1차 자료, 관련된 다른 학자의 논문이나 견해가 2차 자료, 교과서 논문 분석 글들이 3차 자료가 된다.

또한 자료에는 책이나 인터넷 상의 글만이 있는 것이 아니다. 때로는 그림자료(그림, 사진, 각종 도표 등)나 영상자료(플래시, 동영상 등)도 활용할 수 있다.

3) 자료 정리와 활용

(1) 자료의 분류와 정리

필요한 자료를 찾느라 고생했지만 이제부터가 더 중요하다. 어떤 자료를 어디에 쓸 것인지, 어떤 부분을 인용할 것이며 어떤 자료는 버릴 것인지 정리하고 분류하며 판단해야 한다.

자료 분류 단계에서 인용을 위해 자료의 필요한 부분들을 그대로 모아 둘 필요도 있지만 때로 요약을 해 두어야 할 때도 있다. 특별히 글에 도움될 만한 자료들은 꼼꼼히 읽으며 주제 관련 부분을 정리해 둔다. 정리 방법은 대강 메모하는 방법과 요약문을 써 두는 방법이 있다. 자신이 소장하고 있는 자료라면 줄을 치며 메모하는 수준도 좋으나 그렇지 않다면 요약문을 써 두는 것, 필요하면 중요한 부분을 그대로 적어 두는 것이 좋다. 요약한 내용과 자신의 의견은 구별하여 써 놓는다. 이때 노트에 적어두는 방법도 좋으나 컴퓨터 파일 저장방식이 저장이나 검색 시 더 편할 경우가 많다. 자료를 모아 둘 때나 요약문을 쓸 때, 반드시 출처를 밝혀 두는 것이 좋다. 서지사항(저자명, 서명, 출판사, 출판년도, 페이지)을 적어 두면 나중에 다시 찾는 번거로움을 피할 수 있다. 다음에서 서지사항의 중요성에 대하여 알아두자.

(2) 자료의 활용

자료의 활용은 실제로 본문을 쓰는 과정에서 사용되지만 자료 수집과 정리 단계에서부터 알아두는 것이 편리하므로 앞에서 이야기해 둔다.

① 인용의 방법

'인용'이란 "끌 引, 쓸 用", 한마디로 말하여 '끌어다 사용한다'는 말이다. 다른 이의 글이나 말을 끌어와 자신의 글에 사용하는 인용은 학술적 글쓰기의 필수적인 요소가 된다. 학문은 이해와 비판, 발전 등의 대화 과정을 거쳐 이뤄지는 것이므로 학술적 글을 쓰는 이는 주장을 뒷받침할 좋은 자료를 확보하는 것이 필요하다. 인용은 꼭 필요한 경우에 하되 반드시 출처를 밝혀 사용한다.

인용방법에는 직접인용과 간접인용이 있다.

직접인용은 말 그대로 직접 끌어오는 것, 다른 사람의 글을 원문 그대로 사용하는 것이다. 여기에는 짧은 인용방법과 긴 인용방법이 있다. 짧은 인용은 단어나 핵심 어구, 한 두 줄 정도의 짧은 분량을 가져오는 것이다. 이 경우 본문과 구별하지 않고 본문 안에서 같은 크기의 글씨로 " "만 사용하여 표시한다. 3줄 이상의 긴 인용은 본문과 구별하여 위아래 한 줄씩을 비우고 한 포인트 작은 글씨로 본문보다 들여서 쓰게 된다. 필요하면 가필임을 밝히며 가필하기도 한다. 인용한 맨 끝 자리에 출처를 밝힌다.

예문 – 짧은 직접인용

그 중 영화의 '시퀀스'를 끌어들여 공간에 적용하는 방법이 있는데, 그것이 바로 '공간 시퀀스'이다. 시퀀스는 "앞과 계속하여 나중에도 오는 것, 또는 일어나는 것"[1]이다.

–학생의 글

예문 – 긴 직접인용

초라한 육체는 사회의 기대치에 맞추어 관리되거나 조절되지 않은 신체이다. 초라한 신체의 표상성을 이해하기 위해 이 시대가 선망하는 상품가치가 두드러진 신체에 주목해 보자. 천명관은 <비행기>에서 골프 교육용 비디오테이프에 등장하는 스포츠 스타 잭 니클라우스를 다음과 같이 묘사한다.

> 스포츠선수답지 않은 퉁퉁한 몸매와 독일계임을 말해주는 짧고 부드러운 금발, 무언가 고통을 참아내는 듯한 신중한 표정과 기계처럼 안정되고 정교한 스윙동작은 그가 단 한순간의 임팩트를 위해, 언제나 제멋대로이고 싫은 자신의 육체를 얼마나 오랜 시간 달래고 길들여왔는지 말해주고 있었다.[1]

잭 니클라우스의 외모는 그의 부(富)와 선별된 인종을 표상한다. 그의 '안정되고 정교한 스윙동작'은 스포츠의 일부이면서 동시에, 이를 실현하기 위해 '제멋대로이고 싫은 육체를 얼마나 오랜 시간 달래고 길들여왔는지' 말해준다. 그것은 신체를 비롯한 우리의 삶이 최상의 기대치(자신의 상품성)를 실현하기 위해 자연 그대로가 아니라 인위적으로 가공하고 포장하고 훈련되어 왔음을 보여준다.

–안미영, 「초라한 육체와 반(反)성장 서사–천명관의 『고령화 가족』(문학동네, 2010)을 중심으로」, 『소설, 의혹과 통찰의 수사학』, 케포이북스, 2013, 91면

긴 직접인용이라도 너무 길게 사용하는 것은 좋지 않다. 필요한 부분만을 잘라서 쓰는 것이 좋다. 이때 중략이나 하략을 하는 방법이 있다. 이때는 괄호를 치고 '중략'이라고 쓰거나 '…', 혹은 '……'로 표시한다.

예문 – 중간을 생략한 직접인용

의롭지 않은 것을 보게 되면, 자연히 수오지심이 있게 된다. 윗사람과 빈객을 섬길 때는 자연히 공경지심이 있게 된다.[23)]

자애(慈愛)와 공경(恭敬)의 마음이 곧 사람의 본심(本心)이고, 곧 천하 사람들이 모두 같은 마음이다. 이 마음이 곧 도심(道心)이다. 도심(道心)은 통하지 않는 곳이 없는 마음이니, 이것으로 수신(修身)하면 몸이 수양이 된다. 이것으로 제가(齊家)를 하면 집이 가지런하게 된다. 이것으로 치국(治國)을 하면 나라가 다스려진다. 이것으로 천하를 평천하(平天下)를 하면 천하가 평화롭게 된다. 이것으로 큰 어려움을 해결하면 해결되지 않음이 없다. … 의(意)가 움직이지 않으면 도심(道心)은 무체(無體)이니, 저절로 밝게 되고, 저절로 신묘하며, 저절

로 바르고 저절로 중절하며, 저절로 통하지 않음이 없게 되고, 저절로 해결되지 않음이 없게 된다. "배우지 않고 할 수 있는 것을 양능(良能)이라고 하고, 생각하지 않고도 아는 것을 양지(良知)라고 한다."[24)]

두 인용문에 의하면, 도심(道心)의 상태란 사단(四端)이 드러나고, 양지(良知)와 양능(良能)이 활동하는 상태이다. 그렇다면 우리 마음의 본래적인 상태가 도심(道心)이며, 우리 마음의 본래적인 상태란 사단(四端)을 통해 나 이외의 다른 존재와 연결되는 상태이며, 양지(良知)·양능(良能)을 통해 다른 존재와의 연결에 대해 적극적인 도덕 판단이 가능한 상태이다.

-이동욱, 「楊簡의 楊氏易傳에 대한 고찰」,
한국양명학회, 『양명학』 36, 2013.12, 21-22면

간접인용은 말 그대로 간접적으로 끌어오는 것, 자신의 글 속에 끌어 온 부분을 녹여서 사용하는 것이다. 다른 사람의 이야기를 쓰되 자신의 문체로써 바꿔 인용하게 된다. 다른 사람의 견해를 자신의 문장으로 쓰게 되는 간접인용의 경우 표절과 혼동되기 쉬우므로 특별히 성실하게 출처를 밝히도록 하자.

예문 - 간접인용

일찍이 일본학계에서는 廣開土王碑의 신묘년조를 日本書紀에 나오는 몇 가지 사례들과 적당히 조합하여 任那日本府說의 시작으로 삼기도 했기 때문에[5)] 李進熙의 '비문조작설'은 한국사회에서 대중적 관심을 불러일으키기에 충분했다.

-홍성화, 「歷史小說, 歷史드라마에 나타난 古代史像 고찰
—최인호, 이문열 소설을 중심으로」, 『스토리&이미지텔링』 제5호, 2013. 6, 193면

② 인용 출처 밝히기

인용의 출처, 서지사항을 밝히는 방법은 본문주와 주석의 방법이 있다.

먼저 본문주는 글을 쓰는 도중에 ( )를 치고 저자와 발행연도만 간단히 밝힌 뒤 자세한 서지는 참고문헌 목록을 참고하도록 하는 방식이다.

예문 - 본문주

> 스마트폰을 가로로 들고 있으면 동영상을 보는 것이고, 세로로 들고 있으면 카카오톡을 하고 있다는 말이 있다(조성완, 2012). 그만큼 스마트폰 이용자들 사이에는 MiM을 이용하는 습관이 만연되어 있고 이는 일종의 문화가 되어 가고 있다.
>
> –김해룡 외, 「카카오톡 네트워크 외부성 효과 : 지각된 상호작용성과 지각된 위험의 매개효과를 중심으로」, 『마케팅연구』 28(2), 한국마케팅학회, 2013. 4, 32면

주석은 "낱말이나 문장의 뜻을 쉽게 풀이함. 또는 그런 글"이라는 뜻으로, 학술적 글에서는 광범위하게 사용되는 것이다. 학술적 글에서 주석은 본문의 흐름을 깨지 않고 내용을 보충할 때 사용되지만 인용한 부분의 출처를 표기할 때도 사용된다. 여기에는 페이지 아래쪽에 출처를 밝히는 각주법(다리 각脚)과 글의 제일 마지막 부분에 출처를 밝히는 미주법(꼬리 미尾)으로 나뉜다. 우리나라 학술논문은 본문주 방법과 함께 각주법을 주로 쓴다.

출처를 밝힐 때는 가장 중요한 순서부터, 곧 저자부터 쓴다. 단행본의 경우에는 저자명, 책 제목, 출판사, 출판년도, 페이지의 형식으로 쓰고 논문의 경우에는 저자명, 논문 제목, 단행본 이름 권수와 호수, 출판연도, 페이지의 형식으로 쓴다. 저자 다음 '(출판년도)'를 넣기도 한다. 전공별로, 기관지별로 조금씩 상이하므로 투고할 곳의 양식에 맞게 작성하도록 한다(예는 참고문헌 쓰기에서 보임). 책이나 논문에 「 」, 『 』, < > 등의 표시를 하기도 하고 서지사항 사이에 ',' 혹은 '.'를 쓰는 등 학회지마다 조금씩 다르다. 같은 자료를 인용할 때에는 '위의 글', '앞의 책', '같은 책', 'Ibid', 'op.cit' 등과 페이지만 표시하는 약식 주석 방법을 쓴다. 인터넷 자료를 인용할 경우 그 사이트의 주소를 그대로 복사하여 표기하면 참고하는 사람이 해당 자료로 바로 링크할 수도 있어 편리하다.

> 한글 프로그램을 중심으로 각주와 미주 입력 방법을 알아보자. 화면 위쪽의 〈입력〉–〈주석〉–〈각주〉(혹은 〈미주〉)를 선택하면 주석 내용 입력창이 열린다. 'Ctrl+n, n', 'Ctrl+n, e'의 단축키를 사용하는 것도 편리하다.

예문 - 각주법

중국문학 연구가들이 「홍루몽」에 대한 연구를 '홍학'으로 지칭한 것에 비견하여 「춘향전」에 대한 연구는 '춘학'이라 할 만하며 '홍학'에 뒤지지 않는다.[3]고 할 수 있을 정도로 다양하게 연구[4]되어 왔지만 그 중 중국과 연결된 선행연구만 검토해보고자 한다. 춘향전과 중국작품의 연결고리는 영향관계와 수용양상 연구가 주를 이루었다.

먼저 춘향전과 중국을 연결시킨 논의로 제1회 동양학 심포지움을 볼

---

1) 「춘향전」에 등장하는 중국 관련 남성인물로는 신선으로 적송자, 월하노인, 견우, 여동빈 등, 이상적 치자로 요순, 우탕, 무왕, 문왕 등, 신화적 인물로 삼황오제, 신농씨, 헌원씨 등, 통치자 인물 및 책사형 인물로 진시황, 한무제, 강태공, 한태조, 당명황제, 주원장 등, 문예인으로 두목지, 이태백, 왕희지, 조맹부, 소동파, 백낙천, 두보, 맹호연 등, 학자로 공부자, 5대 성현, 소강절, 정이천, 주렴계 등, 기타 인물로 석숭, 조자룡, 맹상군 등이 나오고 있다.

2) 항아, 서시, 우미인, 조비연과 반첩여, 왕소군, 태사, 서왕모, 화목란, 아황, 여영, 양귀비, 농옥, 척부인 등.

예문 - 미주법

것으로 나타났다. 본 연구에서 노인의 우울은 식습관 및 식품섭취 상태와 밀접하게 관련되어 있음이 확인되었고, 그 결과 전반적으로 우울군이 비우울군에 비해 식습관과 식품섭취 상태가 취약하므로 이에 대한 적절한 관리 방안을 모색해야 한다고 사료된다.

References

1. Statistics Korea. Estimated future population [Internet]. Daejeon: Statistics Korea; 2011 [cited 2013 Sep 30]. Available from: http://meta.narastat.kr/metasvc/index.do?confmNo=10133&inputYear=2011.
2. Statistics Korea. Annual report on the vital statistics [Internet]. Daejeon: Statistics Korea; 2000 [cited 2013 Sep 30]. Available from: http://meta.narastat.kr/metasvc/index.do?confmNo=10103&inputYear=2000.
3. Ministry of Health and Welfare. The fifth Korea national health and nutrition examination survey (KNHANES V-2). Korea Centers for Disease Control and Prevention; 2011.
4. Brownie S. Why are elderly individuals at risk of nutritional deficiency? Int J Nurs Pract 2006; 12(2): 110-118.
5. Lee YS, Kim HK. Nutritional status and cognitive status of the

areas and improving effect of meal service on nutritional and health status - II. Biochemical nutritional status and health status -. Korean J Community Nutr 1996; 1(2): 215-227.

17. Kim WY, Ahn SY, Song YS. The nutritional status and intervention effects of multivitamin-mineral supplementation in nursing-home residents in Korea. Korean J Community Nutr 2000; 5(2): 201-207.
18. Kim Y, Seo S, Kwon O, Cho MS. Comparisons of dietary behavior, food intake, and satisfaction with food-related life between the elderly living in urban and rural areas. Korean J Nutr 2012; 45(3): 252-263.
19. Yesavage JA, Brink TL, Rose TL, Lum O, Huang V, Adey M, Leirer VO. Development and validation of a geriatric depression screening scale: a preliminary report. J Psychiatr Res 1982-1983; 17(1): 37-49.
20. Jung IK, Kwak DI, Joe SH, Lee HS. A study of standardization of Korean form of Geriatric Depression Scale (KGDS). J Korean Geriatr Psychiatry 1997; 1(1): 61-72.
21. Kim WY, Cho MS, Lee HS. Development and validation of mini dietary assessment index for Koreans. Korean J Nutr 2003; 36(1): 83-92.
22. Kwon YE, Kim YS, Seo KH. Cognitive function and depression of the elderly in a community setting. J Korean Gerontol Nurs 2006; 8(2): 161-169.
23. Lee MA. Depression degree and sex difference of elderly according to the married state. Korean J Sociol 2010; 44(4): 32-62.

③ 참고문헌 쓰기

글의 제일 끝부분에 쓰게 되는 참고문헌은 본문주에서 간단히 밝힌, 혹은 각주나 미주에서 보여주었던 출처를 정리하여 보여주는 곳이다. 여기에서 참고한 책의 페이지를 밝히는 곳도 있고 그렇지 않은 곳도 있으며 조금씩 다르니 역시 투고 예정 학회지 양식을 참고하자. 다음은 몇 학회지 참고문헌 쓰기의 예이다.

1.

CarlE,Misch, *최신 임플란트 치과학*, 제2판, 나래출판사, 2000.

http://www.dentalnews.co.kr/news/201403.

황윤숙, *치과 임플란트학*, 대한 나래출판사, 2006.

R.Adell, U. Lekholm, B. Rockler, P. I. Branemark, "A 15-year study of osseointegrated implants in the treatment of the edentulous jaw," Int J Oral Surg, Vol.10, No.6, pp.387-416, 1981.

2.

고경민 외, 『사고와 글쓰기』, 쿠북, 2015.

김현룡, 「대학 「교양국어」의 개선방향」, 『새국어교육』(한국국어교육학회), 1989, pp. 158-160.

박붕배, 「한국작문교육약사고」, 『선청어문』(서울대 사범대학 국어 교육과) 16 · 17合, 1988, pp. 61-74.

박준범 · 김정화, 「글쓰기의 관점에서 본 '읽기 · 쓰기 통합 교육'의 실제와 향방」, 영남대학교 인문과학연구소, 『인문연구』 60, 2010. 12, pp. 215-250.

3.

1. Statistics Korea. Estimated future population [Internet]. Daejeon: Statistics Korea 2011 [cited 2013 Sep 30]. Available from: http://meta.narastat.kr/metasvc/index.do?confmNo=10133&inputYear=2011.
2. Statistics Korea. Annual report on the vital statistics [Internet]. Daejeon: Statistics Korea 2000 [cited 2013 Sep 30]. Available from: http://meta.narastat.kr/metasvc/index.do?confmNo=10103&inputYear=2000.

4.

[1] ETSI EN 301 790:"igital Video Broadcasting(DVB); Interaction channel for satellite distribution systems" 2003. 3.

[2] ETSI EN 300 421:"igital Video Broadcasting(DVB); Framing structure, channel coding and modulation for 11/12 GHz satellite services"

[3] ETSI EN 300 468:"igital Video Broadcasting(DVB); Specification for Service Information(SI) in DVB system"]

[4] Y. Song 외 2 명, "evelopment of Mobile Braodband Satellite Access System in Korea for Satellite Communications," ASMS2004, 2004. 9.

4) 글의 구성

자료를 찾고 읽고 정리하면서 내용 구성에 들어가는 것이 필요하다. 먼저 대강 얼개를 짜면서 자료를 찾아도 좋지만 자료를 참고하여 내용을 어떻게 전개할 것인지를 생각하는 것이 효과적인 경우가 많다. 일반적인 글의 구성과 마찬가지로 크게 서두, 본론, 마무리('처음→중간→끝', 혹은 '서두→본론1→본론2→

결론)의 흐름을 갖게 된다. 학술 에세이에서는 굳이 이런 구분을 보이지 않기도 하는데 보고서나 논문에서는 명확하게 밝혀두는 것이 일반적이다. 자신의 주제나 글을 설명하는 도입 단계를 거쳐 주제를 본격적으로 다루는 본론을 지나 마무리하면서 글을 벗어나는 흐름이 되는 것이다.

학술적 글은 자신이 공부한 바를 불특정 다수에게 전달하는 것이므로 회사나 상사에게 제출하는 업무용 글쓰기와 마찬가지로 보는 사람의 입장에서 이해가 잘 되도록 작성하는 것이 중요하다. 글이 길어질 경우에는 간략하게 서술한 뒤 첨부자료를 활용하는 것도 방법이 된다.

읽으며 분류해 놓은 자료들을 토대로 여러 각도로 구상하여 개요를 작성한다. 앞에서 살핀 바와 같이 개요는 크게 화제식 개요와 문장식 개요가 있다.

화제식 개요

2. 본론 : 바람직한 그림책 독후활동 방안
1) 질의응답 방식의 지양
2) 우수활동 표창 방식 지양
3) 토론 활동 강화

문장식 개요

2. 본론 : 바람직한 그림책 독후활동 방안은 세 가지이다.
1) 지나친 질의응답 방식은 암기 위주의 독서형태를 만들 수 있으므로 지양하여야 한다.
2) 우수활동을 표창하는 등 형식에 치우친 활동은 자유롭고 즐거운 독서를 방해하므로 지양하는 것이 좋다.
3) 자유로운 의견 교환의 토론활동을 하며 간간이 방향을 잡아주는 방식이 필요하다.

5) 초고 쓰기

글 전체의 개요가 마련되면 바로 초고를 작성하도록 한다. 학술적 글의 경우 진술 방식 중 설명과 논증이 위주가 되지만 때로 서사와 묘사 방식을 활용하여야 할 경우도 있다. 자료 찾기 전 대강의 주제문을 써 두는 것이 좋다고 한 것처럼 초고도 되도록 일찍 시작하는 것이 유리하다. 초고를 쓸 때에는 핵심 내용을 중심으로 가능하면 짧은 문장으로 간결하게 작성하는 것이 좋다. 문장식 개요를 참고하여 해당 장이나 절의 중심문장(소주제문)을 작성하고 그 내용에서 벗어나지 않도록 뒷받침할 것들을 가져온다. 뒷받침할 것들이란 참고자료의 인용이나 자신의 생각을 부연하는 문장들을 말한다. 이때 되도록 많은 자료와 깊은 생각으로 길게 써두는 것이 좋다. 위의 개요에 따라 쓴 본론 초고를 보이면 다음과 같다.

2. 본론 : 바람직한 독후활동 방안

좋은 독후활동이 이루어지지 않으면 좋은 책 읽기를 했다고 할 수 없다. 그만큼 독후활동은 '독서'라는 요소에 큰 비중을 차지하고 있는 활동이다. 요즘 이루어지고 있는 독후활동은 책을 잘 외우며 읽었나 검사라도 하듯 무슨 내용이 나왔는지 질문하고, 감상문을 꼭 쓰게 하는 등의 강제적 활동이 많이 이루어지고 있다. 이렇게 천편일률적인 활동은 어린이들에게 숙제와 같이 의무적이고 귀찮은 활동으로 인식됨으로써 책을 즐길 수 없게 하는 요소가 된다. 이제 바람직한 독후활동 방안에 대하여 알아보기로 한다.

1) 질의 · 응답 방식 지양하고 본인의 감상 중시

어린이들에게 책을 읽어주거나 어린이 본인이 책을 읽은 후, 그 책의 내용이 어떠했는지 질문하는 것은 좋지 못한 독후활동이다. 그것을 반복하게 되면 어린이들은 책에 깊게 빠져 즐기지 못하고 책의 겉 내용을 외우는 식의 읽기를 하는 습관을 들이게 된다. 그러므로 책 내용을 묻는 식의 독후활동을 지향하고 본인이 느낀 바를 자유롭게 이야기할 수 있도록 해주어야 한다. 이야기를 하지 않는다 하더라도 그것도 나름의 의견 표현이 될 수 있으며 어린이 본인이 책을 재밌게 읽고 좋은 감정을 받았다면 그것으로 좋은 독후활동이라 할 수 있다. 결국 독후활동은 억지로 하는 질의응답 방식보다는 어린이 본인의 감상을 중시하는 활동 위주로 진행되는 것이 바람직하다.

2) 우수 활동 표창 등의 순위 두기 지양

독후활동 진행 시 순위를 두는 행위는 지양해야 한다. 독후활동 종료 후 우수한 팀을 선별하여 표창을 하는 것. 이것 또한 좋지 않은 활동이다. 독후활동은 자유롭게 책을 읽고 자유롭게 의견을 제시하는 것인데 그것을 가지고 순위를 나누는 것은 자유로운 활동을 제한하고 틀에 박힌 과정과 결과를 부른다. 그리고 표창 기준도 애매할뿐더러 표창을 받지 못한 다른 어린이들은 좋지 않은 기억만

남게 될 것이다. 그러므로 자유롭고 평등한 독후활동에 경쟁의 잣대를 대는 것은 지양해야 한다.

3) 자유로운 분위기를 지향하고 토론을 활성화

독후활동은 토론 위주로 진행되는 것이 좋다. 여기서의 독서토론은 주제가 되는 책을 두고 각자의 경험과 생각을 토대로 의견을 말하는 활동인데, 그 의견에는 좋고 나쁘고의 구분이 없게 된다. 서로의 다른 생각과 의견을 비교하는 활동이 되기에 틀에 갇힌 채로 끝나는 것이 아니라 자유롭게 뻗어나갈 수 있다. 그러므로 성인 입장에서는 토론에 개입하여 의견의 옳고 그름을 나누지 말고 자유롭게 토론이 진행되도록 놓아두되, 간간히 방향을 잡아주는 형식을 지켜주는 것이 좋다.

–학생의 글

본론 치고 너무 짧고 뒷받침도 적다. 보완이 많이 필요하다.

6) 퇴고, 고쳐 쓰기

초고를 쓰고 나면 다 썼다고 생각하는 사람이 많다. 하지만 이제 시작임을 명심하자. 초고는 아직 자료나 자신의 단순한 생각을 나열하는 데 그쳤을 가능성을 생각하면서 열심히 보충하고 심화하여야 한다. 빠뜨린 자료는 없는지, 쓰고자 하는 내용이 충분히 들어가 있는지 열심히 읽으며 고쳐 나가야 하는데 이를 '퇴고'라 한다. 퇴고의 원칙은 앞에서 본 바와 같이 첨가, 삭제, 재구성 등 세 가지 원칙을 들 수 있다. 먼저 '첨가(부가)의 원칙'은 말 그대로 내용을 첨가하는 작업이다. 되도록 해당 장이나 절의 소주제를 잘 뒷받침할 자료들을 많이 가지고 와서 확실한 뒷받침을 해야 하는데 이를 위해 혹시라도 빠진 것이 있다면 첨가하여야 한다는 것이다. '삭제의 원칙'은 불필요한 부분을 빼는 작업이다. 혹시 앞에서 한 내용을 또 하고 있는지, 논의에 방해되는 것이 있는지, 지나치게 길어지지는 않는지 잘 생각하여 과감히 삭제도 해야 한다. 학술적인 글은 지나치게 늘어지는 것을 지양하기 때문에 길어지지 않도록 한다. 마지막으로 '재구성의 원칙'은 전체적으로 글쓴이가 전달하고자

했던 주제가 효과적으로 전달되기 위하여 전체적 구성이 잘 되어 있는지를 살펴보는 것이다. 이는 쓰기 전 했던 개요 짜기를 실제 쓰기를 마친 후 점검하는 작업이 된다. 주제의 효과적 전달을 위해서 개요가 합리적인지, 장과 장의 관계나 절과 절의 관계가 유기적으로 연결되고 있는지 하는 문제를 전체적으로 살피는 것이다. 전체 주제와 문단 주제, 중심문장과 뒷받침 문장 등이 글의 목차에 따라 유기적으로 연결되어 글의 내용 전개가 주제와 일관성을 지니고 있는지를 살펴보는 것이다. 그리고 마지막으로 정서법에 맞게 쓰였는지, 띄어쓰기가 잘못된 곳이나 오탈자가 없는지 살펴본다. 위 초고의 일부에 이러한 원칙을 적용하여 퇴고한 예를 보면 다음과 같다.

1) 질의 · 응답 방식 지양하고 본인의 감상 중시

독후활동은 어린이 본인의 감상을 중시하는 활동 위주로 진행되어야 한다. (*이 다음에 오늘날 대부분의 독후활동이 어떠한지에 관한 조사 및 분석이 들어갈 수 있다. 특히 억지로 만든 질문 같은 것들) 책을 읽거나 들은 어린이들에게 책 내용에 관한 단순한 질문을 던지며 응답하게 하는 것(*고친 부분)은 좋지 못한 독후활동이다. (*이때, 이렇게 단정적으로 말할 수 있게 된 근거, 권위 있는 글이라든가 하는 것들을 가지고 오면 좋겠다) 그것을 반복하게∨되면 어린이들은 책에 깊게 빠져 즐기지 못하고 책의 겉 내용을 외우는 식의 읽기를 하는 습관을 들이게 된다. (*그렇다면 어떻게 하는 것이 좋은가 하는 전환의 글을 쓴 뒤) ~~그러므로 책 내용을 묻는 식의 독후활동을 지양하고~~ 본인이 느낀 바를 자유롭게 이야기할 수 있도록 해주어야 한다. (*자유로운 이야기의 예를 가지고 오거나 그에 대한 장점을 좀 더 서술한다. 그리고 만일 아동이 자유로운 이야기조차 어려워할 경우 어떻게 할 것인가에 관한 이야기도 넣을 수 있다. 그런 뒤에) (주어) 이야기를 하지 않는다 하더라도 그것도 나름의 의견 표현이 될 수 있으며 어린이 본인이 책을 재밌게 읽고 좋은 감정을 받았다면 그것으로 좋은 독후활동이라 할 수 있다. (←문장이 길다. 주어가 다르므로 두어 문장으로 끊어 써본다. '재밌게' 같은 준말은 되도록 쓰지 않는다. 고친 문장은 다음과 같다. "어린이가 이야기를 잘 하지 않는다 하더라도 그 나름의 의견 표현의 기회를 만들어 줄 수 있다. 이야기가 아니라 다른 활동으로 연계시킬 방안을 구상해도 좋겠다. 이런 활동을 통하여 어린이가 책을 재미있게 읽고 좋은 감정을 만들었음을 공유할 수 있다면 독후활동으로서는 바람직하다.") (←여기에 근거를 들며 뒷받침문장을 좀 더 쓰며 부연) (결국 독후활동은 억지로 하는 질의응답 방식보다는 어린이 본인의 감상을 중시하는 활동 위주로 진행되는 것이 바람직하다.) ←이 소주제문이 맨 앞으로 가게 두괄식으로 구성해 본다.

* "~~그러므로 책 내용을 묻는~~"처럼 표시한 것은 첨삭 중 삭제의 원리에 준하여 삭제한다는 뜻.

초고는 많이 검토하는 것이 좋다. 보고 또 보고, 가능하면 다른 사람에게도 보여주어 자신이 발견하지 못하는 자기 글의 문제점을 찾아보는 작업이 필요하다. 참고자료의 인용도 열심히 한다. 다 되었으면 표지, 목차, 본문, 참고자료의 순으로 편집을 시작하자.

3. 학술적 글쓰기의 종류와 실제

이상에서 살펴 본 자료 찾기와 정리까지는 학술적인 글의 공통 과정이라

학술적 글의 표지와 목차

비교적 자유로운 형식의 학술 에세이에는 필수적이지 않은 경우도 있지만 보고서나 논문에서는 표지와 목차를 반드시 앞에 두도록 한다. 표지를 만들 때 페이지의 왼쪽 위에 <보고서>, <논문>이라고 글의 성격을 밝히는 것이 좋다. 다음으로 '제목, 과목명, 강의 시간, 담당 교수명, 제출자의 소속 학과 및 학년, 학번, 제출자 이름, 제출일' 등을 쓴다. 그리고 그 다음에 목차를 보이는데 글이 길지 않을 경우(2~3장 정도)에는 목차를 반 페이지 정도로 작게, 길 경우에는 한 페이지 가득 자리 잡도록 해도 무방하다. 짧은 글의 표지 예는 다음과 같다.

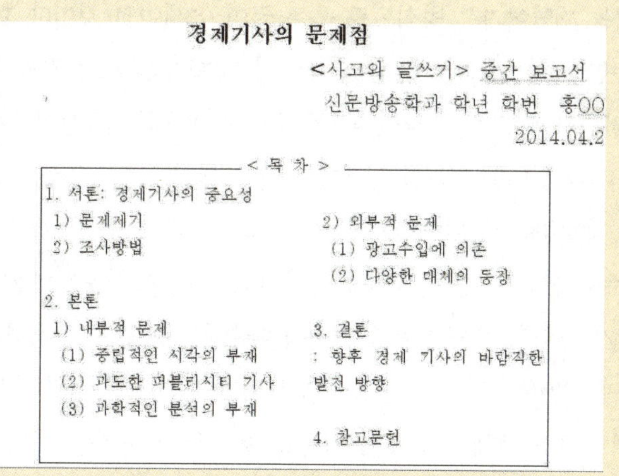

경제기사의 문제점

<사고와 글쓰기> 중간 보고서
신문방송학과 학년 학번 홍OO
2014.04.2

< 목 차 >

1. 서론: 경제기사의 중요성
 1) 문제제기
 2) 조사방법
2. 본론
 1) 내부적 문제
  (1) 중립적인 시각의 부재
  (2) 과도한 퍼블리시티 기사
  (3) 과학적인 분석의 부재
 2) 외부적 문제
  (1) 광고수입에 의존
  (2) 다양한 매체의 등장
3. 결론
: 향후 경제 기사의 바람직한 발전 방향
4. 참고문헌

할 수 있다. 다만 인용과 참고문헌 밝힐 것을 요구하는 글도 있고 굳이 하지 않아도 되는 글이 있으니 이에 맞게 적절히 쓰면 된다. 비교적 자유로운 방식의 학술 에세이에서는 인용과 출처를 명시하지 않는 경우도 많지만 체계 갖추기를 요구하는 보고서와 논문의 경우에는 이를 철저히 지켜 쓰도록 한다. 학술적인 글의 종류를 대략 학술 에세이와 보고서(리포트), 논문 등으로 나눠 살펴보기로 하겠다.

1) 학술 에세이, 과학 에세이

학술 전반적인 에세이가 학술 에세이라고 한다면, 특별히 이공계열의 과학적 주제 관련 글쓰기를 과학 에세이라고 할 수 있다. 여기에서는 비교적 큰 개념으로 학술 에세이라는 말로 통일하여 사용한다. 학술 에세이는 흔히 중수필을 뜻하는 '에세이'라는 말에서 알 수 있듯이 학술적인 주제에 관한 비교적 자유로운 형식의 글이다. 하지만 이는 학술적 담화 공동체인 대학에서 소통되는 학문적 이론, 사고를 받아들인 뒤에 써야 한다는 점이 중요하다. 학술 에세이란 학술적 지식을 바탕으로 특정 주제에 관한 비판적 사고하에 자신만의 관점과 견해를 주장하는 글이기 때문이다.

에세이가 무형식의 형식, 자유로운 형식이라지만 거기에도 엄연히 법칙이 있다. 일상적인 이야기로 시작하여 거기에서 인생의 진리를 찾아내거나 인간 삶의 본질을 깨달아가는 방식으로 쓰는 글이 에세이인 것이다. 학술 에세이 역시 단순한 요약, 정리나 감상의 수준에 그치지 않고 진리를 찾아나가는 과정, 무엇인가 학술적인 자신의 주장을 만들어내는 과정이 담겨야 한다.

학술적 지식에 대한 이해를 전제하는 학술 에세이는 학술적 글쓰기 과정을 참고하여 작성하는 것이 좋다.

첫째, 독자 정하기, 주제와 제목 붙이기(학술적 글쓰기 과정 1단계) - 누구에게 알릴 것인가. 대학의 학술 공동체, 불특정 다수든 대학을 오고자 하는 후배들을 대상으로 한 것이든 그 대상 선정이 우선되어야 한다. 주제와 제목은 학술적 내용도 보이면서 에세이에 맞는 가벼운 흥미도 표현하는 것이 좋다. 학술 에세이는 학술적 목적만으로 쓰이는 것이 아니다. 학술적 지식을 주는 글이라면 보다 신뢰감 있는 전문서적을 능가할 수 없기 때문이다.

둘째, 자료 수집과 내용 구성, 개요 쓰기(학술적 글쓰기 과정 2~4단계)- 기존 학술적 지식이 충분하다면 몰라도 부족하다면 자료를 더 찾아 익히는 것이 필요하다. 에세이이기 때문에 굳이 개요까지 만들 필요 없는 경우가 많지만 가벼운 흐름 정도는 구성을 잡아 두는 것도 좋다.

셋째, 진술하기(학술적 글쓰기 과정 5단계) - 처음부터 너무 어려운 전문 지식을 보이기보다 보편적인 것에서 출발, 차츰 전문 지식을 기술하는 것이 보통의 학술 에세이 방식이다. 그래서 서두는 일반적인 이야기, 사례나 경험, 주변의 이슈, 독자의 기억이나 생각을 묻는 방식으로 시작되는 방식이 많다. 그리고 자신의 공부한 바를 통하여 깨달은 바를 정리하며 마무리한다.

다음의 글을 읽으며 논리적으로나 과학적으로 잘못된 부분이 있는지 생각하며 읽어보자.

상대성 이론과 우주여행의 딜레마

석양이 저물고 어둠이 찾아올 때, 고개를 들어 하늘을 올려다보면, 영롱히 빛나는 수많은 별들이 우리를 맞이한다. 고개만 들면 펼쳐지는 그 경이로운 별의 세계에 대한 인간의 동경은 수천 년 전부터 지속되어 왔다. 그런데 별과 우주에 대한 동경은 인류 최초의 우주비행인 유리 가가린의 여행 성공 이후로 전환점을 갖게 된다. 1961년 4월 12일 러시아 우주비행사 유리의 유인 우주선 여행 성공은 별과 우주를 동경의 대상에서 탐험의 대상으로 보게 하는 커다란 계기를 주었던 것이다. 그 이후 본격적인 우주개발이 시작되었고, 대기권 바깥에 우주정거장이 생겨났으며, 그에 따라 인간의 활동무대는 무한해진 것처럼 보였다. 우주여행은 누구나 맘먹으면 할 수 있을 것처럼 보였다.

하지만 천재 물리학자 알베르트 아인슈타인이 고안한 상대성 이론은 우주여행의 딜레마를 보여 주는 것이었다. 인간이 다른 별들이나 은하계로 여행을 하기 위해서는 우주선의 속도가 광속도에 근접해야한다. 하지만 상대성 이론 시간 팽창 원리에 따르면, 움직이는 물체의 기준계와 움직이는 물체를 관측하는 기준계에서 시간의 흐름은 다르다. 움직이는 물체의 속력이 증가할수록 그 계의 시간은 팽창한다. 예를 들어 일정하게 매우 빠른 속도로 이동하는 우주선이 1시간 동안 지구로부터 멀어지다가 다시 1시간 동안 지구로 되돌아온다는 가정을 해보도록 하겠다. 이 가정은 상대성이론에서 아인슈타인이 예로 든 쌍둥이 우주여행이라는 가정이다. 우주선이 지구로부터 멀어질 때 매 6분마다 섬광을 보낸다고 하면, 지구에서는 매 12분마다 섬광을 받는다. 우주선은 1시간 동안 지구로부터 멀어지므로, 우주선으로부터 보내지는 섬광은 총 10개가 될 것이다. 우주선이 정오에 지구를 떠났다면, 열 번째 섬광은 오후 1시에 내보내게 된다. 그러면 열 번째 섬광이 지구에 도달하는 시간은 오후 2시이다. 이유는 지구가 열 개의 섬광을 12분 간격으로 받았다면 10×12분=120분 즉, 2시간이 걸리기 때문이다. 다음으로는 우주비행선이 즉각적으로 방향을 바꿔 같은 속력으로 지구로 되돌아오며, 똑같이 6분 간격으로 10개의 섬광을 내보낸다. 그러면 지구에서는 3분마다 섬광을 받게 되며, 그러므로 30분 만에 10개의 섬광을 모두 받게 된다. 따라서 우주선이 2시간의 왕복여행을 끝낼 때 지구의 시계는 2시30분을 가리키고 있을 것이다. 결국 지구에 남아 있는 쌍둥이가 우주여행을 다녀온 쌍둥이보다 30분 더 나이를 먹은 것이다. 상대성이론의 원리를 기반으로 이해하기 쉽게 만들어진 이 쌍둥이 우주여행의 예는 우주여행의 딜레마를 안겨준다.

우주여행의 딜레마란 바로 시간이라는 대가를 지불해야 한다는 것이다. 내가 광속의 99.5% 속도로 1년 동안 여행을 한다면(우주선 시계 기준), 지구에서는 20년이 흘러가버린다. 즉, 나의 가족, 친구들과 함께 같은 우주선을 타고 여행을 하는 것이 아니라면, 내가 지구로 돌아왔을 때 이미 그들은 너무 늙어버렸거나 세상을 떠나있게 되는 것이다. 그렇다면 우주여행은 달콤한 꿈인 동시에, 소중한 사람들과 함께할 수 있는 시간을 빼앗아 버린다. 시간이라는 엄청난 대가를 지불하며 광활한 우주를 탐험할 것인가? 우주를 가슴에 품은 채 지구에서의 오늘을 살아 갈 것인가? 상대성이론은 물리학의 깨지지 않는 절대적인 이론으로 남아 우주여행의 딜레마를 남긴 채 이어지고 있다. 결국 우리의 삶은 파랑새 좇는 것에만 세월을 보내기보다 현실에 뿌리를 내리고 하루하루 성실하게 살아가는 것이 보다 중요하지 않은가 생각해 본다. 물론 과학적 지식을 늘 익히면서 말이다.

—학생의 글

2) 보고서(리포트)

보고서란 "어떤 주제에 대한 내용이나 결과를 정해진 형식에 맞게 글이나 말로 알리는 글이나 문서"를 말한다. 대학에서 보고서를 쓸 때는 해당 교수,

혹은 단체에서 학생들에게 필요한 학습 내용에 관한 심층적 학습을 요구하고자 하는 것임을 알아야 한다. 담당교수는 수업 시간에 다루는 내용을 심화하거나 수업 시간에 미처 다루지 못하지만 학문에 도움이 되는 내용에 관한 학습을 하도록 하기 위해 나아가 학생이 학문의 주체가 되도록 하기 위해 보고서를 요구하게 된다. 때로 조별로 작성하는 경우도 있는데, 학생들 간 협력과 역할분담, 토의 등의 과정을 거쳐 합의에 이르는, 사회생활의 연습이 될 수 있다. 보고서는 사회에 나가서도 쓰게 되는 경우가 많으므로 대학에서 제대로 익혀두는 것이 바람직하다. 좋은 보고서란 담당 교수의 의도와 문제에 대한 이해, 성실하고 체계적인 자료 수집 과정, 창의적이고 주체적인 해결과정, 잘 갖춰진 형식 등을 요건으로 한다.

대학생활에서 학생들에게 부과되는 보고서의 종류는 요약 보고서, 연구 보고서, 조사 보고서, 실험 실습 보고서, 답사 보고서 등이 있다. 그 실례를 들면 다음과 같다.

▸ 요약 보고서
- <사고와 글쓰기> 2장 요약하는 보고서
- <한국전통문화론> 1장 요약하는 보고서

▸ 연구 보고서
- 민법의 신의성실의 원칙에 대하여 자신의 이해를 근거로 논평하는 보고서
- 사회문제를 찾아 그 원인과 해결방안
- 현대사회의 인식 변화와 그로 인한 무분별한 성형수술의 문제점
- 선거 관련 국내 여론기관의 여론조사 문제점과 해결방안에 관한 연구보고서
- 환경오염의 현재 상태와 개선방안

▸ 조사 보고서
- 특정 지역의 매스 미디어와 개인별 미디어 이용 실태 조사
- 환경부와 환경법의 변천과정 조사
- 국내 사회적 기업과 NGO 사례 조사
- 전공 학과와 진로 조사
- 물류, 무역과 관련된 용어 조사
- 드레인 전류 측정, 이에 따르는 전압-전류 특성을 측정하며 common source 증폭기 조사

- 특정 주제로 조사 후 표준편차, 표본의 평균 등 통계 작성
- 바이오, 태양열, 수소, 원자력 에너지 조사
- Diode 및 Zener diode의 특성 등 다이오드 이론 정리
- 트랜지스터의 에미터, 베이스, 콜렉터, pnp bias, npn bias에 대한 조사
- 드레인 특성(게이트 제어) 회로 구성과 드레인 저항을 측정, 그에 따르는 특징 조사

▸ 실험 보고서

- 인덕터 및 RC회로를 주제로 실험할 때, 예비 보고서, 결과 보고서
- 9 Diode 및 Zeber diode 의 특성을 주제로 실험 보고서
- pull up형 접속, pull down 접속, and 게이트, not 게이트 등 기본 논리 소자 조사
- 연산 증폭기의 이론과 bias 전류, 출력전압,common mode gain 등 계산

▸ 답사/탐방 보고서

- 문화재 탐방 보고서
- 우리나라의 세계유산 답사 보고서
- 충주 문화재 역사와 탐방 보고서
- 자신의 진로 관련, 전문직 탐방 보고서
- 조경 잘 된 곳 탐방 보고서

▸ 감상 보고서

- 법정영화 감상후기
- 지정 아동서적 감상 보고서
- 영화 속 내용에 관한 논평 보고서
- 연극 감상 보고서
- 독후 감상 보고서
- 광고 논평 보고서
- 클래식 음악회 감상 보고서
- 뮤지컬 감상문

▸ 그 외

- 알라딘과 자파, 누가 선과 악인가. 자파의 관점으로 플롯 재구성하기
- 사업 계획서

–대학 보고서의 예

교수에 의하여 주제가 정해진 경우 바로 자료 수집으로 들어가면서 학술적 글쓰기의 공통 과정을 따른다. 결정된 주제라 하더라도 자신이 적극적인 태도로 임하며 주제의 주체가 되어 보아야 한다. 수동적으로 학점 또는 인정을 받기 위하여 쓰는 것이라는 생각을 버리고 보고서 쓰기를 통해 전공에 대한 이해도와 학습능력이 높아지며 나아가 삶 전반의 문제 해결 능력이 발달하게 되는 것임을 이해하자.

첫째, 자료 수집에 있어서도 특종을 찾는 기분으로 더 좋은 자료 수집을 위해 서가와 인터넷을 뒤지자.(학술적 글쓰기 과정 1단계~4단계) 특히 자료 서지사항 정리에 신경을 쓴다. 보고서와 논문은 방증(보강 증거)이 필수적이기 때문이다. 보고서나 논문의 경우 특히 주제가 남들과 같아서는 곤란하니 문제를 찾아내는 일에 신경을 쓰자. 그래야 창의성을 발휘할 수 있는 학술적 글이 될 수 있다.

둘째, 진술할 때(학술적 글쓰기 과정 5단계) 각 보고서의 형식은 각 학과별, 교수별 특성에 맞게 작성하는 것이 좋다. 별다른 고지가 없다면 일반적인 방식, 표지→차례→본문(서두-본론-마무리)→참고자료→부록'을 따르면 무난하다. 보고서의 퇴고는 혼자 하지 말고 주위 사람들 앞에서 발표해 보면서 하는 것이 좋다. 위의 보고서 사례 중 '환경오염의 현재 상태와 개선방안'과 같은 연구 보고서는 주제에 대한 설명, 상태에 대한 조사를 거쳐 그 개선방안을 연구하고 마무리를 하는 방식을 따르면 될 것이지만 조사 보고서, 실험 보고서, 답사 보고서의 경우 조금씩 다른 형식을 갖게 된다.

(1) 연구 보고서

연구 보고서는 특정 주제에 관하여 보다 심층적 이해를 요구하는 것이다. 깊이 있는 이해를 위해 자료를 폭넓게 준비하도록 하여야 한다. 예를 들어 사회문제를 하나 찾아 그 원인과 해결방안을 보고서로 내야 하는 경우에는 사회문제 전반적인 것을 두루 찾아보는 것이 선행되어야 한다. 열심히 찾아야 문제가 보인다. 가장 문제라고 생각하는 것을 고르고 그것을 고르게 된 이유를 서론의 문제제기 부분에서 논리적으로 설명하여야 한다. 서론에서는 이와 아울러 그것을 어떻게 다룰 것인지 본론에 대한 간단한 설명을 연구방법으로 쓴다. 본론은 두 항목으로 나누는 것이 좋다. 원인을 연구하는 항목에 하위항목 세 가지쯤, 해결방안을 연구하는 항목에 원인과 관련하여 원인을 제거하거나 수정하는 해결방안을 쓸 수 있어야 한다. 이때 해결방법은 자신이 제시한 원인과 대응되는 것을 하도록 하는 것이 좋다. 기껏 원인을 찾아내고 다른 이야기만 하면 무책임하다. 결론에서는 연구에 대한 마무리와 현실 적용 등의 이야기를 하면서 주제에서 벗어난다.

예문 – 연구 보고서 개요

아동복지시설의 문제점과 해결방법

1. 서론 : 우리나라 아동복지시설의 현황
   1) 문제제기-아동복지시설이란
   2) 연구방법
2. 본론: 우리나라 아동복지시설의 문제점과 해결방법
   1) 우리나라 아동복지시설의 문제점
      (1) 환경변화에 대한 적응 시스템 미비
      (2) 전문교사와 시설 부족
      (3) 재정관과 운영체계의 불균형
   2) 우리나라 아동복지시설의 문제점 해결방법
      (1) 적응을 위한 프로그램 개발
      (2) 교사양성과 시설 개발
      (3) 중앙정부와 지방자치의 재정지원
3. 결론 : 요약 및 발전방안
4. 참고문헌

(2) 조사 보고서

조사 보고서는 직접 조사하는 경우와 자료에 근거하여 쓰는 경우로 나누어 볼 수 있다. 위에 조사된 대학 보고서 예 중 '특정 주제로 조사 후 표준편차, 표본의 평균 등 통계 작성' 정도가 전자의 예가 될 수 있겠고 나머지는 후자의 예가 된다. 직접조사에서 여론이 필요한 경우는 전화나 온라인, 직접 설문지 돌리는 방법 등을 사용할 수 있고 관찰이 필요한 경우는 현지에 가서 관찰하고 조사하는 방법을 사용한다. 이를테면 '대학축제에 필요한 행사'를 조사한다고 하면 여론을 물어야 하고 '충주시의 간판 현황'을 조사한다고 하면 직접 충주시 이곳저곳을 찾아 기록하며 조사하여야 한다. 이때 서두(조사목적과 배경, 조사방법과 기간 및 내용) 본론(조사 결과와 해석) 마무리(조사 결과 분석) 등으로 작성한다. 시간이 촉박한 대학 보고서의 경우 기존 자료에 근거한 조사 보고서가 요구되기도 한다. 이런 경우에는 연구 보고서의 체제와 비슷하게 하되 연구방법 대신 조사방법을 밝히는 것이 좋다. 답사 보고서도 비슷한 방식으로 작성하게 된다.

예문 – 조사 보고서 개요

픽토그램의 표준화와 활용 사례 조사

1. 서론: 픽토그램이란
   1) 문제 제기
   2) 조사 방법
2. 본론: 픽토그램의 표준화 현황과 활용 사례 조사
   1) 픽토그램의 표준화 현황 조사
   2) 픽토그램의 활용 사례 조사
      (1) 올림픽에서의 픽토그램
      (2) 관광안내 표지판
3. 결론: 픽토그램의 발전 방향
4. 참고문헌

(3) 실험 보고서

실험 보고서란 어떤 대상을 실험하고 그 결과를 체계 갖춰 보고하는 글이다. 이는 학술논문이나 연구 보고서의 중요 자료가 될 수 있는 것이기 때문에 엄정하게 다루어져야 한다. 실험을 할 때는 특히 실험의 전 과정을 기록해 둘 필요가 있으니 서브노트를 준비한다. 그리고 그를 토대로 보고서를 작성하는 것이 좋다. 실험 보고서는 서두(실험 목적과 의의, 선행연구나 이론적 배경, 실험 도구, 실험 방법) 본론(실험 결과 고찰) 마무리(고찰에 따른 분석 등)로 쓰게 된다.

예문 – 실험 보고서 개요

이어폰 문제 해결을 위한 실험보고서

1. 서론 - 이어폰 탐구의 동기
2. 실험목적 - 인체공학적 이어폰 구상
3. 실험 기초이론 및 가설
4. 실험장치 및 방법
5. 실험결과 - 실험 해석 및 이어폰 구도 구상
6. 고찰 및 제언
7. 결론
8. 참고문헌

3) 논문

사전에 의하면 '논문'이란 "어떤 문제에 대한 학술적인 연구 결과를 체계적으로 적은 글"을 말한다. 이것은 보통 위에서 다룬 보고서의 심화 형태를 갖는 것이 보통이다. 하지만 보고서보다 문제 해결 과정이 특별히 진지하여야 하고 창의적이어야 함을 우선 명심하여야 한다.

논문의 종류는 다음과 같다.

학위논문: 학사학위, 석사학위, 박사학위 등 학위를 취득하기 위해 쓰는 논문
학회논문: 학술대회에서 발표하는 논문, 아직 검증되지 않은 경우도 있다. 투고의 형식으로 학술논문에 실리는 경우가 많다.
학술논문: 각종 전공별 학술지에 실리는 논문

논문도 학술논문인가, 학위논문인가(학위논문이라면 학사, 석사, 박사 중 어느 것인가)에 따라 깊이와 넓이가 차이가 생기게 된다.

논문은 기본적으로 보고서와 많이 비슷하다. 그러나 논문이라면 보고서보다 깊이 있어야 함은 물론이다. 논문은 보고서에 비해 보다 더 체계를 갖추고 보다 더 심화되어야 한다는 것에 명심하여 주제와 개요를 짠다. 논문의 주제는 시의성, 구체성, 자료와 시간 등을 감안한 연구가능성, 흥미성 등의 요건에 맞게 조정해 보는 것이 좋다. 논문을 쓸 때에는 먼저 연구의 계획서를 작성하는 경우도 있다. 연구 계획서는 자신이 일단 정한 가주제로 문제를 제시하여 보고 대략적인 개요로 대강의 흐름을 잡아둔 뒤 자료를 찾으며 써 두는 것이다. 그런 뒤에 자료를 토대로 다시 주제를 조정한다.

진술방식상 보고서와 다른 점은 참고자료의 인용과 방증(도움 밝히는 일)이 보다 중요해진다는 것이다. 자료 면에서는 2차, 3차 자료보다 1차 자료가 논문에서는 보다 중요하다.

서론에서는 문제 제기에서 자신이 찾은 문제, 곧 자신의 주제에 관한 설명이 본격적으로 이루어져야 하며 연구방법에서는 문제를 해결하기 위하여 본론을 어떻게 전개해 나갈 것인지를 설명하여야 한다. 따라서 서론에 주제 관련

자신의 연구한 바, 또 주로 사용할 용어나 자료에 대한 충분한 설명이 이뤄져야 한다. 때로 연구사나 기본 이론, 연구방법 논의를 각주에서 보충할 필요도 있어 서론의 각주는 길게 사용되곤 한다. 혹자는 서론 앞의 각주 1에서 3까지에서 필요한 모든 설명을 하라고 할 정도이다. 서론에서 제시한 방법에 따라 전개시켜 나가는 것이 본론, 연구결과를 정리하는 것이 결론이다. 결론에서는 자신의 주장이 있어야 한다. 결론이 당연한 사실이거나 다른 학자의 주장을 반복하는 데 그치는 것이어서는 안 된다. 또한 주제와 다른 엉뚱한 이야기로 주제를 흐려서도 안 된다. 결론에는 각주가 거의 없는 것이 좋다. 서론과 결론의 예를 각각 살펴보자.

예문 - 서론 문제제기 쓰기

2009년 총 6명의 사망자와 24명의 부상자가 발생한 용산 참사 이후 용산4구역 개발은 잠정 중단되었다. 다시 4년이 지난 2013년 5월, 마침내 총 사업비 31조, 단군 이래 최대의 개발사업이라고 불렸던 용산국제업무지구 개발 사업은 최종부도 처리 됐다. 이는 용산참사의 영향이라기보다는 부동산경기의 침체와 무리한 사업계발계획으로 인한 필연적인 귀결이었다. 그럼에도 불구하고 2013년 5월 현재, "용산철도정비창터에 추진했던 국제업무단지 개발이 수포로 돌아가는 대형 악재를 맞았지만 철로 맞은편 옛 집창촌과 국제빌딩 인근에서는 재개발이 차질 없이 진행되"[1)]는 상황에 이르고 있다.

사안의 위중함과는 달리 용산참사는 주류 언론과 대다수 국민들의 무관심 속에서 금세 잊혀졌다. "공중파 TV에서도 송출했던 '불타는 몸의 이미지들'은 자극성 강한 메시지를 시민사회 구석구석으로 타전"[2)]했으며, "사람들의 분노는 순식간에 확산되었고, '정권 퇴진'의 구호로까지 이어졌"지만 "채 한 달이 못가서 분위기는 급속히 식었고, 시민 사회는 용산을 거쳐 나오는 격렬한 말들에 빠른 속도로 무감각해졌다"[3)]고 보는 편이 옳을 것이다. 실제 용산참사의 사망자들은 어디에서도 사죄를 받지 못하고 1년 가까이 장례를 치르지 못한 채 냉동고에 있어야 했다. 이 시기에 대한 평가로 주목할 만한 것은 "용산에 대한 기이한 침묵은 정치적 질서에 대해서는 마음껏 떠들어도 되지만 재산에 대한 질서는 결코 건드릴 수 없다는 불문율을 이해할 때 비로소 이해 가능하다"[4)]는 견해다. 이는 한국의 중간계급이 지닌 멘탈리티와 연결 지어 생각해 볼 수 있는 대목이다.

—박상수, 「우울증적 합체와 점유되지 않는 시적 주체 — 용산참사와 공간 점유의 시적 양상」, 『한국문예비평연구』 41권, 한국현대문예비평학회, 2013, 8-9면

1. 연구대상 및 표집방법

본 연구의 연구대상은 대학원 석사 과정 이상자로 학력수준은 높으며, 지속적으로 HRD와 평생교육 이론과 실천을 연구하는 교육담당자이다. 본 연구대상자는 MB정부가 제2 국정지표로 공정한 사회를 제시한 것을 알고 있다. 본 연구대상자로 HRD와 평생교육전문가를 선정한 이유는 (평생)교육을 기획하고 프로그램 운영을 통해 각 개인의 진실한 감정을 조직문화로 승화시키고 라켓감정을 치유할 수 있는 프로그램을 설계할 수 있는 위치에 있기 때문이다. 성별은 남자가 56명으로 43.1%, 여자가 74명으로 56.9%이다. 연령은 31세부터 40세가 가장 많으며(41.1%), 30세 이하가 가장 적다(22.5%). 학력은 석사재학 이상이 108명으로 85.7%를 차지하고 있다. 결혼여부는 기혼자가 79명(60.3%)로 미혼자보다 많다. 이 연구와 관련된 설문은 총 159부를 배포하여 135부를 수거하였으며 통계처리에 유효하지 않은 설문지 1부를 제외한 134부를 사용하였다.

2. 문항 구성 및 측정도구의 검증

가. 인생태도

본 연구에 사용된 인생태도 측정도구는 Berne의 제자인 Dusay(1977)가 고안한 것을 한국교류분석협회(KTAA)에서 수정, 보완한 표준화된 척도다(우재현, 2001). 인생태도 척도의 하위영역별 문항 수는 총 40문항으로 자기긍정 10문항, 자기부정 10문항, 타인긍정 10문항, 타인부정 10문항으로 구성하였다. 자기긍정, 자기부정, 그리고 타인긍정 및 타인부정 측정문항의 평균값을 토대로 4개의 인생태도로 구분하였다. 구체적으로 보면 제1인생태도는 자기긍정 · 타인긍정 집단, 제2인생태도는 자기부정 · 타인긍정, 제3인생태도는 자기긍정 · 타인부정, 제4인생태도는 자기부정 · 타인부정 집단이다.

각 문항은 5점 리커트 척도로 구성되어 있으며 개인별 각 하위영역별 점수는 10점~50점이다. 자기 긍정 및 타인 긍정의 5점 척도에서 1, 2, 3 점수는 긍정집단으로 4, 5 점수는 부정집단으로 구분하였다. 그 다음에 자기부정 및 타인부정의 5점 척도에서 1, 2는 부정집단, 3, 4, 5 점수는 긍정집단으로 구분하였다.

(중략)

나. 감정

진실한 감정과 라켓감정을 포함하여 총 16개 감정을 사용하였다. 16개의 감정은 Berne(1966)이 4가지 인생태도별로 제시하였던 여러 감정 중에서 빈도수가 높은 사랑, 기쁨, 만족, 성취, 열등, 당황, 자책, 불안, 분노, 거부, 짜증, 의무, 절망, 무력, 허무, 체념을 선정하였다. 제1인생태도에는 사랑, 기쁨, 만족, 성취, 제2인생태도에는 열등, 당황, 자책, 불안, 제3인생태도에는 분노, 거부, 짜증,

의무, 제4인생태도에는 절망, 무력, 허무, 체념이 해당된다.

'평상시 감정'은 '16개 감정 중에서 평상시에 자주 느끼는 감정을 4개만 선택하십시오.'라는 문항을 통해 4개의 인생태도에 해당되는 16개 감정 중에서 4개 감정을 선택하게 하였다. 선택된 4개 감정 중에는 제1인생태도에 속하는 진실한 감정이 모두 선택될 수도 있고, 제2, 제3, 제4인생태도에 속하는 라켓감정이 각각 선택될 수도 있다. 또한 진실한 감정과 라켓감정에 해당되는 감정이 각각 선택될 수도 있다. '공정사회 개념감정' 선택도 평상시 감정 선택하는 방법과 동일하게 적용하였다.

다. 자료분석방법

첫째, SPSS 15.0을 사용하여 인구통계학적 변인과 '평상시 감정'과 사회 공정성에 대해 HRD와 평생교육 전문가들이 각 인생태도집단별로 어떻게 변화되는지를 확인하기 위해 빈도분석을 실시하였다.

(하략)

－송영선, 「HRD와 평생교육 전문가들이 인식한 MB정부의 사회공정성 개념과 국민감정 및 인생태도와의 관계」, 『HRD硏究』 *The Korean Journal of Human Resource Development*, 2011, Vol.13, No.1, 228-231면(본문의 표는 생략함)

예문 – 결론 쓰기

이상으로 우리나라 교양국어로서의 글쓰기 교육의 역사를 짚어보았다. 조선시대까지 개인의 역량 문제로 치부되던 글쓰기 교육이 근대 이후 점차 공교육의 장으로 나오게 되었다. 글쓰기 교육을 공교육에서 본격적으로 다루려던 무렵 일제 강점을 겪게 되어 다시 개인 수준으로 물러났다. 광복 이후 바로 만들어지지는 못했지만 학자들의 다양한 연구 끝에 읽기 위주의 대학 교양국어 교재가 만들어졌다. 대학에서 교양교육, 특히 교양국어 교육은 필수적인가 하는 문제에 관한 반성도 있었고 심오한 회의도 거쳐 왔다. 『대학국어』를 교재로 하는 '대학국어' 과목은 한때 교양필수였고 점차 교양선택으로 좁아졌다가 거의 사라지고 그 자리에 '글쓰기' 과목이 생겼다. 대학 교재는 내용 중심, 읽기 위주의 '대학국어'에서 '한국어문', '작문' 동시 교육으로, '글쓰기'로 옮겨갔다. 강독 위주에서 학생의 쓰기 위주의 교과목으로, 교재로 바뀌었음을 알 수 있다. 1954년 대학 교양교재가 만들어지면서부터 체계화의 속도가 빨랐던 것으로 미루어 교양국어에서 교재의 중요성을 잘 알 수 있다.

대학의 교재는 학생으로 하여금 학습의 범위와 방향을 알게 하는 효과적인 교육 수단이다. 이는 시대의 변화에 따라 진화, 변화하는 것이 당연한 만큼 그 방향성 고려가 필요하다. 우리 대학의 교재는 과거 주입식에서 창의 능력 배양을 위한 학습자 활동 중심으로 변화되어 가고 있거니와 계속적인 연구가 이어져야 할 부분이라 판단된다. 천편일률적인 교재보다 조금이라도 더욱 현실적이고 더욱 도움이 될 만한 교재 구성을 위하여 계속적인 관심이 필요하다. 교양교육의 기반이 되는 글쓰기 교육이란 정태적인 것이 아니라 동태적인 것이기 때문이다. 교양국어 교육으로서 글쓰기 교육이 4년제 대학교뿐 아니라 모든 전문대학에까지 확대되어 대학생의 인격 완성을 돕고 삶의 질을 높일 수 있기를 소망한다.

– 조미숙, 「교양국어 교육 변천과정 연구 — 대학 교육 이전부터 대학 교양국어 체계화까지」, 『인문연구』 71, 영남대학교 인문과학연구소, 2014. 8, 160-161면

4. 학술적 글쓰기와 연구윤리

학술, 특히 학문 활동의 기본은 정직성, 윤리 문제라 할 수 있다. 지식 교류의 공간 대학에서 학문 활동을 하는 우리는 그것을 항상 염두에 두어야 한다. 대학에서 시험을 볼 때나 실험실에서 실험을 할 때 혹은 조별 활동을 할 때, 성실성과 정직성이 기본적으로 지켜져야 할 것이다. 특히 학술적 글쓰기에서 유의하여야 할 정직성을 이른바 '연구윤리'라고 한다. 연구자는 각 학문의 성격에 따라 빚어지기 쉬운 윤리 문제를 염두에 두고 이를 지키도록 노력해야 한다.

이는 크게 연구 자체의 윤리적 문제, 연구 과정의 윤리적 문제, 작성상의 윤리적 문제로 나눠 볼 수 있다. 연구 자체의 윤리적 문제라 함은 그 연구가 윤리적인가 하는 문제를 말한다. 예를 들어 그 연구가 인류에 끼칠 영향이 문제가 되는 경우를 말한다. 연구 과정상의 윤리적 문제는 연구 결과를 날조하거나 위조해서는 안 된다는 것이다. 실험을 할 때 자신이 원하는 대로 결과가 나오지 않는다고 하여 날조하는 경우가 여기에 해당된다. 아울러 실험이나 설문의 대상의 인권이나 사생활을 침해하는 경우가 생겨서는 안 된다. 면접법이나 자료조사법에 의한 조사나 실험을 할 때, 가명을 사용하거나 개인적인

정보를 보호하는 것 등이 하나의 방법이 된다. 작성상의 윤리 문제라 함은 사회적으로 문제가 많이 되고 있는 '표절' 등 다른 사람의 견해를 사용하는 것 등을 말한다. 저작권과 연구윤리에 관한 사안이 발달되면서 정부기관 훈령으로 공포된 연구윤리 확보를 위한 지침 중 '연구부정행위의 범위'를 인용하면 다음과 같다.

연구윤리 확보를 위한 지침

제정 2007. 2. 8. 과학기술부 훈령 제236호
4차 개정 2012. 8. 1. 교육과학기술부 훈령 제260호

제4조(연구부정행위의 범위) (1)이 지침에서 정하는 연구부정행위는 다음 각 호를 말한다.

1. "위조"는 존재하지 않는 데이터또는연구결과 등을 허위로 만들어 내는 행위
2. "변조"는 연구 재료 · 장비 · 과정 등을 인위적으로 조작하거나 데이터를 임의로 변형 · 삭제함으로써 연구 내용 또는 결과를 왜곡하는 행위
3. "표절"은 타인의 아이디어, 연구내용 · 결과 등을 적절한 인용 없이 사용하는 행위
4. "부당한 논문저자 표시"는 연구내용 또는 결과에 대하여 공헌 또는 기여를 한 사람에게 정당한 이유 없이 논문저자 자격을 부여하지 않거나, 공헌 또는 기여를 하지 않은 자에게 감사의 표시 또는 예우 등을 이유로 논문저자 자격을 부여하는 행위
5. 본인 또는 타인의 부정행위의 의혹에 대한 조사를 고의로 방해하거나 제보자에게 위해를 가하는 행위
6. 그밖에 인문 · 사회 및 과학기술 분야 등 각 학문분야에서 통상적으로 용인되는 범위를 심각하게 벗어난 행위 등

–교육부*

* http://www.moe.go.kr/web/110502/ko/board/view.do?bbsId=349&boardSeq=53021

이 중 가장 대표적인 표절 문제에 대하여 좀 더 생각해 보기로 하자. '표절'의 '절(竊)' 자는 '훔치다, 도둑'의 의미이다. "다른 사람의 저작물의 일부 또는 전부를 몰래 따다 쓰는 행위", 표절은 심각한 범죄행위로 규정되어 있다. 다른 사람의 저작물을 고의로 몰래 따오는 것이라고는 했지만 고의가 아닌 경우, 실수에 의한 경우에도 범죄 행위가 된다. 학생들이 자료를 읽으며 그를 정리하여 자신이 타이핑을 하면 표절이 아니라고 생각하는 경우가 많은데 이는 엄연한 표절행위임을 명심하도록 한다.

다음은 2008년 2월 교육인적자원부가 논문표절 가이드라인 모형을 발표한 것이다. 이는 다소 추상적이라 하여 2014년 현재 개정판을 만들고 있는 중이지만 우선은 이를 참고하자.

여섯 단어 이상의 연쇄 표현이 일치하는 경우
생각의 단위가 되는 명제 혹은 데이터가 동일하거나 유사한 경우
타인의 창작물을 자기의 것처럼 이용하는 경우
남의 표현이나 아이디어를 자기의 것처럼 쓰거나 창작성이 인정되는 않는 짜깁기
연구결과의 조작 및 저작권 침해 가능성이 높은 저작물

위의 사안은 '중한 표절'에 해당되는 것이고 그 외의 가벼운 표절도 문제가 된다. 이뿐 아니라 자신이 쓴 것이라 하더라도 출전 밝히지 않고 그대로 다시 사용하면 자기표절이 된다. 표절은 법적으로는 저작권 침해의 유형이다. 사전에 의하면 '저작권'이란 "저작자의 권리와 이에 인접하는 권리를 보호하고 저작물의 공정한 이용을 도모함으로써 문화 및 관련산업의 향상발전에 이바지함을 목적으로 제정"된 법으로, 2006년 12월 28일 법률 제8101호로 전문개정, 2009년 컴퓨터프로그램 보호법을 통합하며 일부 개정되어 오늘에 이르고 있다.

표절이 사회적으로 문제가 되자 그것을 확인하는 프로그램도 개발되기에 이르렀다. 대학이나 연구소 단위 기관회원으로 해당 프로그램을 운영하는 사이트에 가입하기도 한다. 학교마다 그런 프로그램을 독자적으로 개발 중인 곳도 많이 있다.

우리는 표절의 유혹을 받지 말고 좋은 학술적 글을 쓰기 위해 노력해야겠다. 그러려면 성실한 출처 표시와 창의적 사고가 필요함은 물론이다.

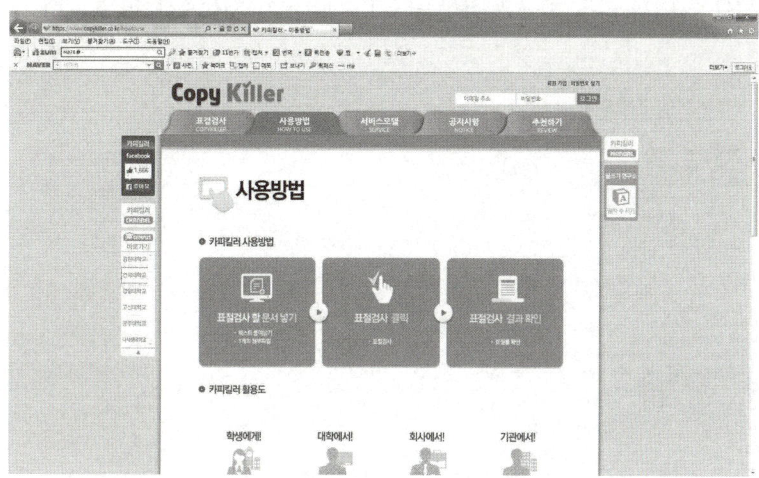

그림 2. 표절 검색 프로그램의 예

1. 글을 쓰면서 다음 책을 인용했습니다. 참고문헌 형식으로 써 봅시다.

아동교육매체로서 동화

초판 1쇄 찍은날 2014년 1월 10일
초판 1쇄 펴낸날 2014년 1월 15일
지은이 이성훈
펴낸이 송희영
펴낸곳 건국대학교출판부
등록 / 제 4-3 호(1971. 6. 21)
주소 / 143-701, 서울시 광진구 능동로 120
전화 / (02)450-3891~3 팩스 / (02)457-7202
홈페이지 / http://press.konkuk.ac.kr
e-mail / press@konkuk.ac.kr
책임편집 임경희
찍은곳 ㈜동화인쇄공사

© 이성훈, 2014

* 정가는 뒤표지에 있습니다.
* 이 책의 전부 또는 일부를 재사용하려면 저자와 건국대학교출판부 양쪽의 동의를 받아야 합니다.
* 잘못된 책은 구입하신 서점에서 바꾸어 드립니다.

ISBN 978-89-7107-568-5 93800

2. 신문이나 매체에 실린 학술적 글을 찾아 읽고 감상을 써 봅시다.

3. 학술 에세이를 시도해 봅시다.

4. 연구보고서, 조사보고서, 실험보고서 중 하나를 택하여 작성해 봅시다.

5. 대학원에 간다면 제출할 논문의 주제 잡는 방법을 정리해 봅시다.

CHAPTER 02

문종별 글쓰기

글의 종류에 따라 다양한 글쓰기를 연습해 볼 필요가 있다. 이 장에서는 발표문, 실용적인 글, 비판적인 글을 연습하려 한다. 대학생활뿐 아니라 사회생활을 하면서, 발표를 목적으로 글을 쓸 때가 많다. 우선, 발표문(프레젠테이션)의 작성 요령을 알고 연습해 보자. 실용적인 글로서, 설명서와 광고 문안을 이해하고 작성해 보자. 자신이 만든 대상을 설명하고 광고할 수 있도록 연습해 보자. 비판적인 글로서, 비평과 논설을 이해하고 작성해 보자. 감상에 그치지 말고, 분석하고 평가하며 나아가 제안할 수 있도록 연습해 보자.

■ 목표

1. 문종의 특징에 따라 글쓰기의 구성과 방식이 다름을 이해한다.
2. 발표문(프레젠테이션)의 구성과 작성 요령을 익힌다.
3. 실용적인 글로서, 설명서와 광고 문안의 특징을 이해하고 익힌다.
4. 비판적인 글로서, 비평과 논설의 전개 방식을 이해하고 익힌다.

■ 구성

1. 발표문과 프레젠테이션
2. 설명서와 광고
3. 비평과 논설

연습문제

1. 발표문과 프레젠테이션

1) 발표문 만들기 순서

다른 사람을 대상으로 하여, 발표 목적으로 만든 문장을 발표문이라 한다. 발표문에는 연설문, 토론문, 담화문 등 다양한 형태의 발표를 위해 작성된 글들이 있겠으나, 이 장에서는 프레젠테이션을 대상으로 발표문의 구성과 작성요령에 대해 소개하고자 한다. 발표의 효율을 증진시키기 위해 각종 기자재를 활용하지만, 발표문 역시 글의 구성을 갖추어야 한다. 논문, 보고서와 마찬가지로 발표문 역시 정연한 질서와 맥락을 갖추어 작성해야 한다. 이 장에서는 발표문의 구성과 형식, 그리고 발표의 요령을 익히도록 하자.

발표문의 작성 과정은 다음과 같다. 먼저 주제를 정한다. 주제를 정하기 위해서는 발표의 목적과 청중의 성격을 고려해야 한다. 발표의 목적은 발표할 주제와 밀접한 관련이 있으며, 청중은 발표문의 내용과 구성에 영향을 미치기 때문이다. 발표 목적에 따라 주제가 정해지면, 개요를 짠다. 잘 만들어진 개요는 전체 글의 목차가 된다. 개요가 완성되면, 필요한 자료를 찾아야 한다. 다양한 온라인 오프라인 자료를 수집하여 내용을 완성하되, 참고한 자료는 정리해서 발표문의 맨 뒷장에 소개해야 한다. 전체 발표문은 표지, 목차, 서론, 본론, 결론, 참고자료의 형태로 구성된다.

발표문 작성 순서

- 발표 주제 정하기
- 개요 짜기
- 참고자료 수집하고 정리하기
- 내용 구성하기 : 표지, 목차, 서론, 본론, 결론, 참고자료

(1) 발표문 만들기 사례

아래의 자료는 1학년 재학생들이 <건국대학교 글로컬캠퍼스 재학생들의 스포츠 선호도 및 참여실태>(2014. 2학기)를 작성한 PPT 중의 일부이다. 총 28개의 슬라이드로 구성되어 있지만, 그 중 21개를 소개한 것이다. 내용은 표지, 목차, 서론, 본론, 결론의 구조로 되어 있으며, 마지막에 참고자료가 빠져 있다.

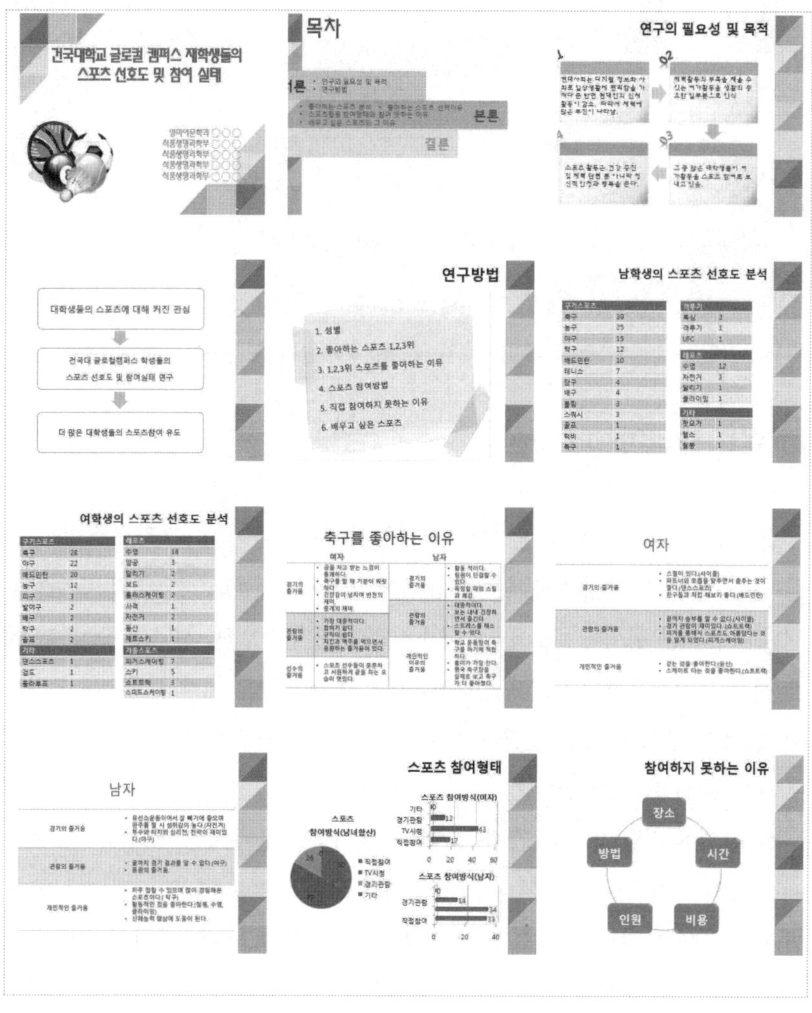

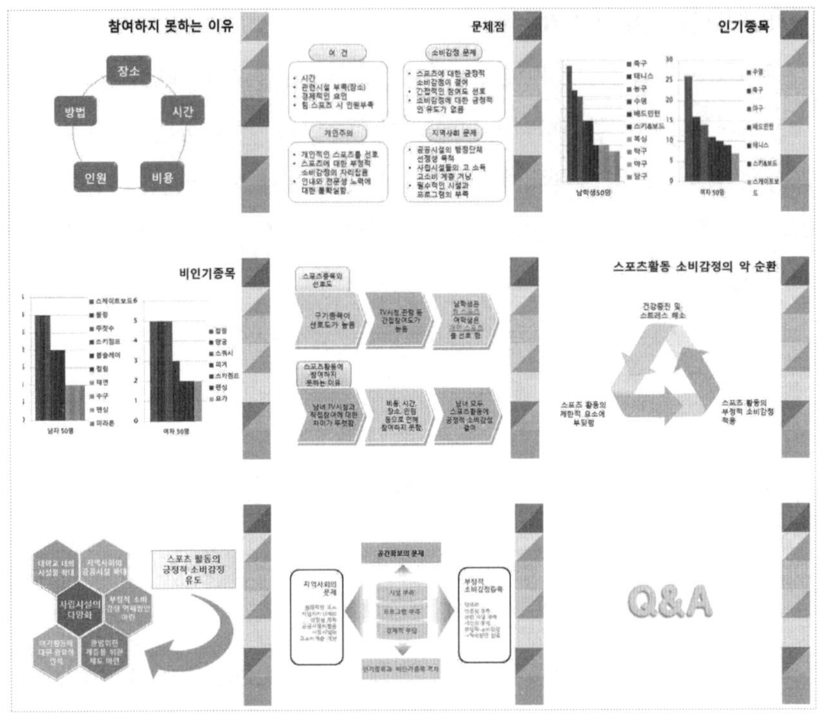

2) 발표 슬라이드의 구성

발표문은 다른 사람들 앞에서 발표하기 위한 글이다. 그러므로 한눈에 잘 들어오도록 구성해야 한다. 발표문 안에 들어갈 내용도 중요하지만, 내용을 전달하기 위한 형식도 중요하다. 이해를 증진시키기 위해, 하나의 슬라이드에서 문장은 어떻게 배치하고 구성해야 할까. 보는 사람의 시각과 시간을 고려하여, 한 화면에 많은 내용을 담아서는 안 된다. 복잡하고 산만한 구성은 발표내용에 집중력을 떨어뜨린다.

한 화면에서 글자 수는 7줄을 초과하지 않는 것이 보기에 좋다. 발표는 시간 제약이 따르므로, 모든 것을 설명하기보다는 압축적으로 전달해야 한다. 발표 시간이 제한되어 있으므로, 슬라이드 한 장당 3분을 초과하지 않아야 한다. 그러므로 중요한 키워드 위주로, 맥락과 핵심을 제시해야 한다. 적어도 10m까지는 볼 수 있도록 작성해야 하므로, 글자 수가 너무 빽빽해서는 안 된다. 다른 사람의 자료를 인용할 때에는 하단에 출처를 밝히는 연구 윤리를 명심하도록 하자.

같은 맥락에서 발표문의 내용은 구조화 하는 것이 효과적이다. 한 화면 안에 들어갈 수 있는 문장의 개수가 제한되어 있으므로, 앞의 문장과 뒤의 문장이 위계적으로 구성되어야 한다. 내용의 전달력을 높이기 위해, 그림이나 그래프 그리고 영상자료를 활용하는 것이 좋다. 현대인들은 문자보다 이미지가 더 친숙하므로, 시각 자료를 잘 활용할 필요가 있다. 그렇다고 해서 화면을 요란하게 꾸며서는 안 된다. 내용에 집중하기 위해서는 시각적으로도 편안해야 하므로, 화면구성의 전체 색상은 3색 이내로 하되 배경은 원색보다 2차색을 권장한다.

> **슬라이드 작성 요령**
> - 한 화면에서 글자는 7줄 내외, 10m 내에서도 보일 수 있도록 쓰기
> - 한 화면은 3분 이내 설명 가능하도록 구성하기
> - 자료 인용 시 하단에 출처 밝히기
> - 글의 내용은 구조화해서 보여주기
> - 그림, 그래프, 차트, 영상자료 활용하기
> - 전체 색상은 3색 이내로 조정하고, 배경은 원색보다 2차색 쓰기

3) 슬라이드 학생 사례

(1) 구성이 좋은 것

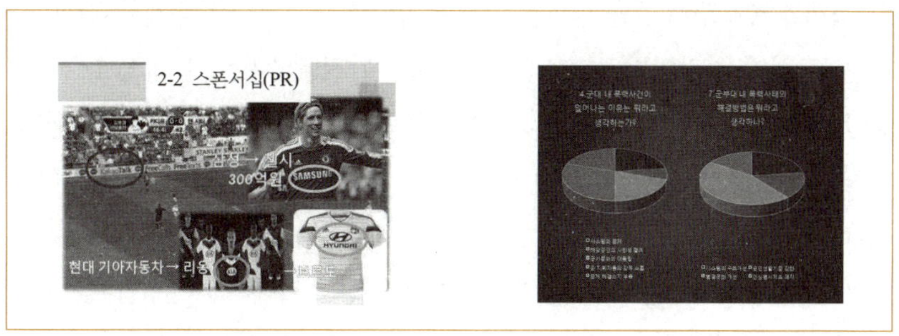

위의 슬라이드는 사진과 차트를 적절하게 활용하고 있다. 첫 번째 슬라이드는 <프로축구구단의 사업구조>라는 주제로 스폰서십을 설명하기 위해 각각의 스폰서 사진을 배치했다. 필드의 현수막, 선수들의 유니폼 등을 통해 스폰서십의 실재를 보여주고 있다. 문장으로 설명하는 것보다 훨씬 현장감 있게 제시되고 있음을 알 수 있다.

두 번째 슬라이드는 <군부대 폭력사태에 대한 탐구>라는 주제로 남학생들의 설문조사를 분류한 것이다. 차트는 문장으로 풀어서 서술하는 것보다 설문의 결과를 가시적으로 쉽게 전달하는 효과를 준다. 원형 차트는 색상을 달리해서 다수와 소수의 의견을 구분하여 한눈에 들어오게 하고 있다. 또한 전체적으로 슬라이드는 원색보다 간색을 사용함으로써, 눈의 피로를 낮추고 있다.

(2) 보완이 필요한 것

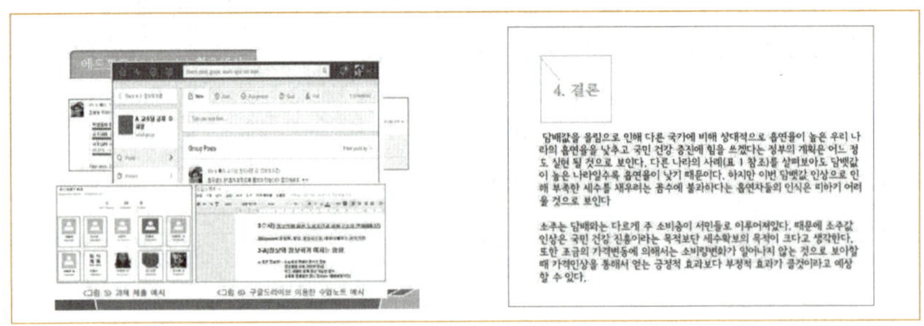

첫 번째 슬라이드는 <SNS가 대학생의 학업에 미치는 영향>이라는 주제 아래 대학 수업에 사용되는 용례를 제시하고 있다. SNS를 통해 교과별 공지사항, 과제물, 수업노트 등을 활용할 수 있는 방안을 보여준다는 점에서 유의미하지만, 구성이 복잡하다. 한 장의 슬라이드에 전달하려는 바가 많다 보니, 산만하게 느껴진다. 슬라이드의 개수를 늘여서 단순하게 만드는 것이 좋다. 캡처한 내용을 부각시키기 위해 슬라이드 바탕에 색을 넣었다면 더 간결하게 전달되었을 것이다.

두 번째 슬라이드는 <서민들의 기호식품 인상의 실태와 개선방안>을 주제로 한 결론 부분이다. 발표용으로 만든 슬라이드는 보고서의 지면과는 다르다.

짧은 시간 안에 발표해야 하므로, 문장의 형태로 서술하기보다 중심문장, 핵심어 위주로 간결하게 구성할 필요가 있다. 결론이라 하더라도 항목별로 나누어, 전달하려는 바가 한눈에 들어 올 수 있도록 배치하는 것이 좋다.

4) 프레젠테이션 요령

발표문 작성 못지않게 프레젠테이션은 중요하다. 발표문은 발표를 위해 만들어진 것이므로, 발표문의 승패는 프레젠테이션에 있다. 그러므로 철저한 준비를 거쳐 발표에 임해야 한다. 성공적인 발표를 위해 다음 세 가지 사항을 미리 점검하도록 하자.

첫째, 장소를 확인해야 한다. 어떤 상황, 어디에서 발표하는가. 사용하려는 도구와 장치가 구비되어 있는가. 청중 규모에 가장 적합한 발표 방법과 수단은 무엇인가.

둘째, 청중 분석이 이루어져야 한다. 청중의 사전 지식은 어느 정도인가. 청중이 원하는 것은 무엇인가. 어떻게 청중의 흥미와 관심을 불러일으킬 것인가.

셋째, 발표 내용을 잘 알고 있어야 한다. 발표자는 발표 내용에 관해 모든 것을 알고 있는가. 발표자는 어떤 질문이 있더라도 당황하지 않고 잘 말할 수 있어야 한다. 전달하려는 정보는 이해하기 쉬운 언어로 표현되고 있는가. 친숙하지 않거나 특별하게 쓰이는 전문 용어는 청중의 언어수준을 고려하여 설명하고 있는가.

발표자의 능숙한 자세는 발표의 수준을 좌우한다. 발표자는 슬라이드를 참조하되, 청중을 바라보며 발표해야 한다. 그러므로 발표자는 내용을 모두 숙지하고 있어야 하며, 전달을 돕기 위해 슬라이드의 핵심 어구 정도만 리모컨으로 지적한다. 슬라이드의 부분 부분을 참조하되, 발표자는 정면에서 N, W의 형태로 청중에게 골고루 시선을 주어야 한다.

발표는 도입인사, 발표, 질의응답, 마침인사의 순으로 진행된다. 청중들의 집중력을 고려하여, 총 발표시간은 15분 내외가 적당하다. 10분은 발표 시간으로, 5분은 질의응답 시간으로 배분하는 것이 좋다. 무엇보다도 발표자는 질의응답 시간에 순발력 있게 대처할 필요가 있다. 질의를 듣고 응답할 수 있으면 곧바로 응답하도록 한다. 질의를 듣고도 질의 요지가 명확히 인지되지 않을 때는 공손하게 질문 내용을 되묻는 것도 좋은 대처법이다. 당장 답하기 어려운 질의의 경우에는, 차후 조사해서 개인적으로 답변하겠다는 성의를 보이도록 하자.

발성 요령

- 의미를 지닌 어간에 강세를 두어 말한다.
- 어절과 어절 사이는 띄어 읽되, 특히 강조하는 단어는 말하기 전에 공백을 둔다.
- 읽는 것이 아니라 전달한다는 사실을 명심하자.
- 말의 속도, 어조, 성량에 유의하자.
- 감성적 발표는 머리에서 오는 것이 아니라 마음(성의)에서 오는 것임을 명심하자.

2. 설명서와 광고

1) 설명서

설명서는 상품 등에 관한 상세한 정보를 기술한 문서이다. 누구나가 자유자제로 그 제품을 쓸 수 있도록 안내해 놓은 글에 해당한다. 그러므로 설명서에는 해당 물건에 대한 상세한 정보와 사용방법이 제시된다. 설명서의 목적은 곧바로 이해하고 제품을 사용하는 데 있으므로, 객관적이고 명료하게 서술해야 한다. 어휘는 쉽고 간결해야 하며, 문장 못지않게 그림을 비롯한 시각적 구성이 중요하다.

설명서는 제품 설명서, 사용 설명서, 과정 설명서, 설계 설명서, 투자 설명서 등 전문 분야에 따라 다양하다. 의복 등과 같이 특별한 사용법이 없는 경우에는 제품 설명서가 주종을 이루지만, 가전제품 등과 같이 설계 및 사용법을 숙지해야 할 경우 사용설명서가 주종을 이룬다. 제품에 대한 설명, 사용에 대한 설명 모두가 함께 있는 것을 제품사용설명서라 한다. 제품사용설명서의 작성 절차를 간략히 소개하면 다음과 같다.

첫째, 사용 대상과 목적을 탐색한다.

둘째, 설명할 내용을 항목별로 분류한다.

셋째, 항목별로 설명 내용을 작성한다.

넷째, 설명을 도울 수 있는 그림을 선정한다.

다섯째, 그림과 설명을 적절하게 배치하여 완성한다.

제품 사용설명서의 기본 내용

- 목차
- 구성품 확인
- 제품의 명칭과 기능
- 사용방법과 세부기능
- 주의사항
- 문제발생 시 해결방법
- 서비스정보, 제품보증서

–김혜경, 『공학적 글쓰기』, 생각의날개, 2010, 212면 참조

구체적으로 설명서의 문장은 다음 사항을 고려해야 한다.

첫째, 연령과 계층에 관계없이 사용하는 사람 모두가 이해할 수 있도록 쉬운 표현을 써야 한다.

둘째, 문장은 짧고 간결하게 표현해야 한다.

셋째, 해당 물건을 사용했을 때 발생할 수 있는 다양한 문제점을 고려하여 주의사항에 제시해야 한다. 주의사항은 법적 책임의 문제를 판결하는 기준이 되므로, 명확하게 규정해야 한다.

(1) 사용설명서 예시(한방용품)

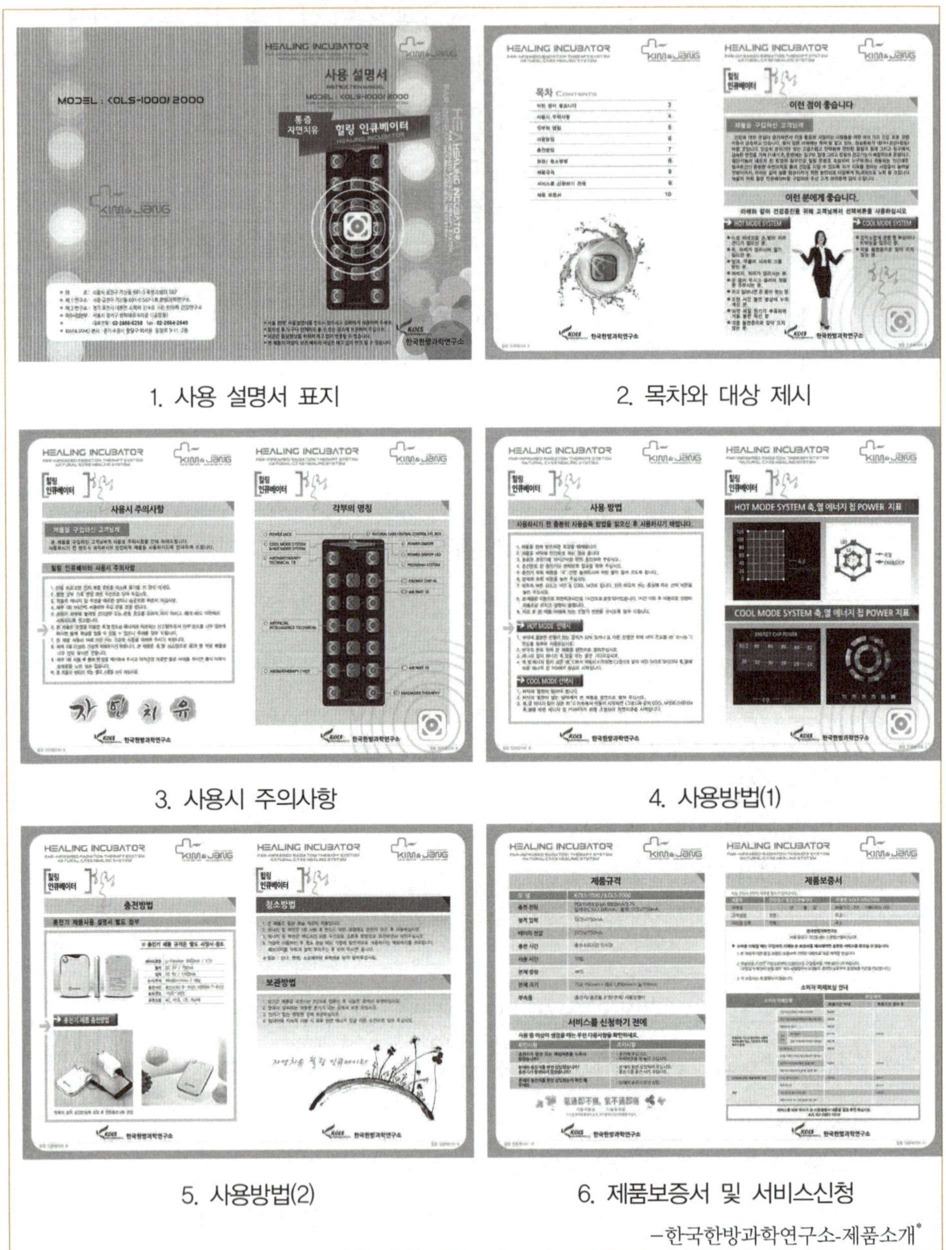

1. 사용 설명서 표지

2. 목차와 대상 제시

3. 사용시 주의사항

4. 사용방법(1)

5. 사용방법(2)

6. 제품보증서 및 서비스신청

–한국한방과학연구소-제품소개*

*http://cafe.daum.net/topbodyart/CXU2/2?q=%C1%A6%C7%B0%BB%E7%BF%EB%BC%B3%B8%ED%BC%AD&re=1

2) 광고

광고는 기업, 개인, 단체 등이 특정 목표를 달성할 목적으로 상품, 서비스, 이념, 정책에 관한 정보를 세상에 알리는 활동이다. 광고는 다음과 같은 네 가지 특징을 가지고 있다.

첫째, 광고는 광고 주체의 뚜렷한 의도와 목표를 담고 있다.

둘째, 광고는 광고 주체와 수요자간의 긴밀한 커뮤니케이션을 전제로 한다.

셋째, 광고문에는 알리려는 대상에 대한 뚜렷한 정보가 있다.

넷째, 광고문은 짧은 시간과 문구 안에 의도를 전달해야 하므로, 어휘의 상징성이 요구된다.

광고문은 광고의 목적에 따라 크게 상품 광고, 기업 광고, 구인구직 광고, 의견 광고 네 가지로 나눌 수 있다. 상품 광고는 상품에 대한 소비자의 소비욕구를 촉발시켜 상품을 구매하도록 하는 데 목적이 있다. 기업 광고는 기업에 대한 이미지 고양에 목적이 있다. 구인구직 광고는 광고 당사자가 자신이나 기업의 장점을 부각시켜 구인 혹은 구직하는 데 목적이 있다. 의견 광고는 국가나 단체가 올바르다고 생각하는 의견을 광고로 제시하는 것이다.

글의 목적에 따른 실용적 글쓰기의 분류

- 광고문, 사설 → 설득
- 설명문, 기사문 → 이해
- 자기소개서, 제안서 → 이해와 설득

광고문의 작성 절차는 다음과 같다. 첫째, 어떤 대상을 광고할지 대상을 정한다. 둘째 그 대상이 지니고 있는 핵심적인 특성을 파악한다. 셋째, 대상을 통해 파악한 특성을 어떤 이미지로 표현할 것인지 정한다. 넷째, 선택된 이미지를 가장 잘 전달할 수 있는 시각적 그림이나 이미지 등을 구체적으로 선정한다. 다섯째, 대상을 설명하고 선전할 수 있는 문안을 작성한다. 여섯째, 선정한 이미지(그림)와 광고 문안을 조화롭게 배치한다.

광고문의 작성 절차

첫째, 광고 대상 설정
둘째, 핵심적인 전달 내용(특성) 설정
셋째, 대상의 특성에 적합한 이미지 설정
넷째, 시각적 이미지(그림) 설정 : 문장만으로 제시될 경우 생략
다섯째, 광고 문안 작성
여섯째, 그림과 광고 문안의 조화로운 배치

광고의 원고(카피)는 AIDMA와 5I와 같은 요소들을 고려하여 선정해야 한다. AIDMA는 주목(attention), 흥미(interest), 욕망(desire), 기억(memory), 행동(action)이 있으며, 5I는 착상(idea), 직접적인 충격(immediate impact), 연속적인 흥미(incessant interest), 정보(information), 충동(impulsion)이 있다.

잘 만들어진 광고의 사례를 통해 카피의 성공전략을 분석해 보자. 아래의 광고 카피는 소비자들의 뇌리에 깊이 각인된 성공작들이다.

- 침대는 가구가 아닙니다. 과학입니다. <에이스 침대>
- 情은 따뜻한 힘이 됩니다. <초코파이>
- 보이는 크기보다 가치의 크기를 아는 그녀 <대우 푸르지오>
- 지우면 더 창의적인 것이 보입니다. <파버카스텔 지우개>

위 카피의 공통점은 제품의 '핵심적인 전달 내용'을 독창적으로 추출해 내고 있다는 점이다. 각각의 광고대상에서 핵심적인 전달 내용은 다음과 같다. <에이스 침대>는 '과학', <초코파이>는 '정(情)', <대우 푸르지오>는 '가치의 크기', <파버카스텔 지우개>은 '창의적인 것'이다. 침대, 초코파이, 아파트, 지우개는 다양한 브랜드의 다른 상품들이 있다. 광고의 승패는 동일 대상의 다른 회사 제품과 구분되는 '핵심적인 전달 내용'을 찾는 데 있다.

침대는 가구라는 보편적인 인식과 구분되는 차이를 '과학'이라는 독창성으로 강조했다. '과학'이라는 문구 안에, 인체의 원리에 과학적으로 접근하여 제조했다는 신뢰를 담아냈다. 초코파이는 보편적이어서 식상할 수 있는 과자이지만 쉽게 구입하여 다른 사람과 나누어 먹을 수 있다는 점에서, 사람과

사람간의 정(情)을 전달할 수 있는 인정의 가치도 있음을 보여준다. 푸르지오에서 강조하는 '가치의 크기'는 아파트의 현재 가치뿐 아니라 미래 가격 상승의 가치까지 내포하고 있다. 파버카스텔 지우개는 지움이 창의의 시작임을 보여준다.

일련의 광고카피를 통해 전달하려는 대상의 의미는 차별화 전략에 있음을 알 수 있다. 일단 차이를 발견했다면, 그것을 적절하게 전달할 수 있는 '이미지'를 만들면 된다. 이미지는 그림이나 색채가 될 수도 있고 초코파이처럼 한자어가 될 수 있다. CF에서는 해당 이미지를 극대화 할 수 있는 모델과 상황을 선택할 것이다. 차이와 이미지를 발견해 내는 광고카피를 통해, 효과적인 의미 전달을 위해 '핵심을 파악하는 일', 그리고 '이것을 다양한 이미지로 표현해 내는 일'이 긴요함을 알 수 있다.

예문 – 학교 광고

> 글로벌 건국대로!
> 바야흐로 글로벌시대!
> TOEIC 프로그램, 해외연수 등 다양한 글로벌 시스템 구축!
> 한 마리의 황소처럼 돌진해서 세계로 나가는 건국대로!
>
> 세상을 주목시킬 창의성의 크기만큼
> 세계가 주목하는 성장의 크기만큼
> 우리는 건국의 대업을 이룹니다.
> 이곳이 바로 문화와 세상을 바꾸는 '건국대학교'입니다.

두 광고 모두 건국대학교의 특징을 잘 파악하고 있다. 다른 학교와 구분되는 차별성으로, 첫 번째 광고에서는 글로벌시대 특화된 학교 프로그램들을 꼽았고 두 번째 광고에서는 건국(建國)의 대업이라는 거국적 사명감의 실현을 꼽고 있다. '대로'와 '건국'이라는 핵심어가 각각 두 광고의 키워드 기능을 수행해 내고 있다.

예문 - 학과 광고

세상에는 많은 '소리'가 존재합니다. 그 중 가장 중요한 것은 사람들의 '목소리'입니다.
작은 '목소리'도 귀 기울여 듣겠습니다.
이곳은 사람들과의 의사소통을 배우는 신문방송학과입니다.

보이고 들리는 것이 '전부'가 아닙니다.
보지 못하는 것도 듣지 못하는 것도 '전부 다' 전해져야 합니다.
정부가 아닌 '전부.' - 신문방송학과

수많은 열정이 당신의 가슴속에 숨어있는 것을 압니다.
수많은 당신의 가능성을 믿습니다.
당신이 선택하세요. - 자율전공학부!

첫 단추가 가장 중요한 것처럼
첫 교육이 가장 중요합니다.
교육의 시작인 유아교육과에서, 당신이 첫 단추를 끼울 차례입니다.

무심코 지나가면 모릅니다.
우리가 먹는 식품에 무엇이 들어있는지…
아무도 보지 않는 식품의 뒷면, 그 내용을 알려드립니다.
배우면 배울수록 건강해집니다. 식품생명과학부로 오세요~

자신이 치료하고 의료인은 보완할 뿐이다.
환자의 가슴을 울리며 치료의 의지를 일깨워 줄 수 있다면
자신을 믿고 의료인이 되어라. - 의학공학부

아픈 부분을 '빠르게' 찾아드리겠습니다
병든 부분을 '정확하게' 찾아드리겠습니다
불편한 부분을 '대체해' 드리겠습니다. - 의학공학부

나무가 아닌 숲을 보는 학과
산림 생태 조경을 가지고 우리나라 환경을 지키는 학과, 녹색기술융합학과

'세상'을 알고 싶기에
'세상'과 대화하고 싶기에

'세상'을 표현하고 싶기에
건국대학교 중심에서 '세상'을 외칩니다. 세상의 '글'을 배웁니다.
한 사람 한 사람이 소통의 창문이 될 수 있는, 건국대학교 커뮤니케이션문화학부

마음속에 수만 가지 이야기를 품고 있는 당신,
가슴 속에 파랑새가 살고 있는 당신,
꿈의 세계로 비상하라! - 동화미디어 콘텐츠학과

새까맣고 고요한 갯벌위에 놓인 새하얀 진주를 발견하는 것은 쉽지만
새하얀 백사장 위에서 이 보석의 아름다움은 숨겨지기 쉽습니다.
아름다움을 발견하는 방법은 따로 있습니다. - 건국대학교 시각광고디자인학과

1400℃의 뜨거움 속
72시간의 인내를 견디고 탄생하는
불이 빚은 보석.
건국대학교 글로컬 캠퍼스 도자디자인학과에서 함께하세요!

학생들은 소속 학과의 특징을 잘 파악하고 있으며, 짧은 문구 안에 특징을 전달하기 위한 핵심 이미지를 제대로 배치시키고 있다. 학생들은 자신이 만든 광고문의 핵심적인 전달내용을 다음과 같이 설명했다.

"이 세상에 힘 있고 큰 목소리만 귀 기울여 듣고 전달하는 것이 아니라 어떠한 작은 목소리라도 귀 기울여 듣고 소통하는 법을 배우는 학과입니다."

-신문방송학과 1학년 학생

"디자인의 핵심은 '아름다움'입니다.
누구나 보이는 아름다움 뿐 아니라, 아름다움이 없는 곳에도 존재할 아름다움을 찾는 능력을 길러준다는 말이 광고의 핵심입니다."

-시각광고디자인학과 1학년 학생

신문방송 전공 학생은 학과의 특징으로 '소리의 발견'을 꼽았다. 신문방송학은 '작은 소리에도 귀 기울여 소통하는 법을 배우는 것'이라는 전공에 대한 가치관이 정립해 있다. 시각광고디자인 전공 학생은 학과의 특징으로 '아름다움'의 발견을 꼽았다. '디자인'은 '아름다움을 발견하는 방법'이라는

전공에 대한 가치관이 정립해 있다.

3. 비평과 논설

1) 비평

감상문이 대상에 대한 주관적인 느낌을 서술한 것이라면, 비평은 감상을 객관화하여 사회·문화적 맥락에서 대상의 가치를 매긴 글이다. 지성인으로서 대학생은 감상문을 쓰더라도 주관적인 느낌만을 서술해서는 안 된다. 주관적인 느낌을 쓰되, 객관성을 담보할 수 있는 글을 써야 할 것이다. 우리는 감상문에서 단순히 보거나 읽은 후의 느낌을 서술하는 것이 아니라, 그에 대한 가치를 서술할 수 있어야 한다. 주관적인 인상이나 기호(嗜好)의 나열이 아니라 객관적으로 평가할 수 있어야 한다.

비평(批評)의 사전 의미는 '사물의 옳고 그름, 아름다움과 추함 따위를 분석하여 가치를 논'하는 것이다. 대학생이라면 감상문을 쓰더라도, 그 출발은 감상에서 시작되겠지만 궁극에는 가치를 논할 수 있어야 한다. 감상에서 비평으로 도달하기 위한 글쓰기 과정에 주목해 보자. 비평적 글쓰기는 이해, 분석, 주제 파악, 가치평가의 순으로 이루어져야 한다. 비평의 목표는 대상에 대한 평가지만, 평가에 앞서 대상에 대한 꼼꼼한 이해와 분석이 전제되어야 한다. 대상에 대한 깊이 읽기, 자세히 읽기는 비평의 전제가 됨을 명심하자. 비평의 전개 방식은 다음과 같다.

첫째, 대상에 대한 이해가 제시되어야 한다. 창작품이라면 작가, 발표 시기, 발표 매체 등을 소개한다. 소설이나 영화와 같이 줄거리가 있다면, 인물 사건 배경 위주로 이해한 바를 서술하는 것이 좋다. 특정 사건이나 대상을 다룬다면, 사건의 발생 계기 혹은 대상에 대한 개념 등을 소개해야 한다. 글의 서두에서는 분석에 앞서, 대상에 대한 기본 정보를 서술해야 한다.

둘째, 대상에 대한 분석이 이루어져야 한다. 대상이 서사구조를 띠고 있다면, 분석과 해석이 필요하다. 특정한 해석 틀이 있으면 좋겠지만, 쓰는 사람이 객관적인 시각에서 분석한다면 그것으로도 족하다. 이때 대상에 대한 전모만이 아니라, 각각의 부분이 지닌 구체적인 특징도 발견할 수 있어야 한다. 풍부한 분석과 해석은 대상의 가치를 서술할 수 있는 준거가 된다.

셋째, 만든 사람의 의도를 파악해야 한다. 대상에 대한 객관적인 분석과 해석 과정을 거쳤다면, 다음으로는 만든(창작한) 사람의 의도와 주제를 도출해 낼 수 있어야 한다. 분석 과정에서 어느 정도 의도와 주제가 도출되겠지만, 전체 맥락에서 만든 사람의 창작 배경과 주장하려는 바가 무엇인지 정리할 수 있어야 한다. 지금까지 대상에 대해 즉흥적인 생각과 느낌이 아니라 꼼꼼한 이해와 분석을 서술했으므로, 글쓴이는 소신과 확신을 가지고 주제를 서술하면 된다.

넷째, 대상에 대한 풍부하고 폭넓은 이해와 분석을 기반으로 주제를 파악했다면, 자기 판단에 확신을 가지고 가치를 평가하자. 한 가지 명심할 것은, 비평은 개인적인 독해의 결과물이라기보다 당대 사회와 문화를 근거로 한 대상에 대한 진단과 평가라는 점이다. 대상이 만들어진, 그리고 수용되는 당대 사회와 문화를 배경으로 가치를 진단하고 평가할 필요가 있다. 냉철한 비판은 또 하나의 의미 창조로 귀결되고, 궁극에는 글을 쓰는 사람의 세계관을 확장시킨다.

(1) 비평의 구조

대상 일반에 대한 비평

- 대상의 정의와 설명, 의미와 특징 → 서론
- 대상의 긍정적 미덕, 장점 → 본론1
- 대상의 부정적 한계, 단점 → 본론2
- 대상에 대한 가치평가와 의의 → 결론

문제에 초점을 둔 비평

- 대상의 정의와 설명, 문제 제기 → 서론
- 다양한 각도에서 문제를 발견하고 지적1 → 본론1
- 다양한 각도에서 문제를 발견하고 지적2 → 본론2
- 대상에 대한 평가와 방향성 제시 → 결론

위에서 제시한 구조 외에도 다양한 전개 방식을 구사할 수 있다. 다만 서론, 본론, 결론의 구조가 분명히 드러나도록 하자. 들여쓰기는 물론, 한 행을 띄우는 것도 좋은 방법이다. 특히, 한 단락 안에 너무 많은 의미를 담지 않도록 주의하자. 단락의 통일성을 유지하여, 또 다른 측면들을 제시할 때는 새롭게 단락을 만들도록 하자. 부연하자면, 본론에서 본론1과 본론2를 반드시 각각 두 개 단락으로 구성할 필요는 없으며, 전달하려는 내용에 따라 단락을 더 세분하여 작성할 수 있다.

(2) 학생 예문 비교

아래의 두 글은 신카이 마코토 감독의 애니메이션 <언어의 정원>(2013)에 대한 비평 글이다. 두 예문 모두 크게 4개의 단락으로 구성되어 있다. 첫 번째 단락에서는 작품에 대한 기본 정보를 제시하고 있다. 두 번째와 세 번째 단락에서는 작품에 대한 분석이 이루어지고 있다. 분석을 위한 특별한 기준은 없으며, 두드러지게 드러나는 미덕과 한계에 주목하여 각각의 단락을 구성하였다. 대상에 대한 기본 정보, 분석과 해석이 이루어진 후, 마지막 단락에서는 가치를 평가하였다. 비평의 공신력은 마지막 단락에 있는 것이 아니라, 서두를 비롯한 본론의 치밀한 이해와 분석에 있음은 두말할 필요가 없다.

예문 1

빗속에서의 사랑과 성숙

1학년 학생

영화 <언어의 정원>은 '비 오는 날의 정원'을 소재로 하여 남녀 간의 사랑을 줄거리로 다룬 내용이다. 이 영화의 주인공인 16살 소년은, 비 오는 날마다 학교 오전수업을 가지 않고 어느 정원의 오두막으로 향한다. 거기서 소년은 어느 한 여인을 만난다. 두 사람은 비 오는 날 아침이면 정원으로 향했으며, 그때마다 만나면서 서로를 알아가게 된다. 소년은 어렸을 때부터 자신의 꿈이 있었고, 그 꿈을 이루기 위해 노력하며 여인은 원래 교사였지만, 불미스러운 일을 겪게 되면서 학교에 가지 못하게 된다. 서로를 알아가는 과정에서 두 사람은 좋아하는 감정이 생기게 된다.

이 영화를 보면서 가장 인상 깊었던 것은 영상미였다. 아무래도 애니메이션 영화라서 그런지 비 오는 날의 일본 풍경을 아름답고 현실감 있게 연출된 것을 볼 수 있었다. 그래서 이 영화에 더욱더 집중을 하게 되고 인물들의 감정에 몰입될 수 있었다. 그리고 또한 비오는 풍경에 어울리는 배경음악도 적절히 사용되었다. 또한 주인공들을 통해 남녀 간의 사랑뿐만 아니라 자신의 꿈을 이루기 위해 의지를 갖고 노력하는 모습을 보여주면서 우리들에게 주는 교훈적인 메시지도 담겨있음을 깨달았다.

하지만 한계나 부족한 점 또한 찾아볼 수 있었다. 일단 내용측면에서 조금 부실하지 않았나 하는 생각이 들었다. 소년은 여인을 곤란에 빠뜨렸던 학생들을 찾아가서 보복하는데, 이 장면은 조금 뜬금없었고 오히려 영화를 이해하는데 어려움을 겪었다. 그리고 영화의 러닝타임이 짧아서 그런지 몰라도, 내용 전개가 좀 빠른 감이 있었던 것 같다. 또한 결말이 조금 애매하지 않았나 하는 생각이 든다. 남자는 여자의 구두를 만들고, 여자는 남자의 편지를 쓰면서 끝나게 되는데, 실제로 만남이 이루어졌는지는 나타나 있지 않다. 열린 결말이라고 하기에는 무언가 부족한 부분이었다. 좀 더 명확하게 해소되었으면 더 좋은 영화가 될 수 있었을 것이다.

영화 '언어의 정원'은 남녀 간의 사랑을 주제로 다룬 영화이다. 하지만 동시에 개인의 성장과정을 보여주면서 자신의 꿈을 위해 노력해야 한다는 주제 또한 담겨 있다. 소년은 구두 장인을 꿈꾸는데, 구두를 만드는 실력이 점점 늘어가는 것을 볼 수 있다. 이는 소년이 좀 더 성숙해지고 있다는 의미를 뜻하는 것이 아닌가 생각된다. 즉, 구두의 완성은 자아실현을 나타낸다는 것이다. 또한 '비'를 통해서 인물의 내면세계를 보여준다. 비라는 소재는 밝은 느낌보다는 어둡고 우울한 느낌이 강한데, 이는 여인의 상처받은 내면을 잘 보여준다는 생각이

들었다. '언어의 정원'은 어쩌면 단순히 남녀 간의 사랑을 다룬 영화, 영상미를 중심으로 아름답게 꾸민 영화로 볼 수 있겠지만, 좀 더 깊게 생각해본다면 교훈적인 주제 등 더 많은 의미가 담겨있는 영화라고 볼 수 있다.

<예문 1>도 무난히 잘 쓴 글이지만, 다음 두 가지 문제를 내포하고 있다. 첫째, 퇴고가 부족하다. 문장 군데군데에서 비문이 보인다. 두 번째 단락 밑줄 친 문장들은 주어와 서술어의 호응이 이루어 지지 않았다. 둘째, 조금 더 자신감을 가지고 일관성 있게 쓸 필요가 있다. 자신의 글에 힘을 실어주기 위해서는 '생각한다'와 같은 주관적인 표현을 배제하고, 자신의 입장과 의견을 일관성을 있게 밀고 나갈 필요가 있다. 다수의 학생들은 비판에 익숙하지 않은 나머지, 비판을 담은 문장의 종결어미는 주관적인 서술어로 끝을 맺는다. 좀 더 자신감과 소신을 가질 필요가 있다.

이 외, 빈번한 접속사의 사용은 오히려 문맥의 연결을 부자연스럽게 만든다. 좋은 글은 접속사의 인위적인 연결에 의지하지 않는다. 문장이 지닌 의미의 흐름만으로, 문장과 문장 간의 맥락을 형성할 수 있도록 하자. <예문 2>는 <예문 1>에 비해 퇴고가 잘 되어 있으며, 자신의 입장이 뚜렷하게 드러난다. <예문 2>는 밑줄 친 부분에 주목하여, <예문 1>과 비교하면서 읽어보자.

예문 2

비에 젖은 여름 — '언어의 정원' 감상문

1학년 학생

'언어의 정원'은 신카이 마코토 감독이 제작한 애니메이션 영화이다. 총 46분의 짧은 단편이지만 아름다운 영상미가 시선을 압도한다. 이러한 작중의 모든 배경들은 특수 작업 없이 전부 손으로 그려졌다. 이야기는 구두장이가 꿈인 고등학생 다카오가 비가 오는 날 오전 도심 정원에서 유키노를 만나는 것에서부터 시작된다. 유키노는 다카오의 학교 선생님이었지만, 다카오는 눈치 채지 못한다. 그러한 둘 사이에서 싹튼 사랑은 현실적인 문제로 완전히 꽃피우지 못하고 잠시 미루어지며 이야기는 마무리 된다.

이 영화의 진미는 영상미와 음향효과라고 볼 수 있다. 사실보다 더 사실적인 풍경은 모두 수작업으로 그려졌다. 따라서 그림이라는 특성을 이용해 배경의 아름다움을 부각시키면서도 실제와 같은 영상을 만들어 낼 수 있었던 것이다. 영상미와 더불어 음향효과는 영화의 잔잔하고 달달한 로맨스적인 분위기를 한층 더 북돋았다. 다양한 빗소리는 관객의 감정을 차분하게, 때로는 격정적으로 만들며 극중 줄거리에 몰입하게 한다. 배경음악도 중요한 역할을 했지만 역시 작중 분위기에 큰 공을 세운 것은 빗소리와 물소리라 생각한다.

그렇다면 이번엔 아름다운 기법들에 가려진 이야기를 해보자. 영상미에 현혹된 우리는 선생과 제자의 사랑이라는 상투적인 소재의 줄거리를 과대평가 할 수 있다. 비오는 날 정원에서 만난 유키노와 다카오는 사랑에 빠진다. 하지만 선생과 제자라는 현실적 문제로 둘은 나중을 기약하며 헤어지는 것으로 이야기는 마무리 된다. 다카오의 고백을 유키노가 거절하는 것 외에 줄거리에 영향력이 있는 갈등은 등장하지 않는다. 이러한 이야기 전개는 진부한 소재에 지루함을 더 할 수 있다.

'언어의 정원'은 영상작업에 비해 줄거리를 안일하게 구성한 작품이라고 생각한다. '잘 걷지 못 하는 사람들의 성장 이야기'를 주제로 한 영화라는 주장도 있다. 필자는 그 주제가 선생과 제자 간의 사랑이야기를 포장하기 위한 소주제라고 생각한다. 그러나 눈과 귀가 즐거운 작품을 꼽으라면 '언어의 정원'을 가장 먼저 들 수 있을 것이다. 어느 날 문득 여름의 풀내음과 함께 감성에 젖고 싶은 날이라면 '언어의 정원'을 추천한다.

2) 논설

논설은 어떤 대상에 관하여 자기의 의견이나 주장을 조리 있게 서술한 것이다. 특정 언론의 지면을 통해 발표되기에 사설이라고도 한다. 논설에서 다루는 대상은 크게 사실, 가치, 정책 등으로 구분할 수 있다. 글의 목적은 제기한 사실, 가치, 정책 등에 대해 글쓴이가 의견이나 주장을 펼쳐 읽는 이를 설득하려는 데 있다. 그러므로 다루는 대상에 대한 정확한 이해가 선행되어야 한다. 자세히 알지 않고 쓴다면 추측성 오보, 감정적인 토로로 글의 객관성을 해칠 뿐 아니라 글쓴이의 태도에 윤리를 문제 삼을 수 있다.

논설도 비평의 서술방식과 다르지 않다. 서론에서는 글에서 다루려는 대상에 대한 이해가 제시되어야 한다. 용어에 대한 설명, 정책에 대한 설명 및 시행 일정 등 대상에 대한 기본적인 정보를 밝혀주어야 한다. 서론에서 대상에 대한 기본 정보를 서술하면서 점진적으로 대상을 분석하고 결론에 이르러 글쓴이의 입장을 밝히는 미괄식 구성이 보편적이나, 논조를 강조하기 위해 서론에서 글의 의도와 방향성을 미리 밝히는 두괄식 구성도 효과적인 전개방식이다.

본론에서는 대상에 대한 입체적 분석이 행해져야 한다. 긍정적인 면모와 부정적인 면모 등 다각적인 면에서 검토되어야 한다. 논설이 대상의 부정성에 초점이 맞추어져 있다면, 본론에서는 다양한 층위에서 부정적인 요인을 검토하는 것으로 각각의 단락을 구성해야 할 것이다. 반대로 논설이 대상의 긍정성에 초점이 맞추어져 있다면, 본론에서는 다양한 층위의 긍정적 효과를 검토하는 것으로 각각의 단락을 구성해야 할 것이다.

결론에서는 지금까지 전개한 내용을 간략하게 요약함으로써 정리하는 것이 좋다. 서론과 본론에서 대상에 대한 이해와 구체적인 분석이 이루어졌다면, 결론에서는 대상에 대한 가치를 평가해 주고 나아가 앞으로의 전망을 예견해 볼 필요가 있다. 비평과 마찬가지로, 소신을 가지고 자신의 입장을 전달해야 한다. 감정에 치우쳐 격앙되지 않도록 하되, 자신의 소신이 분명히 드러나야 한다.

(1) 논설의 구조

대상 일반에 초점을 둔 논설

- 대상의 정의와 설명, 의미와 특징 → 서론
- 대상의 긍정적 의의 → 본론1
- 대상의 부정적 한계 → 본론2
- 대상에 대한 가치평가와 전망 → 결론

문제에 초점을 둔 논설

- 대상의 개념과 특징 설명, 문제 제기 → 서론
- 다양한 각도에서 문제를 발견하고 지적1 → 본론1
- 다양한 각도에서 문제를 발견하고 지적2 → 본론2

▪ 대상에 대한 평가와 방향성 제시 → 결론

비평과 마찬가지로 서론, 본론, 결론의 구조를 지키도록 하자. 본론에서 전달하려는 바가 많을 경우, 새로운 단락을 만들도록 하자. 단락의 통일성을 유지하되, 단락과 단락간의 지면 배분도 고려해야 한다. 비판과 평가가 어느 한쪽에만 치우쳐 있다는 인상을 주지 않도록, 각 단락에서 문제를 제기할 때 단락 안에 제시한 정보의 양과 문장의 양에도 주의를 기울여야 한다. 글쓴이의 가치중립적 시각이 드러나도록, 글의 구성과 전개방식에도 유의할 필요가 있다.

(2) 예문 비교

2014년 11월 21일 시행된 도서정가제에 대한 입장을 서술한 글이다. <예문 1>은 새로운 정책에 대한 우려를 표명하고 있으며, <예문 2>는 긍정적인 입장을 표명하고 있다. 각각의 글을 잘 읽고 비교해 보자.

예문 1

도서정가제, 목표를 이룰 수 있을까?

1학년 학생

도서정가제란 현재 높은 할인을 내세워 책을 판매하는 판매전법을 취하는 대형 서점들 때문에 하나씩 사라져가는 동네 서점들을 살려보자는 취지로 제정된 법이다. 도서정가제는 대형 서점들이 높은 할인액을 내걸기 위해 생기는 가격 거품을 걷어내고, 같은 할인율로 동네 서점과 경쟁하게 하려는 정책이다. 실제 가격 거품을 빼서 정가를 낮출 수 있으니, 낮은 할인율에도 소비자들은 변동이 없는 가격으로 책을 마주할 수 있다.

하지만 과연 이러한 도서정가제가 성공을 거둘 수 있을까? 우선 도서 정가 부분에 대해 말해보려 한다. 현재 대부분의 도서는 만 원 이상의 가격에 판매되고 있다. 이것은 실제 사람들이 흥미를 위해 책을 사기에는 부담스러운 금액이다. 그렇기에 실제 판매되는 도서는 주로 아동서적이나 문제집들이다. 이런 도서는 비싸도 팔린다. 기호에 의해 구매하는 것이 아니라, 경쟁을 위한 필수품이기 때문이다. 우리나라 도서 시장의 현실이 이러한데 과연 출판사가 가격을 내릴까

하는 의문이 든다. 정부 차원의 조절이 필요하다 여겨진다.

다음으로는 경쟁력 측면이다. 도서정가제가 제대로 실행되어 정가가 내려가고 할인율이 고정되어 가격 면에서 동등한 입장을 취할 수 있다고 가정해보자. 그런 상황이 온다고 해서 과연 사람들이 동네 서점을 이용할까? 온라인 서점은 편하다. 실제 인터넷 서점에서 1권만 구매하더라도 무료 당일 배송이 된다. 굳이 동네 서점에서 결제할 필요가 없는 것이다. 결제, 접근성, 책의 다양성 모두 앞서고 있는 것이다. 가격 면에서 동등해진다하여도 이길 수 없다.

이러한 면모들을 살펴보았을 때, 도서정가제가 제 역할을 다하여 목표를 성취할 가능성은 낮아 보인다. 그렇다면 과연 어떤 방법을 취해야 하는 것일까? 우선 도서정가제가 실행되어도 실제로는 대등하지 않은 가격 경쟁력을 동일하게 해야 한다. 출판사에서는 1만 원짜리 책을 대형 서점에는 5천 원의 금액으로 공급하고 동네 서점에는 7~8천 원으로 공급한다고 한다. <u>우선 이러한 암묵적인 계약부터 사라져야 한다. 그래야 제대로 된 도서 정가제를 실행할 수 있는 것이다. 하지만 앞서 말했듯이 도서정가제만으로는 부족하다. 추가로 대안을 내보자면 전문화 서점이나 이벤트, 커뮤니케이션의 광장이 되는 서점을 들 수 있다.</u>

서론에서는 도서정가제의 취지와 특성을 소개하고 있다. 본론에서 본격적인 분석이 이루어지고 있다. 본론의 첫 단락에서는 출판사의 가격책정에 대한 불신을 다루고 있으며, 두 번째 단락에서는 온라인 서점에 대한 동네 서점의 열등한 경쟁력을 다루고 있다. 결론에서는 그 결과 새로운 정책이 본래의 취지를 달성하기 어려움을 지적하고 있으며, 동네 서점을 살리기 위한 방안으로 공급가격 조절, 특화된 형태의 서점 마케팅 전략 등을 제안하고 있다. 새로운 정책의 의의와 글쓴이의 주장 모두가 잘 드러나고 있다. 여러 차례 퇴고를 거친다면 문장이 더 간결해지고 문맥의 연결이 더 자연스러워질 것이다.

예문 2

미래를 만드는 도서정가제

1학년 학생

2014년 11월 21일 '도서정가제'가 시행되었다. 도서정가제란 도서에 표시된 가격대로 팔되, 소비자의 후생을 위해 정해진 구간에서 일부 할인을 허용하는 제도이다. 일부 할인이 허용되는 구간으로는 출간한지 18개월 이상 된 책과 세트로 묶어서 판매되는 책이고, 카드사 할인이나 배송비 무료 서비스도 허용된다. 나는 이러한 도서정가제의 시행에 대해 '찬성'하는 입장이다. 그 이유는 출판사, 소비자, 시장의 입장에서 설명할 수 있다.

먼저 출판사의 입장에서 설명하자면 이렇다. 출판사가 정한 가격으로 소비자들에게 판매가 되기 때문에, 출판사는 대형 서점들로부터 가격 인하에 대한 압력이 들어오지 않을 것이다. 이는 곧 출판사의 이익이 증가된다는 의미이고, 출판업계가 더욱 활발해질 수 있다는 의미이기도 하다. 이렇게 되면 출판사는 더 높은 질의 책을 출간할 수 있게 되므로 전반적으로 도서시장의 질을 높여주고, 질이 높아진 책을 산 소비자의 만족도도 높아져 시장이 더욱 활발해질 수 있게 된다.

다음으로 소비자의 입장에서 설명하자면 이렇다. 지금 당장은 비싼 돈 주고 사는 기분이라 소비가 위축될 수 있지만, 시간이 어느 정도 경과하면 책 가격의 거품이 빠져, 점차 저렴해질 것이고, 할인 또한 일정 부분에 한에서는 가능하기 때문에 결과적으로는 전혀 손해 보는 것이 아니라고 생각한다. 그리고 지금까지는 가격이 낮은 책들이 많이 팔려 베스트셀러가 되곤 했는데, 도서정가제를 시행하면 온전히 책의 내용만으로 평가받을 수 있기 때문에 소비자들이 높은 질의 책을 선택할 확률이 높아진다. 우리가 책을 구입하는 본질적인 이유는 책으로부터 즐거움이나 정보를 얻기 위해서이지, 책이 저렴해서 사는 것은 아니다. 이를 생각해 볼 때, 전반적으로 소비자들에게는 이득이 된다고 생각한다.

마지막으로 시장의 입장에서 설명하자면 이렇다. 우리는 동네의 작은 서점들이 문을 닫는 것을 흔히 볼 수 있다. 이는 대형서점이 동네의 작은 서점들보다 상대적으로 많은 양의 책을 출판사로부터 구매하므로 더욱 싸게 책을 가져올 수 있고, 이로 인해 판매 가격이 동네서점보다 더 저렴하게 되면서, 소비자가 대형서점으로 몰려 나타나는 현상이다. 도서정가제는 이를 막아 작은 서점들이 시장에서 살아남을 수 있도록 도와준다. 이런 도움으로 하여금 시장에서의 돈의 흐름이 더욱 공평하게 돌아갈 수 있게 된다.

이 세 측면에서 봤을 때, 나는 '도서정가제의 시행을 찬성'한다. 단기적으로는 시장이 위축되겠지만, 장기적으로 본다면 모두에게 이득이 되는 법안이라고 생각한다. 책은 사람이 세상을 살아가는데 있어서 없어서는 안 되는 필수적인 존재이다. 우리에게 정보를 주기도 하고, 직접 경험할 수 없는 부분을 간접적으로나마 경험하게 해주고, 삶의 지혜를 주고, 휴식을 주고, 기쁨이나 슬픔과 같은 감정을 느끼게 해주고, 그렇기에 도서시장이 더 이상은 위축되면 안 된다. 잠깐 살다 죽을 세상도 아니고, 미래에 나의 자손들이 살아갈 세상이기에, 당장 앞에 닥친 미래만을 보기보다는 장기적인 시점으로 '먼 미래'를 내다보는 것이 현명한 것이라고 생각한다.

<예문 2>는 장기적인 관점에서 도서정가제를 찬성하고 있다. 서두에 글쓴이의 의도와 글의 방향성을 명시하고 있으므로, 논조가 명징하게 전달된다. 다만, 밑줄 친 것과 같이 '생각한다'와 같은 서술어는 쓰지 않아야 한다. 서술어는 간결하게 쓰는 것이 좋다. '손해 보는 것이 아니다' '이득이 된다' '현명하다'가 훨씬 더 의미를 명징하게 전달한다. 이 외에도 군데군데 긴 문장이 눈에 띈다. 글은 정보이다. 정보의 전달력을 위해, 문장은 간결하고 쉽게 써야 한다. 누가 읽더라도 그 의미를 빨리 파악할 수 있도록 써야 한다. 그러므로 가급적 긴 문장을 피하고, 한 문장에는 한 가지 의미가 들어가는 것이 좋다.

긴 글의 규칙 확인

- 문단 구분하기 : 새로운 단락이 시작될 때 줄을 바꿔 첫 칸을 들여 쓴다.
- 문단의 중심문장쓰기 : 문단의 처음이나 끝에 중심문장을 쓴다.
- 제목의 구체성 살리기 : 제목은 글의 핵심 내용이 구체적으로 드러나게 쓴다.

1. 〈사고와 글쓰기〉 교과, 혹은 다른 강좌에서 수행하고 있는 보고서를 PPT의 형태로 만들고 발표해 봅시다.

2. 자신이 가지고 있는 물건이나 자신이 새롭게 만든 제조품에 대한 사용설명서를 작성해 봅시다. 아울러 그 물건 혹은 제조품에 대한 광고카피도 만들어 봅시다.

3. 최근 본 영화/드라마/다큐멘터리/연극/뮤지컬/특정 프로그램 중 한 편을 설정하여, 그에 대한 비평을 써 봅시다.

4. 최근 이슈가 되고 있는 정책에 대한 자신의 입장을 한 편의 논설로 작성해 봅시다.

미디어 글쓰기

종이 위에 직접 글을 쓰던 시대는 지나가고, 컴퓨터나 휴대폰으로 문서를 작성하여 이를 다양한 미디어로 공유하는 시대가 되었다. 이제 우리는 주로 미디어를 통해 글을 읽고 글을 쓴다. 이제 미디어글쓰기는 대세이다. 변화하는 매체환경 속에서 큰 흐름이 된 미디어 글쓰기에 대해 자세히 알아보자. 그리고 미디어 글쓰기를 정확히 익혀, 자신의 글을 미디어를 통해 적극적으로 활용해보자.

■ 목표

1. 미디어 글의 성격을 이해한다.
2. 미디어 글쓰기의 기본을 익힌다.
3. 미디어 글의 매체별 성격을 이해한다.
4. 미디어 글의 종류를 익히고 실습해 본다.

■ 구성

1. 미디어 글의 성격

1) 미디어의 의미

미디어(media)는 지식이나 감정, 의사 등의 여러 정보를 전달하는 수단이다. 미디어의 어원은 라틴어 'medius'이다. 이 말은 '중간적인 것이나 그 수단'을 의미한다. 이러한 뜻이 약간 변하여, 현재는 특정 정보를 전달하거나 수용하는 데 사용하는 매체, 또는 매개체를 지칭하게 되었다.

과거에는 지식이나 정보를 종이라는 매체에 필사하여 그것을 전달하거나 후세에 남겼다. 그 이후에는 인쇄기술이 발달하여 종이 위에 글자를 인쇄하게 되어 책이나 신문 형태로 미디어가 발전하였다. 그 다음 단계에서는 전신·전화 등을 통하여 먼 곳에 있는 사람에게 정보를 전달할 수 있게 되었으며, 라디오, TV가 발명되면서 소리와 영상 등의 정보를 먼 거리까지 실시간으로 전달할 수 있게 되었다. 오늘날에도 책, 신문, 전화, 라디오, TV 등은 정보를 가장 잘 전달할 수 있는 매체로서 중요한 역할을 담당하고 있다.

또한 1945년에 전자계산기가 개발되면서, 컴퓨터가 정보처리 기능은 물론 정보저장 수단으로 등장하게 되었다. 오늘날 정보통신 기술이 발전함에 따라 디지털 통신 기술이 먼 거리에 있는 사람에게 정보를 신속하게 전달해 줄 수 있는 가장 편리한 매체가 되었다.

특히 요즘은 미디어의 발전 속도에 비례하여 사회도 점점 거대화되고 있으며, 이제 거의 모든 현대인들의 커뮤니케이션이 미디어를 통하지 않으면 안 될 정도가 되었다. 최근 우리나라에서도 케이블TV, 위성방송과 위성통신, 무선호출기, 휴대전화, PDA 등 다양한 미디어가 속속 등장하고 있다. 더구나 인터넷으로 대표되는 멀티미디어가 21세기의 새로운 미디어로 주목받고 있는데, 이는 디지털혁명을 통하여 매체의 호환을 가능하게 하는 통합형 미디어라고 할 수 있다.

2) 미디어 글의 의미와 성격

현재 다양한 분야에서 미디어를 통한 글쓰기가 급속도로 확대되는 추세이다. 미디어 글은 '미디어에 사용되는 글', '미디어 수용자를 위한 글'이다. 미디어 글은 일반적으로 '저널리즘 글'과 같은 개념으로 사용되기도 한다. 저널리즘(Journalism)은 '매일(daily)'을 뜻하는 라틴어 'diurnalis'에서 온 말이다. 매일 매일 현재 진행 중인 사건을 최대한 실시간에 가깝게 보도하는 것이 바로 저널리즘의 중요한 특성이다.

그러므로 미디어 글은 흔히 신문이나 잡지, 방송, 컴퓨터의 인터넷에서 사용되는 글들을 말한다. 신문이나 방송, 잡지, 컴퓨터의 인터넷에 사용되는 글은 매우 종류가 다양하다. 개인적인 글은 물론 공적인 글도 있고 뉴스 글도 있다. 그러나 일반적으로 미디어 글이라고 하면 뉴스의 정보를 담은 글을 의미한다. 신문이나 잡지에 가장 많이 실리는 글인 기사가 바로 대표적인 미디어 글이다.

미디어 글은 일반 글과 크게 다르지 않다. 다른 점이 있다면 미디어 글은 있는 사실을 객관적으로 담아낸다는 것이다. 일반 글은 사실을 담기도 하지만 허구적이거나 가상적인 내용을 담아내기도 한다. 뿐만 아니라 주관적이며 추상적인 글일 경우도 많다. 그러나 미디어 글은 항상 사실을 토대로 해야 하고, 그것을 객관적으로 서술하려고 한다.

미디어 글도 어떤 미디어인지에 따라 글의 성격이 조금씩 달라진다. 미디어 글에는 신문과 잡지, 출판 미디어 글이 있고 방송과 웹 미디어 글도 있다. 신문과 잡지, 출판 미디어 글은 인쇄 미디어 글에 속하고 방송과 웹 미디어 글은 통신 미디어 글에 속한다.

인쇄 미디어 글도 서로 비슷하지만 조금씩 다르다. 신문 미디어 글은 사실정보를 신속히 제공하기 때문에 문체가 단조롭고 무미건조하지만 잡지 미디어 글은 보다 심층적이고 분석적이다. 출판 미디어 글은 다른 미디어 글에 비해 주관성을 띠는 경우도 많다. 방송 미디어 글은 신문 미디어 글처럼 문체가 비교적 단조롭다. 웹 미디어 글도 단순하기는 하지만 잡지 미디어 글처럼 분석적이고 심층적인 경향을 보여준다. 물론 미디어 글 가운데 신문 미디어 글과 방송 미디어 글이 유사한 부분이 많고 잡지 미디어 글과 웹 미디어 글이 비슷한 면이 많다. 글의 깊이나 표현방식도 서로 유사하다.

그러나 미디어 글은 기본적으로 동일하다. 미디어 글은 어떤 것이든 정확성, 명확성, 간결성을 최고의 덕목으로 추구한다는 점에서 동질성을 지니고 있다. 미디어의 특성에 따라 내용을 다루는 깊이에 차이가 있을 뿐 근본적으로는 동일하다고 볼 수 있다.

미디어 글은 일반 대중을 독자로 상정한다. 남녀노소, 학력이나 경제력, 신분, 직업의 차이 없이 누구나 쉽게 읽고 이해할 수 있도록 쓰는 것이 미디어 글이다. 그래서 미디어 글은 주제에서부터 일반인의 관심을 끌게 한다. 이른바 '뉴스거리'가 될 만한 글이다. 뉴스거리란 평범한 이야기가 아니라 다른 사람들의 관심을 끌고 재미있게 할 수 있는 이야기라는 뜻이다. 흔히 "개가 사람을 물면 뉴스거리가 되지 않지만 사람이 개를 물면 뉴스거리가 된다."는 말이 있다. 그것은 무엇보다도 평범한 것이 아닌, 의외의 일이 바로 뉴스거리가 된다는 의미이다. 그러므로 미디어 글은 뉴스가 될 만한 가치를 지닌 글이라고 할 수 있다. 과연 어떤 것이 참으로 뉴스가 될 만한 가치가 있는지에 대해서는 논란이 있을 수 있으나 몇 가지 요소들을 제시해 보면 다음과 같다.

읽을거리 – 뉴스 가치의 요건

첫째, 시의성(timeliness)이 있어야 한다. 뉴스가치를 지니게 되려면 사건이 발생하자마자 즉시 뉴스로 보도되어야만 가치를 지닐 수 있다는 것이다. 보도시기를 놓치게 되면 뉴스로서의 가치가 반감할 뿐만 아니라 상실된다. 신문에서 말하는 '특종'이라는 것도 이런 시의성과 관련이 있다. 사건 발생 즉시 보도되지 않는다고 하더라도 일반대중의 관심이 극대화될 때 포착하여 신속하게 보도하여야 한다. 결국 시의성이라는 것은 일반대중의 관심거리를 잘 포착하여 그 시기를 놓치지 말고 바로 보도해야 한다는 의미이다.

둘째, 근접성(proximity)이 있을수록 뉴스거리가 된다. 독자와 물리적인 거리 또는 심정적인 거리가 가까운 사건일수록 뉴스거리로 적합하다는 것이다. 사람들은 자신과 가까이 일어나는 일일수록 관심을 가지며, 또 알고 싶어 하기 때문이다.

셋째, 저명성(prominance)이다. 유명한 사람의 일일수록 뉴스가치가 높다. 유명한 사람들의 일은 아주 사소한 일이라도 뉴스거리가 된다. 그만큼 일반 대중들이 그 소식을 궁금해 한다. 그러나 일반인들은 특별한 경우를 제외하고는 미디어의 관심거리가 되기 어렵다.

넷째, 영향성(consequence)이다. 영향성은 얼마나 공공의 생활과 개인의 생활에 영향을 줄 수 있는 사안인가 하는 문제이다. 뉴스거리가 공공의 생활과 개인의 생활에 영향을 미치는 정도가 크면 클수록 뉴스로서 가치가 높다.

다섯째, 흥미성(interest)이다. 재미있거나 흥미로운 것이 뉴스로서 가치가 있다는 것이다. 그러나 흥미성을 과도하게 추구하다 보면 사태를 과대포장하거나 선정적인 것만을 드러내거나 확인되지 않은 일을 사실로 보도할 수도 있으므로 각별한 주의가 필요하다.

여섯째, 진귀한 사실이 뉴스거리로서 가치가 있다. 즉 진귀성(novelty)이 있어야 한다. 우리가 살다보면 일상에서 경험할 수 없는, 우리의 상식을 뛰어 넘거나 있을 수 없는 일들을 경험할 수 있는데 이것을 진귀성이라 한다.

이러한 요소 외에도 사회성, 기록성, 국제성 등이 있다.

–황성근, 『미디어 글쓰기』, 박이정, 2005, 71-75면 참조

3) 미디어 글과 직업

미디어 글과 관련하여 기자, 자유기고가, 단행본 집필가, 대필작가, 작가와 같은 직업을 들 수 있다.

기자는 신문이나 방송, 잡지 제작과 관련하여 사건을 취재하고 기사를 쓰는 직업에 종사하는 사람을 말한다. 미디어의 종류에 따라 신문기자, 방송기자, 잡지기자로 나눈다. 기자는 미디어의 특성에 따라 조금씩 차이가 있기는 하지만 일의 성격은 거의 유사하다. 기사의 기획, 사건의 취재나 기사작성은 어느 미디어에서나 공통되는 기자의 일이다. 방송기자는 기사를 말로 표현하는 것이 다르지만 이 경우에도 기사를 미리 글로 작성해서 그것을 읽는 형식으로 진행한다.

또한 하는 일을 세분하여 취재기자, 편집기자, 사진기자, 교열기자로 나누기도 한다. 취재기자는 사건이 발생했을 때 현장에 직접 뛰어들어 취재하는 기자이다. 편집기자는 신문이나 잡지의 지면을 편집하는 일을 한다. 요즈음은 편집의 중요성이 날로 커지고 있어서 상당수준의 전문적인 지식을 필요로 한다. 사진기자는 사진을 촬영하는 일을 한다. 사건의 순간을 잘 포착해야 하고 섬세한 사진 기술도 필요하다. 그리고 일부 사진의 경우는 예술사진에 가깝도록 촬영하는 경우도 있다. 교열기자는 맞춤법이나 표기가 잘못된 것을 바로잡는 일을 한다. 정확히 말해서 그들은 교열뿐만 아니라 교정을 함께 담당한다. 교정이라는 것은 단순히 오탈자를 바로 잡는 것을 말하고, 교열은 잘못된 문장을 수정하거나 지면 전체의 오류를 바로 잡는 것을 말한다. 교정을 잘 보기 위해서는 국어의 맞춤법과 외래어 표기법 등에 관해 해박한 지식이 필요하고, 교열을 잘 보기 위해서는 문장의 논리나 내용에 대한 박식한 지식도 갖추고 있어야 한다.

자유기고가는 영어로 프리랜서(free-lancer)라고 한다. 흔히 자유로운 상태에서 글이나 사진 등을 신문이나 방송, 잡지, 웹 미디어 등 여러 미디어에 기고하는 사람을 말한다. 앞으로는 자유기고가의 활동이 더욱 기대되고 있다. 구조조정과 인건비 등의 문제로 기사작성과 편집을 외부에 맡기는 경우가 점차 늘어나고 있기 때문이다. 그러나 자유기고가는 분업화된 신문기자들과는 달리 기획에서 취재, 편집, 교열까지 혼자서 모두 수행할 수 있는 능력을 갖추고 있어야 한다.

단행본 집필가는 단독으로 간행된 출판물을 집필하는 사람을 말한다. 단행본은 총서나 문고, 무크와는 다른 형태로 간행된 한 권의 저서를 뜻하지만 가장 보편적으로 만들어지는 출판물이다. 단행본 집필은 개인적인 글쓰기 역량은 물론이고 쓰고자 하는 내용에 대한 해박한 지식과 경험이 축적되어 있어야 성공을 보장할 수 있다.

대필작가는 다른 사람을 대신하여 집필해주는 사람으로 고스트라이터(Ghost Writer)라고도 한다. 기업인이나 연예인 등 매우 바쁜 사람들이 책을 내고자 할 때, 본인이 직접 집필할 시간적 여유가 없어 다른 사람을 대신 고용해 집필하게 하는데, 이때 고용되는 사람이 대필작가이다. 대필작가는 대부분 언론에 종사한 사람이거나 글을 쓸 수 있는 능력이 충분한 사람이 된다. 나름대로 글 쓰는 노하우가 있고 문장구사력도 갖추고 있어야 한다. 대필작가의 활동은 잘 나타나 있지 않으나, 시중에서 판매되고 있는 유명인들의 자전적 에세이류는 대필작가에 의해 집필된 경우가 적지 않다.

작가는 매우 넓은 의미를 지니지만 글쓰기를 주업으로 하는 작가들로는 시인, 소설가, 희곡작가, 방송드라마작가, 방송구성작가, 시나리오작가 등이 있다. 작가가 되려면 언어에 대한 천부적인 감각과 표현력, 문장 구사력이 필요하며 문학적 상상력과 창조력이 필요하다.

2. 글 쓰는 법

1) 미디어 글쓰기의 과정

미디어 글쓰기 과정이 일반적인 글쓰기 과정과 크게 다르다고 보기 어렵다. 다만 다른 점이 있다면 글 쓰는 과정에서 자료수집과 취재의 과정을 매우 중시한다는 점이다. 이러한 미디어 글쓰기 과정은 대략 ①주제 설정, ②자료수집, ③취재, ④글쓰기, ⑤글 고치기 과정으로 살펴볼 수 있다.

(1) 주제 설정

어떠한 글이든 주제를 정하는 일은 중요한 것이다. 미디어 글의 주제결정은 무엇보다도 독자를 염두에 두고 결정해야 한다. 미디어 글은 자기 혼자만 보는 글이 아니기 때문이다. 그러므로 독자가 무엇을 원하고 독자가 어떤 정보를 알고자 하는가 하는 문제를 바탕에 두고 주제를 결정해야 한다. 그리고 주제를 결정할 때도 여러 사람과의 의견 조율이 필요하다. 이런 이유로 신문사, 방송사, 잡지사에서는 여러 차례 기획회의를 거쳐서 결정하는 시스템이 마련되어 있다.

(2) 자료 수집

주제가 정해지면 제일 먼저 해야 하는 것이 기초자료의 조사와 수집이다. 물론 긴급하게 전해야 하는 신문의 사건사고 기사 같은 것에는 자료수집이 없어도 된다. 사건 현장만을 취재하면 된다. 그러나 좀 더 심층적이거나 종합적인 기사를 쓰고자 한다면 자료조사가 반드시 필요하다.

신문사나 방송사에는 기본적인 자료들을 모아놓은 자료실이 있어서 자료수집에 용이하다. 신문기사를 작성할 경우에는 비슷한 주제의 기존기사를 종합적으로 살펴봄으로써 취재의 방향과 내용을 정하는 데 많은 도움을 얻을 수 있다. 신문사나 방송사 자료실 외에도 각종 도서관이나 인터넷을 통하여

기존의 기사 자료를 충분히 검색하여 볼 수 있다. 특히 한국언론연구원(www.kinds.or.kr) 사이트는 국내언론사의 최근 신문기사자료를 종합적으로 검색할 수 있는 곳이다.

기초자료조사는 주제의 기획의도를 충분히 간파한 후에 이루어져야 한다. 그리고 기사자료를 참고할 때에도 옛날자료보다는 될 수 있는 한 최근의 자료를 활용하는 것이 좋다. 오래된 자료인 경우 현 상황과 맞지 않는 경우도 있고 새로운 정보를 얻기 어렵다. 미디어 글은 기초 자료를 토대로 현장 취재를 해야 한다.

(3) 취재

취재는 정보의 근거가 되는 지역이나 사물, 사람을 직접 대면하고 정보의 재료를 직접 찾아내는 일을 말한다. 미디어 글의 품질은 취재를 얼마나 충실히 했는가에 의해 결정된다고 해도 과언이 아니다. 또한 미디어 글은 취재가 어려우면 어려울수록 가치 있는 좋은 글이 될 수 있다. 반대로 취재가 쉽게 되는 것은 독자들의 관심을 별로 끌지 못할 뿐만 아니라 기사로서의 가치도 그만큼 떨어진다.

취재는 취재원을 섭외하는 것부터 시작된다. 취재원을 만났을 때는 무엇을 어떻게 질문할 것인지 구체적으로 준비해야 한다. 질문거리를 정할 때 제일 중요한 것은 취재원에게 독자들이 무엇을 궁금해 하고 무엇을 알고 싶어 하는가에 초점을 맞추어야 한다. 미디어 글의 취재는 독자가 중심이 되고 미디어 종사자들은 독자를 대신해서 취재원들을 만나 취재를 한다고 생각하면 된다. 취재원을 만날 때는 상대에게 좋은 인상을 주고 취재원이 긴장하지 않고 속마음을 털어놓을 수 있도록 편안한 분위기를 조성해 준다. 그리고 이야기가 핵심을 벗어날 경우는 요령껏 본령으로 되돌릴 수 있어야 한다.

질문을 할 때는 한 번에 한 가지 질문을 하는 것이 원칙이다. 취재원이 제공하는 정보는 모두 받아들이는 것이 좋으나 중요한 정보일 경우에는 반드시 재확인하는 것이 필요하다. 취재할 때에는 기록을 해두는 것도 중요하다. 녹음을 해야 되는 경우도 있으나 녹음이 필수적인 것은 아니다. 기록만으로도 충분할 경우가 많다. 다만 녹음을 하고자 할 경우는 먼저 상대에게 양해를 구하는 것이 좋다. 그렇게 하지 않으면 자칫 녹음하는 행위가 무례하게 비춰질 수도 있다. 기록을 할 때는 육하원칙에 맞추어 정확히 기록하고 핵심적인 말이나 단어를 중심으로 기록하면 된다. 상대방의 이야기를 중심으로 기록하되 당시 분위기나 그 인물의 인생관에 영향을 끼친 에피소드, 일상생활에서의 생활신조 같은 것을 기록해두는 것도 필요하다. 이것은 나중에 글을 쓸 때 인상적인 리드(제목 다음에 처음 시작하는 문장)의 역할을 할 수 있고, 생생한 인간미를 전해줄 수 있기 때문이다.

(4) 글쓰기

취재가 끝나면 글쓰기에 들어가도록 한다. 미디어 글은 문체와 매체 유형별로 일정한 틀을 가지고 있으므로 거기에 맞춰서 글을 쓰는 것이 좋다. 그리고 쓰고자 하는 내용을 완전히 이해하고 나서 쓰는 것이 바람직하다. 완전히 이해하지 못하고 글을 쓸 경우 추상적이거나 피상적인 글이 되어 버리기 쉽다.

또한 글을 쓸 때는 독자에 초점을 맞추고 써야 한다. 독자가 이 글에서 무엇을 알려고 하는지에 대하여 늘 염두에 두고서 글의 내용을 전개해야 한다. 그렇지 않을 경우 그 글은 미디어 글이 아닌 개인의 글에 지나지 않게 된다.

글을 쓸 때 가장 유념해야 할 부분은 제목과 리드이다. 한편으로는 객관성을 해치지 않는 범위 안에서 인간적인 관심사도 반영하여 인간미가 스며들 수 있도록 쓰는 것이 좋은 미디어 글을 쓰는 요령이다.

(5) 글 고치기

글쓰기가 끝나면 글 고치기에 들어간다. 먼저 글의 흐름이 좋은가를 판단하는 것이 중요하다. 미디어 글의 일차적인 교정은 글의 흐름이 무난한가를 파악하는 일이다. 글의 흐름이 원만하지 않으면 흐름을 바로잡아야 한다. 그리고 정확하지 않은 사항, 어색한 표현, 취재원의 보호나 인권침해 소지,

독자들이 더 궁금해 할 부분들이 없는지 살펴보고 수정해야 한다. 또한 주어와 서술어의 일치 여부를 비롯하여 맞춤법이나 어휘선택 등도 잘못된 것이 없는지 검토해 보아야 한다.

2) 미디어 글 표현법

미디어 글쓰기에서 지켜야 할 표현 규칙에는 여러 가지가 있다. 그것들을 제시하면 다음과 같다.

읽을거리 - 미디어 글쓰기의 표현 수칙

1) 일반 표기

① 일반 문장에서 존대어는 사용하지 않는다.
② 인용문장에서는 상황에 따라서 존대어를 써준다.
③ 약칭은 두 번째 언급부터 사용한다.

2) 인명 표기

① 인명은 반드시 한글로 표기한다.
② 인명의 경칭에는 남녀를 불문하고 '씨'자를 붙인다.
③ 미성년자일 경우 남자에게는 '군', 여자에게는 '양'을 붙인다.
④ 나이에 반드시 괄호를 사용해 표기한다.
⑤ 인물의 직함이 있을 때는 경칭 '씨'자를 사용하지 않는다.
⑥ 인명은 나이와 직업, 주소를 언급할 때에도 괄호를 사용한다.
⑦ 체육기사 또는 연예기사에서 체육인이나 연예인에게는 '씨'자를 붙이지 않고 사회면 기사일 경우에만 '씨'자를 붙인다. 체육기사나 연예기사에는 '야구선수 홍길동', '탤런트 홍길동' 같은 식으로 표기한다.
⑧ 외국인 이름은 현지 발음대로 써준다.
⑨ 인칭대명사는 '그'로 통일한다.
⑩ 나라 이름도 현지 발음 그대로 표기한다.
⑪ 회사이름은 맞춤법에 틀려도 기업에서 사용하는 발음 그대로 표기한다.

3) 단위 표기

① 숫자는 2백 50만 원 같은 식으로 십단위로 풀어서 아라비아 숫자와 함께

한글을 사용한다.
② 도량형 단위는 영문으로 표기한다.
③ 외국의 화폐단위는 한글로 표기한다.
④ 분수는 풀어서 표기한다.
⑤ 날씨의 온도는 '도'자를 사용한다.

4) 날짜 표기
① 연도표기는 숫자로만 표현하기보다는 숫자와 시점을 나타내는 한글표현을 함께 사용하는 것이 일반적이다.(예: 2005년 9월 → 지난해 9월)
② 날짜는 반드시 명기한다.
③ 시각은 오전, 낮, 오후, 밤을 구분해 표기한다.
④ 시간은 분 단위까지 쓴다.

–황성근, 『미디어 글쓰기』, 박이정, 2005. 214-225면 참조

문장표현법은 모든 글이 동일하다. 중요한 것은 문장의 내용을 정확히 전달하느냐의 여부이다. 일반 글에 비해 미디어 글이 비교적 중시해야 할 문장표현법은 다음과 같다.

읽을거리 – 미디어 글쓰기에서 중시해야 할 사항

1) 문장의 사용
① 주어와 서술어가 일치하는지 확인한다.
② 문장은 되도록 짧게 쓴다.
③ 복문과 중문의 사용은 피한다.
④ 접속사는 가급적 사용하지 않는다.
⑤ 동사는 능동형을 사용한다.
⑥ 글의 호흡에 변화를 준다.
⑦ 전문용어는 가급적 사용하지 않는다.
⑧ 문장의 논리성을 확인한다.

2) 내용의 표현
① 일화나 사례를 보여준다.
② 단락 사이의 연결이 자연스러워야 한다.

③ 시각과 청각을 자극한다.
④ 인간적 관심사를 담는다.
⑤ 세부 묘사를 잘 하여 독자가 머릿속에 상황을 그릴 수 있도록 한다.

3) 단어의 사용
① 문맥에 맞는 적합한 단어를 사용한다.
② 의미상 용법에 맞는 단어를 사용한다.
③ 낯선 단어의 사용은 가급적 피한다.
④ 시대의 감각에 맞는 단어를 선택한다.
⑤ 같은 단어의 반복을 피한다.
⑥ '역전앞', '초가집' 같은 이중표현을 금한다.
⑦ 의미의 명료성을 확인한다.
⑧ 시제 사용에 주의한다.
⑨ 조사의 사용에 주의한다.
⑩ 병치구조의 사용에 주의한다.
⑪ '… 물론'의 문장 사용에 주의한다.
⑫ 부호는 통일한다.

-황성근, 『미디어 글쓰기』, 박이정, 2005, 225-240면 참조.

3. 종류와 사례

1) 매체유형별 글쓰기

미디어학자 마셜 맥루언은 '미디어는 메시지'라고 말했다. 미디어는 형식 그 자체가 이미 메시지를 함축하고 있다는 것이다. 이것은 매체의 형식이 거기에 실린 글의 성격을 결정하는 중요한 요소라는 것이다. 매체의 특성에 따라 주제의 특성도 달라진다는 의미이다. 그러므로 우리가 미디어 글을 쓰고자 한다면, 먼저 각 미디어의 매체별 특성이 어떠한지 잘 이해하지 않으면 안 된다. 여기에서는 현재 중요하게 활용되고 있는 매체인 신문과 잡지, 홈페이지, 이-메일, 블로그, 페이스북과 트위터의 글쓰기에 대해 살펴보도록 한다.

(1) 신문과 잡지 글쓰기

신문은 신문지(新聞紙, newspaper)와 그 신문지를 매체로 사용하는 언론현상을 의미한다. 넓은 의미로는 신문, 방송, 잡지, 출판 등의 모든 언론현상을 칭하는 경우도 있다. 결국 신문이란 것은 특정한 조직체가 뉴스나 정보를 모집, 처리, 제작하여, 신문지라는 대중매체를 통해 독자들에게 정기적으로 제공함으로써, 그들의 정신적 욕구를 만족시켜주고 그 대가로 이윤을 추구하면서 공공성을 추구하는 문화적 커뮤니케이션 활동이라 할 수 있다. 신문은 간행주기로 보면 일간인 경우가 많다.

신문은 잡지와 함께 인쇄미디어에 속한다. 인쇄미디어라는 점에서 신문과 잡지가 다르지 않지만, 신문미디어의 글은 사실정보를 신속하게 전달하는 데 치중하기 때문에 문체가 단조롭고 무미건조한 경우가 많다. 아무래도 문체 유형으로는 기사와 단신, 그리고 사설과 같은 글이 주류가 된다. 그렇지만 신문에는 기사, 단신, 사설 외에도 다양한 문체형식의 글들이 수록되며, 신문 글은 미디어 글의 일반적인 전형을 이룬다고 할 수 있다.

신문 글을 쓰는 주체는 기자이다. 기자는 있는 사실을 정확하고 객관적이며 공정하게 서술해야 한다. 그렇게 하기 위해서는 무엇보다도 충실한 취재가 필요하다. 기자는 자기 몸으로 직접 보고 듣고 느끼고 만지고 냄새를 맡아야 한다. 이렇게 직접적인 신체활동을 통해 뉴스를 발견하고 수집하는 행위를 현장취재라고 한다. 모든 취재는 현장 취재를 원칙으로 한다. 현장을 취재하면서 각별히 유의해야 할 점은 이른바 '육하(5W1H) 원칙'이다. 신문기사는 육하 원칙에 맞게 서술해야 한다.

보도기사가 현장취재에 바탕을 두고 특정사실을 객관적으로 서술한다면 해설, 논평 기사는 이미 보도된 사실이나 이슈에 대한 가치평가를 제시한다. '일회성 뉴스'를 보다 심층적으로 보도하기 위해서는 해설과 논평도 필요하다. 이를 갖추기 위해 필요한 것이 '의견 취재'인데 의견취재는 해당 분야

전문가의 의견을 물어서 취재한다. 특히 전문가의 의견을 서술할 때에는 취재원의 성명과 직함을 분명히 밝히고 진술내용에는 큰따옴표를 달아 취재기자의 의견이 아님을 변별해 주어야 한다.

잡지는 하나의 제호 아래 정기적으로 간행되는 책자를 말한다. 거의 매일 나오는 신문과 달리 주간, 월간, 계간 등의 발행주기를 보여주며, 내용에 따라 패션, 스포츠, 영화 등의 전문분야를 깊이 다룬다. 전문잡지가 아닌 종합잡지인 경우에도, 신문보다는 깊이 있는 내용을 다룬다. 그리고 신문보다는 한정된 독자층을 대상으로 한다.

잡지는 신문이나 단행본과 마찬가지로 인쇄된 문자 · 그림 · 사진 따위를 소재로 하여 구성되는 미디어이지만, 단행본과는 달리 정기적으로 계속 간행된다. 또 신문에 비하면 발행 간격이 길기 때문에 뉴스성과 속보성이 떨어지지만 신문에 비해 전문성과 심층 분석의 측면에서는 수준이 더 높다. 그러므로 잡지에서는 기사나 단신처럼 신속성을 중시하는 글보다는 좀 더 장기적이며 심층적인 취재가 필요한 기획특집, 르뽀, 탐사 글들을 주로 취급한다. 그리고 관련분야의 생활정보, 가이드, 인터뷰 글도 즐겨 취급한다.

(2) 홈페이지 글쓰기

홈페이지는 원래 웹 사용자가 독립된 웹 사이트에 들어갈 때 첫 페이지에 나타나는 화면을 의미한다. 그러나 한국, 미국, 독일, 일본과 같은 일부 국가에서는 보통 하나의 웹페이지가 아닌, 온전하게 독립된 각각의 웹 사이트를 뜻한다.

홈페이지에는 웹 서버를 구축한 기관이나 개인에 대한 간단한 소개가 실려 있다. 요즘에는 각각의 특징을 나타내기 위해 화려하고 개성 있는 홈페이지를 구축하는 것이 유행이다. 홈페이지는 개인이나 단체를 홍보하고 실제 업무를 수행하는 중요한 플랫폼으로 적극 활용되고 있다.

홈페이지 글쓰기는 사람들이 사이트를 어떻게 보는가와 사이트를 어떻게 이용하는가를 늘 감안하면서 이루어져야 한다. 홈페이지에 들어오는 사람들이 독자가 아닌 보는 사람들이고 사용자라는 점을 잊지 말아야 한다. 그들은 사이트를 읽는 것이 아니라 훑어본다. 사람들은 그들이 원하는 정보가 무엇인지 결정한 후에야 그 정보를 파고든다.

그러므로 홈페이지 글쓰기는, 우선 사용자가 흥미를 느끼지 못하는 요소들은 과감하게 배제하고 필요한 요소들만 모아 결정체를 만들어 내는 것을 목적으로 삼아야 한다. 그들이 원하는 최상의 콘텐츠를 가장 간결한 형식으로 담아야 한다. 사람들은 화면을 통해 많은 글을 보는 것에 대해 좋아하지 않으며 특히 스크롤하는 것을 귀찮아한다.

둘째로, 정보를 꾸러미 단위로 잘 포장해야 한다. 명료하게 정보내용의 덩어리를 잘 분류하고 시각적인 요소도 잘 활용해야 한다. 사람들이 자신이 어디에 있고 무엇을 보고 있는지 명확하게 알 수 있도록 해주어야 한다. 그리고 홈페이지의 전체적인 연관성과 일관성을 느끼게 하고 그 흐름을 쉽게 이해할 수 있도록 감안해야 한다. 특히 특정용어나 기호, 어조, 문장부호의 사용은 사이트 전체에서 일관성을 유지해야 한다.

셋째로, 글의 스타일과 어조를 주의 깊게 선택해야 한다. 홈페이지의 성격이나 개설 목적에 맞는 글쓰기를 하는 것이 필요하다. 홈페이지의 성격이나 개설 목적은 매우 다양하기 때문에 홈페이지 글쓰기의 획일적인 기준을 제시하기는 어렵다. 그러나 어떤 사이트이든 그 내용은 친근감이 느껴지고, 접근하기 어렵지 않으며, 가능한 한 구어체로 풀어내야 한다.

홈페이지 글쓰기에서 꼭 지켜야 할 점과 피해야 할 점을 제시해 보면 다음과 같다.

읽을거리 – 홈페이지 글쓰기에서 꼭 지켜야 할 점

- 목표 독자를 제대로 이해하고 모든 요소를 그들에게 맞춰라. 또한 독자를 위해 항상 간결성을 유지할 수 있게 노력하라. 사람들은 여러 요소들이 서로 주목받겠다고 경쟁하는 사이트를 좋아한다.
- 정보를 반복하더라도 각각의 페이지들이 독립적으로 완전한 내용을 담을 수 있게 하라. 사용자들은 웹사이트에 게재된 내용을 전부 읽지 않을 뿐만 아니라 웹페이지를 순서대로 보지 않기 때문이다.

- 메뉴 항목들이 실제 페이지 내용과 항상 일치하게 하라. 메뉴 이름과 실제 내용이 일치하지 않으면 사용자들에게 신뢰받기 어렵다.
- 어떻게 사이트를 업데이트할지도 미리 고민해 두라. 뉴스든 신제품 정보든 관련 기사든 간에 항상 사이트를 신선하게 유지하여, 방문객이 다시 들어올 수 있게 만들어야 한다.
- 소리 내어 읽기 테스트를 해보라. 소리 내어 읽었을 때, 어색하게 들리는 부분이 없는지 확인해 본다.
- 가능한 한 인간적인 느낌이 묻어나고 공감대를 형성하도록 한다. 예를 들면, 자사의 제품이나 서비스를 사용하는 실제 인물들을 보여줘라. 이러한 전략은 비영리단체에도 효과적으로 사용될 수 있다.
- 목적 달성에 효과적이거나 콘텐츠와 관련된 시각 자료를 십분 활용하라. 사진, 삽화, 도표 등이 여기에 해당한다. 방문자의 시선을 끌 수 있는 글꼴, 색상, 아이콘, 디자인 등의 시각적인 도구도 활용하라.
- 방문자들이 보다 많은 정보를 얻을 수 있는 방법을 제시하라. 연락할 수 있는 인물이나 전화번호, 요청할 수 있는 자료, 기술적인 정보에 대한 링크, 질문에 답을 줄 수 있는 담당자의 이메일 링크 제공 등이 그 방법이다.
- 과할 정도로 교정을 보라. 한없이 많은 사람들이 당신의 실수를 보고 비웃을지 모른다. 모든 링크가 제대로 연결되었는지 확인하라. 링크를 걸어둔 사이트가 폐쇄되었거나 삭제되어 독자들에게 "페이지가 존재하지 않습니다"라는 메시지를 읽게 하는 일이 없게 하라.
- 행동을 촉구하는 내용으로 각 페이지를 마무리하라. 상업적인 웹사이트인 경우 "바로 견적을 받아보세요"라는 문구와 함께 전화번호를 노출한다든지 다른 페이지로 연결하는 링크를 함께 걸어둔다.

–내털리 커내버 · 클레어 메이로위츠(박정준 옮김),
『비즈니스 글쓰기의 모든 것』, 다른, 2013, 230-231면 참고

읽을거리 – 홈페이지 글쓰기에서 피해야 할 점

- 지나친 시각적 · 청각적 부담은 금물이다. 시각적 · 청각적 현란함과 의미 없는 애니메이션은 집중력을 흐트러지게 하고 사이트의 속도까지 저하시킨다.
- 귀엽게 보이려 하거나 똑똑해 보이려는 문구는 쓰지 마라. 사람들은 그런 부분에 오히려 반감을 느낀다.

- 누구에게만 재미있는 미심쩍은 유머는 쓰지 마라.
- 홈페이지에 기업사 이름은 집어넣지 마라. 가능하다면 다른 어느 곳에도 넣지 마라. 많은 홈페이지가 웹사이트 글쓰기에서는 해서는 안 되는 모든 것의 전형을 보여준다.

내털리 커내버 · 클레어 메이로위츠(박정준 옮김), 『비즈니스 글쓰기의 모든 것』, 다른, 2013, 233면 참고

(3) 이-메일 글쓰기

이-메일은 '전자 우편'을 뜻하는 'electronic mail'의 합성어이다. 전자우편은 인터넷을 통해 편지를 교환하는 것이다. 전송과 수신확인이 신속하며, 여러 명에게 한꺼번에 발송할 수 있으며, 별도의 비용이 들지 않는다. 사적인 연락뿐만 아니라 공적인 업무도 이-메일을 통해 이루어지는 경우가 많다. 이-메일을 통해 보고서나 제안서까지 오간다. 또한 텍스트로 된 편지뿐만 아니라 그림, 소리, 동영상 등으로 이루어진 편지도 주고받을 수 있다는 장점이 있다.

오늘날 종이 편지는 점점 쇠퇴하고 대부분의 편지가 이-메일의 형태로 유통되고 있다. 이-메일은 매우 빈번하게 유통되고 있으며 영원히 기록으로 남을 수 있다. 또한 짧지만 매우 강력하다. 그러므로 이-메일은 절대로 얕보지 말아야 할 통신수단이다.

이-메일은 전화보다 정확하고, 우편보다 신속해 여러 모로 편리하다. 그러나 사람들은 하루에도 수많은 이-메일을 받기 때문에 제목을 보고 선택적으로 읽게 된다. 대부분은 쓰레기통으로 직행하며, 읽는다고 해도 제대로 기억하는 것이 쉽지 않다. 따라서 읽히고, 기억되며, 의도한 목적을 달성하기 위한 이-메일을 쓰기 위해서는 요령이 필요하다.

첫째, 내용을 짐작할 수 있게 제목을 잘 붙여라. 좋은 제목은 수신자가 메일을 열고 글을 읽게 만들며, 마치 '열려라 참깨'와 같은 주문 역할을 한다. 효과적이고 간결하며, 직접적인 제목을 붙인다.

둘째, 내용은 간결하고도 쉽게 써야 한다. 용건만 간단하게 적는다. 마우스를 움직이지 않고 한 화면 안에서 볼 수 있을 만큼의 양이 적당하다. 누구나 이해할 수 있는 쉬운 말을 쓴다. 특별한 경우가 아니라면 특수한 전문용어나 어려운 한자어는 사용하지 않는다.

셋째, 간결한 내용의 글을 쓰기 위해서, 첫 문장에 핵심을 담는다. 또한 하나의 이-메일에는 한 가지 주제만 다룬다. 이-메일을 통해 알리고자 하는 내용이 많을 때는 연속된 이-메일을 단계별로 발송하는 것이 나을 수 있다.

넷째, 전달하려는 메시지가 미묘하다면 차라리 이-메일을 쓰지 말라. 풍자나 비꼬는 말, 반어법, 특히 유머는 이-메일에서 최대한 배제하라. 이-메일은 실제 목소리나 시각적인 단서가 결여되어 있기 때문에 의도한 바와 달리 받아들여지는 경우가 많다.

다섯째, 가급적이면 자료는 첨부하지 마라. 사람들은 첨부파일을 잘 열어보려 하지 않는다. 자료의 첨부가 필요할 경우, 본문에 중요한 내용을 간결하게 담아 주어 자연스럽게 첨부파일을 읽도록 유도한다. 첨부파일의 실행프로그램이 필요해 보일 때는 그 프로그램을 볼 수 있는 웹사이트 주소를 링크해준다.

여섯째, 통신언어나 속어는 가급적이면 쓰지 말라. 특히 친밀하지 않은 사이에서 이런 언어는 특히 휴대전화에서 사용하는 축약된 문자메시지나 지나치게 구어체적인 표현은 피하라.

일곱째, 메일주소를 철저하게 확인하라. 자칫 배달사고가 발생한다. 메일이 아예 도착하지 않는 경우도 있다. 상대방에게 제대로 전달되지 않으면 모든 것이 허사가 된다. 배달사고를 방지하기 위해서 주소록에 저장해두고 활용하는 것이 좋다. 또 답장을 보낼 때 회신 기능을 활용하면 배달사고를 방지할 수 있다. 상대가 꼭 보아야 할 메일일 경우 수신확인 기능을 확인해보거나 메일을 보낸 다음 전화나 문자 메시지로 알린다.

여덟째, 이-메일로 상대의 감정을 상하게 하거나 분노 또는 비판을 유발하게 하는 것을 삼가라. 특히 이-메일을 통해 다른 사람에게 결별, 해임, 해고를 알리는 것은 매우 좋지 않다.

—배상복, 『일반인을 위한 글쓰기 정석』, 경향미디어, 2013, 307-323면.
—내털리 커내버・클레어 메이로위츠(박정준 옮김), 『비즈니스 글쓰기의 모든 것』, 다른, 2013, 139-163면 참조

(4) 블로그 글쓰기

국내 블로그 사용인구가 이미 1,000만 명을 돌파했다. 블로그는 홈페이지보다 만들기가 쉽고 관리하기 편하기 때문에 이용자가 급속도로 증가하고 있다.

블로그라는 말은 인터넷을 의미하는 '웹(web)'과 일지 또는 일기와 같이 무언가를 기록한다는 '로그(log)'의 합성어이다. 즉 '웹상에 기록하는 일지'라고 할 수 있다. 이것은 개인의 일상이나 경험을 기록하고 공유하는 온라인 도구로 시작되었으며, 근래에는 특정 제품이나 회사의 홍보를 위해 사용하기도 한다.

'웹로그'라는 말은 1997년에 존 바거라는 사람이 처음 사용했다. 블로그가 우리나라에 소개된 것은 2002년이며, 본격적으로 활용된 것은 2004년 무렵부터이다. 블로그에는 일반인들이 자신의 관심사에 따라 일기, 사진, 칼럼, 기사, 음성자료 등을 자유롭게 올릴 수 있다. 또한 블로그는 개인출판, 개인방송, 커뮤니티까지 다양한 형태를 취하는 일종의 1인 미디어이다.

블로그를 마케팅에 활용하면서 '블로그 마케팅'이라는 용어가 등장했고 성공적인 사례들이 보고되고 있다. 기존의 언론에 못지않은 인기 블로그가 등장하는가 하면 강한 영향력을 지닌 파워 블로거들이 속속 생겨나고 있다. 최근에는 블로그에 올린 소설이나 글을 오프라인 책으로 묶어내는 일이 늘어나면서 '블룩스(blooks)'라는 말도 생겨났다. 블룩스는 블로그(blog)와 북스(books)의 합성어이다.

블로그 글쓰기는 일반적인 저널리즘 글쓰기와 다른 점이 있다. 일반적인 저널리즘 글쓰기가 이해와 설득을 목적으로 한다면 블로그 글쓰기는 공감과 교감을 목적으로 한다. 블로그의 독자들은 사건의 객관적인 전후본말보다는 "그 사건을 겪으면서 어떤 기분이었어?"라는 질문에 답하듯이 풀어쓴 글을 좋아한다. 공정하고 객관적인 글보다는 주관적이고 취향적인 글, 자신을 납득시키려는 글보다는 감성을 나누는 글을 선호한다. 또한 멀티미디어를 통합하는 멀티미디어 글쓰기라는 점도 중요한 차이점이다.

읽을거리 - 블로그 글쓰기 요령

첫째, 블로그는 하나의 주제로 특화하라. 백화점식을 지양하고 자신의 전문 분야를 정해 차별화 전략을 취하라. 지나치게 포괄적인 블로그 이름을 피하고, 폴더를 너무 많이 만들지 마라.

둘째, 시청각적인 것에 신경을 많이 써라. 블로그 공간에서는 딱딱한 글보다 사진이나 음악, 동영상 등 시청각적 자료가 호감을 얻는다. 글을 올릴 때 가능하면 관련 사진이나 그림, 음악을 곁들여라.

셋째, 글은 짧게 써라. 한 화면에서 끝이 보일 정도의 길이가 적당하다. 사진과 함께 올린다면 1,000~1,500자 정도가 된다. 길어도 1,500자를 넘기지 않는 것이 바람직하다. 긴 글은 어떻게 해서든 줄여서 올리며, 줄이기 어렵다면 몇 회로 나누어 게재하라.

넷째, 제목이 반이다. 새 글의 제목은 실시간 자동으로 검색 엔진의 홈에 노출되고 다른 검색 엔진에 제목이 키워드로 걸린다. 사람들은 이렇게 노출되는 제목을 보고 찾아온다. 따라서 남의 관심을 끌 수 있도록 제목을 정해야 한다.

다섯째, 매일 하나씩 올리는 것이 좋다. 블로그의 생명은 신선함이다. 늘 새로운 무엇인가가 있어야 한다. 매일 새로운 것을 하나씩 올려 그곳에 가면 무언가 새로운 볼거리가 있다는 인상을 심어준다.

여섯째, 시선을 끌 만한 편집이 필요하다. 최대한 보기 좋게 편집하라. 글과 사진, 음악 등을 적절하게 편집해 화면을 아름답게 꾸밀 수 있어야 한다.

일곱째, 퍼가기 좋은 것을 많이 올려라. 블로그의 핵심기능 중 하나가 '퍼가기' 이다. 그곳에 가면 늘 퍼올 만한 양질의 콘텐츠가 많다는 인상을 심어주어야 많은 독자를 확보할 수 있다.

여덟째, 활발하게 친교하라. 다른 블로거들과 널리 친구 관계를 맺고 교류를 활발하게 하며 발품을 팔아라.

–배상복, 『일반인을 위한 글쓰기 정석』, 경향미디어, 2013, 290-304면 참조

(5) SNS 글쓰기

SNS는 '소셜 네트워크 서비스'를 약칭한 것이다. 대표적인 소셜 네트워크 서비스로는 페이스북과 트위터가 있다.

페이스북은 13억 2천만 명이 사용하고 있는(2014년 6월 기준) 세계 최대의 소셜 네트워크 서비스이다. '페이스북(얼굴책)'은 원래 학교에서 학생들에게

서로의 신상을 파악하게 하기 위해 학기 초에 배포하는 책에서 비롯된 것이다. 이 서비스는 그 이름처럼 개인의 프로필을 기반으로 하여 전 세계 사람들과 소통하고 일상의 경험과 정보를 공유하는 도구이다.

페이스북은 2003년에 하버드대학에서 마크 저커버그에 의해 처음 시작되었다. 그 후 미국과 캐나다의 거의 모든 대학으로 확대되었다가 2006년 이후 13살 이상의 네티즌은 누구나 가입할 수 있게 되었으며 현재 세계 최대의 SNS가 되었다.

휴대기기를 통한 이용이 가능하기 때문에 사용 인구가 급증하였으며, 개인 간의 대화를 넘어 특정 브랜드와 회사를 홍보하는 비즈니스 플랫폼으로도 활발히 이용되고 있다. 그러나 나르시시즘을 조장하고 시간을 뺏으며, 사용자 개인의 사생활을 심각하게 침해한다는 비판을 받기도 한다.

블로그, 페이스북, 트위터가 모두 짧고 간략한 글들을 선호하지만, 보통 페이스북의 글은 블로그 글보다는 길이가 짧고 트위터 글보다는 길다. 주로 담벼락 안에서 친구들끼리 글을 주고받기 때문에 비교적 정답게 상대를 배려한 소통이 이루어지는 경우가 많다. 글의 소재도 블로그에 비해서 훨씬 일상적이며 사소한 체험들을 다양하게 다룬다.

트위터는 140자 이내의 짧은 글로 개인의 의견이나 생각을 공유하고 소통하는 공간이다. '트윗(tweet)'은 작은 새가 지저귀는 소리를 나타내는 말이다. 트위터는 재잘거리듯이 일상의 작은 이야기들을 그때그때 짧게 신속하게 올릴 수 있도록 만든 소셜 네트워크 서비스이다. 주로 친구들과 이야기를 나누는 페이스북에 비하여, 불특정 다수를 대상으로 이슈에 대한 빠른 전달과 확산이 가능하다는 차이점이 있다. 트위터는 2006년에 서비스를 처음으로 시작하였으며, 한국어 공식서비스는 2011년부터 시작했다.

휴대전화의 문자메시지(SMS)나 스마트폰 같은 휴대기기 등의 다양한 수단을 이용하여 글을 올리거나 받아볼 수 있으며, 댓글을 달거나 특정 글을 다른 사용자들에게 퍼뜨릴 수도 있다. 모바일 애플리케이션으로도 이용할 수 있기 때문에 자기가 어디에 있건 뭘 하고 있건, 모바일로 자기가 남기고 싶거나 얘기하고 싶은 것들은 트위터에 남겨 다른 사람들과 대화도 할 수 있다. 그러한 점에서, 활용 여부에 따라 단순 일기장, 속보 전달, 메모장, 마케팅 도구, 펜팔 등 그 활용이 무궁무진하다.

SNS 글쓰기는 일반적으로 마이크로스타일을 지향한다. 마이크로스타일은 크리스토퍼 존슨이 제시한 것으로 소셜 미디어 시대의 짧은 글쓰기 방식이다. 마이크로스타일의 원리를 몇 가지 소개하면 아래와 같다.

읽을거리 - 마이크로스타일의 원리

명료하게 써라

특히 헤드라인, 정보성 트윗, 이메일 제목 같은 글쓰기에서 꼭 필요하다. 이를 'KISS', 즉 '단순하고 바보같이 만들어라.(Keep It Simple and Stupid.)' 또는 '단순하게 만들어라, 바보야!(Keep It Simple, Stupid!)'의 원칙이라고 부른다.

올바른 단어를 사용하라

'르 모 쥐스트(le mot juste)' 맥락에 맞는 가장 적합한 단어들을 포착하여 사용하라.

그림을 그려라

감각은 한두 단어로도 촉발될 수 있기 때문에 감각적 호소는 마이크로스타일의 필수 요소다. 특히 시각 이미지가 그렇다. 소설이 순수 회화고 과학 논문이 세밀화라면, 마이크로메시지는 선 굵은 그래픽과 같다.

감정을 자극하라

효율적인 마이크로메시지는 종종 감정의 급소를 찌른다. 감정은 우리의 사고를 돕고 생각과 메시지를 선명하게 해준다.

구체적인 상황을 만들어라

독자들이 그것을 생각하는 것이 아니라 그 속에서 살아가게 만들어라. 우리는 관념이 아니라 상황 속에서 살아간다. 그러니 독자를 상황 속으로 밀어 넣어라.

세부사항을 파고들어라

메시지가 짧을수록 세부사항들을 말해야 할 필요가 있다. 잘 선택된 세부사항은 철자를 일일이 적지 않고도 메시지를 전달할 수 있게 해준다.

은유를 끌어들여라

은유는 가장 강력한 의미에 이르는 지름길이다. 은유를 통해 관념에 새로운 빛을 비출 수 있고, 낯선 것을 덜 낯설게 만들 수 있다.

애매함을 좋은 의도로 사용하라

맥락에 맞는 애매함은 최상의 효과를 불러일으킨다.

잘못된 말을 하라

기대를 배반함으로써 다른 사람들이 귀 기울이고 주목할 수 있게 만들 수 있다. 물론 올바른 논리와 가치관에 바탕을 두고 잘못된 말을 해야 한다.

소리를 간단하게 하라

메시지는 간단하고 명료하며 경제적인 철자로 구성되고 귀에 쏙 박히며 발음하기도 쉬운 소리를 내야 한다.

메시지에 리듬을 가미하라

언어에는 리듬이 있다. 리듬은 시, 랩, 노래의 기본이다. 되도록 자연스럽고 순조로운 리듬이 좋다. 그러나 특별한 정서나 생각을 표현할 때는 그 의도에 맞는 리듬을 사용할 수 있다.

시적 패턴을 가지고 놀아라

시는 정제된 언어의 음악적 표현이며 모든 언어는 음악적이다. 시는 언어 속에 숨어있지만 늘 우리와 함께 있다. 마이크로메시지에 시를 담아 노래하도록 하라.

딱 떨어지는 소리를 만들어라

의미와 상황에 딱 맞는 소리를 만들어서 사용하라. 소리와 의미의 공명을 지향하라. 음성상징은 아주 작은 메시지에 형언할 수 없는 풍요로움을 선사한다.

규칙을 어겨라

전략적으로 철자법이나 맞춤법을 어기는 것이 의미의 전달에 용이할 경우가 있다. 실용적인 면에서 잘못 표기된 단어는 상표법상 상표로 등록되고 보호받기에 훨씬 수월하다.

새로운 말을 만들어라

필요할 경우 새로운 말을 만드는 것은 자연스러운 일이다.

단어를 가지고 놀아라

단어들은 때로 장난감이 된다. 마이크로스타일에 약간의 놀이시간을 덧붙여라.

—크리스토퍼 존슨(노정태 옮김), 『마이크로스타일—소셜미디어 시대의 글쓰기 가이드』, 반비, 2011, 참조

2) 문체유형별 글쓰기

미디어 글에는 여러 가지 문체 형식의 글들이 있다. 여기에서는 기사 글, 단신 글, 생활정보 글, 가이드 글, 인터뷰 글, 탐방 글, 대담 · 좌담 글, 르포, 탐사, 기획특집 글 등을 살펴보기로 한다.

(1) 기사 글

기사 글은 원래 신문기사에서 시작되었으나 현재는 방송 기사, 인터넷미디어 기사 등으로 그 쓰임이 점차 확대되고 있다. 넓게 보면 미디어 글은 기사문의 일종, 또는 변종이라고 볼 수 있다. 하지만 각종의 미디어 글들이 쓰임과 형태에 다소 차이점이 있으므로 각기 나누어 익히는 것이 좋다.

기사 글의 본질을 가장 잘 보여주는 글은 역시 신문 기사이다. 그러므로 기사 글은 신문기사 글을 표준으로 익혀두는 것이 가장 좋다. 신문기사문은 취재 내용에 따라 여러 가지로 나누어 볼 수 있지만 그 기본 형식은 크게 ①스트레이트, ②피처(해설 글), ③에디토리얼(의견 글)로 나누어 이해하는 경우가 많다.

스트레이트(straight) 기사는 말 그대로 '곧게 똑바로 쓴 기사'이다. 사실을 객관적으로 나열하는 기사를 말하며 신문의 사회면에 등장하는 사건사고 기사가 대표적이다. 어떤 현상에 대해서 객관적으로 기술하며 정보전달을 주목적으로 한다. 그래서 글쓴이의 주장이나 감정이 전혀 드러나지 않고 사실 전달에만 역점을 둔다. 스트레이트 기사의 내용을 구성하고 있는 요소를 보면 크게 육하원칙(5W1H)에 따라 구체적인 사실(fact)을 전하는 부분과 이러한 사실을 얘기해 준 취재원(source)을 밝히는 부분으로 구성되어 있다.

피처(feature) 기사는 스트레이트 기사와 에디토리얼 기사의 중간 형태를 지니는 글이다. 스트레이트 기사가 미처 전달하지 못한 심층적인 내용을 독자에게 자세하게 해설해주는 해설 기사나 스케치 기사, 인물 기사 등을 말한다. 어떤 사건이나 사고 또는 인물이 뉴스가 되었을 때 사건에 대한 뒷얘기나 주변의 얘기로 독자의 관심을 끌게 하는 형태의 글이다.

에디토리얼(editorial) 기사는 우리가 흔히 신문에서 접하는 논설, 시론, 칼럼을 말한다. 이러한 글에는 특정 사안과 쟁점에 대하여 글 쓰는 사람의 생각이나 가치관, 주관이 분명히 개입되며 평가적인 주장이 담겨진다. 에디토리얼 기사는 독자들의 판단을 돕고 여론을 만들고 유도하는 기능을 한다. 에디토리얼 기사는 신문 글에서 가장 차원이 높은 글이라고 할 수 있으며, 각 언론사의 색깔과 성향을 잘 드러내는 기사이기도 하다.

예문 – 스트레이트 기사

세월호특별법 등 '세월호 3법', 참사 205일 만에 국회 본회의 통과

세월호 참사 발생 205일 만인 7일 세월호특별법, 정부조직법, 유병언법(범죄수익 은닉 규제 및 처벌법) 등 이른바 '세월호 3법'이 국회 본회의를 통과했다. 이로써 세월호 참사의 진상 규명과 보상·배상, 국민 안전을 위한 정부 개편, 범죄자의 재산 환수를 통한 피해자 지원 등의 기본적인 기틀을 마련하게 됐다.

세월호특별법은 '특별조사위원회'를 설치해 18개월 동안 활동할 수 있도록 했다. 유족이 추천하는 위원장을 비롯해 17명이 조사위의 주축이다. 진상조사위 활동과는 별도로 최장 180일간 활동할 특별검사도 도입할 수 있도록 했다. 진상조사위에는 특검보가 업무 협조를 하고, 필요한 증인에게 동행명령장을 발부함으로써 진상조사 권한을 강화했다.

세월호특별법이 7일 참사 발생 206일 만에 국회 본회의를 통과하면서 참사의 진상을 규명할 특별조사위원회도 마침내 닻을 올리게 됐다.

여야는 특별법의 시행일을 내년 1월 1일로 정했지만 위원회의 설립준비는 법 시행 전에 할 수 있도록 해 특별조사위는 연내에 구성을 완료할 것으로 예상된다. 특별조사위가 출범하기 전 여야는 일단 특별조사위원장과 사무처장 겸 부위원장 등 조사위원부터 구성해야 한다. 특별조사위원장은 여야의 합의대로 유가족 추천인사가 맡는다.

(중략)

내년도 예산 심의 중 해당 기관이 통폐합되는 문제는 경과 규정을 둬 현행 정부 조직에 따라 우선 심의하고 개정안이 시행된 이후 바뀐 조직에 맞추기로 했다.

법안별 찬반 집계는 세월호특별법(찬성 212명, 반대 12명, 기권 27명), 정부조직법(찬성 146명, 반대 71명, 기권 32명), 유병언법(찬성 224명, 반대 4명, 기권 17명)이었다.

–경향신문, 2014. 11. 14.

'싸구려 인간'을 일부러 키운다고?

교육은 시장과 달리 무한책임의 영역이다. 당장은 성과가 나지 않는다. 그러나 주식회사가 되어버린 일본과 한국에서는 학교를 시장으로 여기는 풍토가 형성되고 있다. 우치다 다쓰루는 다시 배움의 본질을 이야기한다.

글처럼 말에서도 박력이 넘쳤다. 우치다 다쓰루(고베 여학원대학 명예교수)는 스스로를 무도인(武道人)이라 소개하곤 한다. 실제로 합기도 7단인 그는 2011년부터 자신의 집 1층을 '개풍관(凱風館)'으로 개조해 무도와 공부를 겸한 배움의 공간으로 개방하고 있다. 프랑스 구조주의 철학부터 영화론 · 공부론에 이르기까지, 다양하고 폭넓은 주제를 대중적인 언어로 '번역'하는 데 탁월한 재능을 발휘해온 그가 한국에서 본격적으로 주목받기 시작한 것은 <하류지향> <교사를 춤추게 하라> 같은 일련의 교육 관련 저서가 소개되면서다. 그가 책에서 묘사한 일본의 교육 현실이 약간의 시차를 두고 한국에서도 판박이로 재연되는 것을 보며, 그의 통찰에 관심을 보이는 이가 부쩍 늘었다. 이를 입증하듯 6월 24일과 25일 흥덕고(경기도 용인)와 서울여성프라자(서울 대방동)에서 열린 그의 강연회는 만석 행진을 기록했다. '에듀니티'와 '참여소통교육모임'이 공동 초청해 이뤄진 강좌를 지상중계한다.

(중략)

외부의 선택, 특히 기업의 선택을 받은 대학만이 살아남는 구조가 됐다. 선택을 받지 못한 대학은 사실상 사라져도 좋다는 얘기다. 이를테면 국립대의 주식회사화가 이뤄진 셈이다.

글로벌 인재라는 허상: 대학이 주식회사처럼 된 것은 결국 '글로벌 인재'를 육성하라는 시장의 요구를 따른 것이기도 하다. 글로벌 인재의 조건이 뭘까? 한 가지다. 기업의 수익을 올리는 거다. 그러려면 숙련되었으면서도 값싼 노동력이 필요하다. 더 중요한 것은 이동성(모빌리티)이다. 글로벌 인재는 내일부터 외국 지점에서 근무하라면 오늘 당장 짐을 쌀 수 있어야 한다.

어찌 보면 이런 사람은 자신이 속한 사회에서 필요 없는 사람이라고도 할 수 있다. 가족 사회나 지역사회 네트워크의 허브 구실을 하는 사람, "네가 없으면 곤란해" "네가 여기 있어주면 좋겠어"라고 주변 사람들이 붙드는 사람은 이런 명령에 쉽게 응할 수 없다. 결국 기업이 원하는 모빌리티가 뛰어난 인재는 주변과의 연결점이 없는 사람, 뿌리가 없는 사람인 것이다.

그런데 글로벌 사회에서는 이런 사람일수록 높은 평가를 받는다. 지금 일본에서 부러움을 사는 사람이라면 '미국에서 대학을 나왔고 외국에 집과 친구가 있는 사람' '1년에 절반 정도는 외국에서 체류하는 사람' 등일 것이다. 다시 말해 일본어를 쓰지 않아도 되는 사람, 일본 내 커뮤니티가 필요 없는 사람, 극단적으로는 당장 일본 열도가 붕괴하고 원전이 재폭발해도 도망가면 그뿐일 사람들이 지금 일본의 권력과 재력을 틀어쥐고 있는 셈이다.

(중략)

주식회사와 국민국가는 결정적 차이가 있다. 각각 유한책임과 무한책임을 진다는 것이 그것이다. 주식회사는 실패할 경우 도산하면 끝이다. 그런데 국민국가는 정책에 실패할 경우 무한책임을 져야 한다. 태평양전쟁을 일으키고 한국을 식민지로 삼았던 일본의 책임이 패전했다고 사라지나? 아니다. 식민 지배를 경험했던 분들이 그만 됐다고 할 때까지 일본은 과거를 책임지려 노력해야 한다. 국가는 무한책임을 져야 하기 때문이다. 국민국가의 결정에 모든 구성원이 참여해야 하는 것은 그래서다. 자칫하면 우리가 잘못 결정한 것에 대한 책임을 내 아들, 손자는 물론 증손자까지 져야 한다. 그런 만큼 우리가 민주적 절차를 거치는 것은 이 모든 책임을 나눠지겠다는 선언인 셈이다.

내가 자민당에 대해 화가 나는 건 정책 그 자체보다 정책 실패의 책임을 지지 않겠다는 태도 때문이다. 아베 신조가 늘 하는 말이 "내 정책에 반대하면 다음 선거에서 나를 떨어뜨리라"는 것이다. 이건 전형적인 주식회사 마인드다. 나는 아베가 일본을 정말 위험한 길, 망치는 길로 몰아가고 있다고 본다.

다시 배움의 본질로: 교육은 시장과 달리 무한책임의 영역이다. 학교는 다음 세대를 이끌어갈 아이들을 길러내는 곳이고, 그것이 교육 목표가 되어야 한다. 취업률 · 진학률처럼 당해 연도에 결정되는 것으로 교육의 성과를 잴 수는 없다.

스티브 잡스 자서전을 보면, 대학을 중퇴하고 미대 캘리그래피(서체학) 수업을 도강한 얘기가 나온다. 그로부터 10년 뒤 매킨토시를 만들면서 그는 PC에 캘리그래피를 응용한 폰트 개념을 최초로 도입해 선풍적 인기를 끈다. 잡스는 "그제야 10년 전 내가 왜 그 수업을 들었는지 알게 됐다"고 했다. 배움이란 그런 것이다. 배우기 시작할 때 목적을 설정하면 안 된다. 대학에서 보면 "난 이런 연구를 하고 싶습니다"라고 자신 있게 말하던 학생일수록 그 연구를 끝까지 하지 않는 경향이 강하더라(웃음). 그보다는 "잘은 모르겠지만 왠지 이것을 하고 싶다"라고 말하는 학생들이 진짜 연구자가 되곤 한다.

자기가 어디를 향하는지 잘 모를 때 오히려 성숙이 일어난다. 자기가 설정한 목표대로만 살아가서는 성장이 일어나지 않는다. 한참을 앞으로 가다 '아, 그땐 내가 참 유치했구나' 하면서 출발점을 되돌아보게 되는 것, 그러면서 자신이 놓인 상황의 의미를 이해하고 자신의 과거를 끊임없이 고쳐 쓰게 되는 것, 그것이 성장이라고 나는 생각한다. 그런 의미에서 성숙의 반대말은 미성숙이 아닌 트라우마다. 어떤 새로운 경험을 해도 과거의 자신에 사로잡혀 바뀌지 않는 게 트라우마 아닌가. 그러니 '난 ○○대학에 가서 △△기업에 취직한 다음 연봉 얼마를 받고 살아갈 거야' 하는 식으로 인생 설계도를 만든 다음 그대로 살아가는 아이가 있다면 그

아이는 트라우마적인 삶을 살아가는 거라 볼 수 있다(웃음). 교육은 미래를 내다보며 아이들의 성숙을 이끄는 일이다. 당장은 성과가 나지 않는다. 일본이 50년 뒤 민주주의가 잘 구현되고 다양성이 존중되는 살만한 곳이 되어 있다면, 그것이 바로 교육의 성과가 될 것이다.

김은남 기자 ken@sisain.co.kr

-≪시사인≫, 2014. 7. 22.

예문 - 에디토리얼 기사

이날에 목 놓아 통곡하노라(是日也放聲大哭)

지난번 이등박문(伊藤博文) 후작이 한국에 왔을 적에 어리석은 우리 백성들은 서로 말하기를 이등은 평소에 동양 삼국의 정족(鼎足) 안녕을 주선한다고 자처하던 사람이니 이번에 온 것이 반드시 우리나라의 독립기반을 굳게 다질 계책을 권하기 위함일 것이다 하여 인천항에서 서울까지 관민상하(官民上下)가 환영하여 마지 아니 하였다.

그러나 천하에는 헤아리기 어려운 일도 많도다. 천만 뜻밖에 5조약이 무슨 연유로 제출되었는가. 이 조약은 우리 한국뿐만 아니라 동양 삼국의 분열을 빚어낼 조짐이니 이등의 당초 뜻이 어디에 있었던가. 그러나 우리 대황제 폐하가 강경하신 뜻으로 거절해 마지 않으셨으니 이 조약이 성립되지 못해 이등 스스로 알아서 파기할 것으로 생각했다.

아! 저 개 돼지만도 못한 우리 정부의 대신이란 자들이 사사로운 영화를 바라고 위협에 겁을 먹어 머뭇거리고 벌벌 떨며 매국의 역적 됨을 달갑게 여겨 사천년 강토와 오백년 종묘사직을 남에게 바치고 이천만 동포를 몰아 남의 노예로 만들었다. 저 개 돼지만도 못한 외무대신 박제순(朴齊純)과 각부 대신들은 깊게 나무랄 것도 못되나 명색이 참정대신이란 자는 정부의 수상으로 단지 부(否)자로써 책임만 때우고 명예를 구하는 밑천으로 삼으려 했단 말인가. 김청음(金淸陰)처럼 항서를 찢고 통곡하지도 못하고 정동계(鄭桐溪)처럼 칼로 배를 가르지도 못한 채 뻔뻔스럽게 살아남아 세상에 다시 섰으니 무슨 낯으로 강경하신 황상 폐하를 다시 뵈올 것이며 무슨 낯으로 이천만 동포를 다시 대할 것인가.

아! 원통하고 분하도다. 남의 노예 된 우리 이천만 동포여! 살 것인가 죽을 것인가. 단군 기자 이래 사천년을 이어온 국민정신이 하루 밤 사이에 갑자기 멸망하고 말 것인가. 원통하고 원통하도다. 동포여, 동포여."

-≪황성신문≫, 1905. 11. 20.

(2) 단신 글

단신 글은 짤막한 정보나 소식을 전하는 글이다.

신문에서 토막소식, 동창회나 부음, 결혼소식이나 개업소식 등이 단신에 속한다. 비교적 짧고 간단하게 쓰여 지며, 일부의 글은 완전한 문장이 아닌 축약적인 글로 마무리되는 경우도 있다.

잡지에서는 신문의 스트레이트 글에 해당한다고 볼 수 있는 행사나 전시회 또는 도서나 영화를 소개하는 정보가 이에 해당한다. 잡지에서는 다른 글에 비해 비교적 짧고 간략한 정보를 전달하는 글이기 때문에 단신글로 취급한다.

이런 글들은 보도 자료에 의존하여 쓰이는 경우가 많다. 특히 도서나 영화의 경우 거의 보도 자료에 의존하여 쓰인다.

예문 - 단신 글

[문화단신] '농악, 인류의 신명이 되다' 특별전 外

▪ 국립무형유산원은 '농악, 인류의 신명이 되다' 특별전을 12일부터 내년 3월 1일까지 개최한다. 농악이 최근 유네스코 인류무형문화유산에 등재된 것을 기념한 행사다. 지역별 농악 자료 및 세계의 무형문화유산과 농악의 유사성을 보여준다. 북 소고 등도 연주해볼 수 있다. 063-280-1500

▪ 문화융성위원회와 문화체육관광부, 문화재청은 '아리랑'의 유네스코 인류무형유산 등재 2주년을 기념하는 2014 대한민국 아리랑 대축제를 5일 전국에서 동시 개최한다. 서울 국립국악원에서 본 공연이 열리며 부산, 남원, 진도 등 15곳에서 다양한 아리랑 공연이 열린다. 02-580-3268

-《동아일보》, 2014. 12. 5.

(3) 생활정보 글

생활정보 글은 일상생활에 필요한 정보를 제공하는 미디어 글을 말한다. 일상생활에 필요한 정보는 일반적으로 의식주를 중심내용으로 한다. 예를 들어 요리나 패션, 내 집 마련, 인테리어 등이 바로 이런 생활정보 글에 속한다. 그리고 최근에는 건강에 관한 내용이나 자본투자 정보에 관한 글들도 상당히 중요시되고 있다.

되도록 최근의 미디어 자료를 활용하는 것이 바람직하며, 깊이 있는 내용이 필요할 경우는 전문가의 인터뷰가 필요할 뿐만 아니라 다른 심도 있는 자료를 참고해야 하는 경우도 있다.

예문 - 생활정보 글

기상 후 30분 이내 햇볕 쬐고, 일정시간 잠자리 취해야 숙면

긴긴 겨울밤, 잠이 오지 않는 통에 꽤 오랜 시간을 침대에서 뒤척이는 것만큼 괴로운 일은 없다. 아무리 잠에 들어보려 머릿속으로 몇 백 마리의 양을 세어도 소용없다. 가뜩이나 추운 겨울엔 아침에 일어나는 일이 쉽지 않다보니 제대로 숙면을 취하지 못한 채 일어나는 날은 하루가 힘들다.

성인의 경우 6~8시간 정도를 자야 '숙면'할 수 있다. 숙면은 신체 건강 유지에 중요한 역할을 한다. 특히 겨울엔 추운 날씨 탓에 몸이 경직되기 때문에 숙면을 통해 몸의 긴장을 풀어줘야 한다. 무엇보다 숙면이 중요한 이유는 자는 동안 '성장호르몬'이 분비되기 때문인데 이 성장호르몬은 면역력을 높이고 피로회복을 돕는다. 또 고갈된 에너지를 보충해 본능적으로 신체 능력을 정상 수준으로 유지할 수 있게 한다.

긴 겨울밤을 보내고 다음 날 아침, '정말 잘 잤다'라는 느낌을 받으며 일어나기 위한 방법과 숙면을 방해하는 수면장애에는 무엇이 있는지 이대목동병원 이향운 수면센터장과 함께 알아봤다.

이 센터장은 "숙면을 취하지 못하거나 잠이 부족하면 우울증과 불안증 같은 정신과 질환부터 신체적인 면역기능과 자율신경계에 이상을 초래해 소화기계질환, 심혈관계질환, 내분비계질환 등에 걸리기 쉽다"고 말했다.

일조량 부족한 겨울, 일부러 햇볕 쬐는 게 좋아

먼저 겨울철에 숙면을 취하기 위해선 낮 시간대 일부로라도 햇볕을 쬐는 것이 좋다. 겨울엔 낮이 짧아져 일조량이 줄어들기 때문인데 숙면을 유도하는 호르몬이 햇빛을 받으면 몸에 축적돼 밤에 분출된다. 또 밝은 태양 아래서 산책을 하면 낮 동안 멜라토닌 분비가 억제된다. 이렇게 축적된 멜라토닌은 밤에 충분한 농도로 일시에 분비되어 숙면에 들 수 있다.

또 잠자리에 누워 있는 시간을 일정하게 해야 한다. 매일 일정한 시간에 잠자리에 들고 일정한 시간에 일어나는 습관은 숙면을 취하는데 첫 번째 습관이다. 일어난 후 30분 이내로 햇빛을 보는 것도 도움이 된다. 매일 아침 같은 시간에 밝은 빛을 쬐면 밤에도 같은 시간에 졸리게 된다.

단 낮잠은 피하는 것이 좋다. 정말 졸릴 때는 아침 기상 후 5~8시간 후에 10~15분 정도만 잠깐 눈을 붙이는 걸 추천한다. 잠자리에 들기 전 2시간 이내에 약 30분간 미온의 물에서 목욕을 하는 것도 숙면에 좋다. 목욕을 통해 체온이 2도정도 높아지면 잠이 잘 온다. 따뜻한 물이나 보리차를 마시는 것도 체온을 올리는 데 도움이 된다.

잠자리에서는 시계를 보지 않는 게 좋으며 소리에 민감한 사람이라면 주변에 시계를 아예 두지 않는 것이 오히려 효과적이다. 또 잠자리에 누운 뒤 30분이 지나도 잠이 오지 않으면 일어나 흐린 불빛 아래에서 단순작업을 반복하거나 조용한 음악을 듣는 편이 낫다.

무엇보다 잠자리는 잠자는 용도로만 둬야 한다. 잠자리에서 TV를 보거나 노트북을 하거나 책을 읽기 위해 방을 밝게 하는 것은 잠을 방해할 수 있다. 만약 자기 전 책을 읽는 것이 도움이 되는 이들은 15와트의 작은 불을 켜도록 하고 베개는 적당한 높이와 견고성을 지닌 것이 좋다.

이 센터장은 "만약 숙면을 취하지 못했거나 충분한 양의 수면을 취하지 않았다고 느껴도 너무 스트레스를 받지 말라"며 "지나치게 잠에 대해 걱정하는 것이 오히려 불면증을 악화시킬 수 있다"고 말했다.

이보람 기자 boram@k-health.com

–《경향신문》, 2013. 1. 7.

(4) 가이드 글

가이드 글은 찾아가 보고 싶은 장소나 여행지를 소개하는 글이다. 한 장소를 집중적으로 다루는 경우도 있고, 하나의 주제 아래 여러 장소를 묶어서 다루는 경우도 있다. 전자의 경우는 우리가 신문잡지에서 흔히 볼 수 있는 여행지나 음식점 소개 글이고, 후자의 경우는 '서울시내 유명 한식집' 또는 '아름다운 섬 10선' 등의 형식을 취하는 미디어 글들이다.

가이드 글은 독자가 글을 읽고서 찾아갈 수 있도록 정보를 제공해야 한다. 장소에 대한 특징은 물론 세부적인 내용, 장소의 약도도 함께 제시되는 경우가 있다. 글의 내용은 글쓴이의 주관을 배제하고 객관적으로 서술되어야 한다. 자료는 최근 것을 활용하는 것이 바람직하고 자료 검토 후 직접 현장을 방문하여 취재한다. 독자들에게 가고 싶어 하는 마음을 불러일으키는 것이 중요하지만 독자가 찾아갔을 때 수긍할 수 있을 정도로 객관적으로 서술해야 한다.

본문의 내용 이외에도 음식점이나 숙박시설, 교통편도 일목요연하게 소개해 주도록 한다. 특히 이런 부분에 대한 설명은 독자층이 누구냐에 따라 적절하게 소개해주는 배려가 필요하다.

예문 – 가이드 글

[아트 투어] 제주 건축물이 예술이다

아름다운 섬 제주도는 건축물도 남다르다. 세계적인 건축 거장의 작품이 옹기종기 모여 있어 건축물만 보고 다녀도 24시간이 모자라다. 건축가에 따라 건축물의 특징도 저마다 달라 비교해서 보는 재미도 있다. 아름다운 건축물과 함께, 가 볼만한 미술관 · 전시관 등을 묶었다.

1. 기적의 도서관 – 건축가 정기용의 흔적

공공 건축으로 유명한 고(故) 정기용(1945~2011) 건축가의 작품이다. 건축가는 전국 6곳에 어린이를 위한 '기적의 도서관'을 무료로 설계한 바 있는데, 제주도에는 '제주 기적의 도서관'과 '서귀포 기적의 도서관'이 있다. 주변 환경과 조화를 고려해 설계했기에 두 도서관의 모양도 서로 다르다. 제주 기적의 도서관은 삼각형 형태로, 서귀포 기적의 도서관은 원기둥 모양으로 돼 있다. 오전 9시~오후 6시(월요일 휴관). 제주시 동광로 12길 19, 서귀포시 일주동로 8593, 064-738-3003, lib.jeju.go.kr

2. 포도호텔 – 오름을 닮은 소담한 호텔

한라산 중산간에 자리한 호텔로 재일교포 건축가 고 이타미 준(伊丹潤 · 1937~2011)이 설계했다. 오름과 제주도 전통 초가집을 연상케 하는 외관이 인상적이다. 호텔 주변이 돌담으로 둘러싸여 있어 정겨운 느낌을 더해준다. 포도호텔은 단층 건물인데도 전망이 훌륭하다. 남향의 레스토랑과 양실 객실에서는 창밖으로 산방산과 형제섬 같은 제주 남쪽 바다 풍경을 볼 수 있다. 1박 44만 원부터. 1층 레스토랑에서 파는 일본식 왕새우 튀김우동(1만9,000원)이 인기다. 서귀포시 안덕면 산록남로 863, 064-793-7000, thepinx.co.kr/podohotel

3. 방주교회 – 한 폭의 그림 같은 교회

이타미 준의 작품. 교회 이름처럼 인공 연못 위로 건물이 떠있는 듯한 모습이 성경 속 '노아의 방주'와 닮은 건축물이다. 잔잔한 물 위로 유리성 같은 교회 외관과 제주의 풍경이 비쳐 아름다움을 더한다. 사방이 유리로 돼 있어 예배당 안에서도 제주의 풍경이 훤히 보인다. 교인이 아니라도 누구나 들어갈 수 있다. 단 관광 시설이 아닌 만큼 예배 시에는 소란스러운 행위, 사진 촬영 등이 금지된다.

오전 10시~오후 5시(예배 1부 9시 30분, 2부 4시 30분). 서귀포시 안덕면 산록남로 762번길 113, 064-794-0611, bangjuchurch.org

4. 본태박물관 – 안도 다다오와 백남준의 공존

고(故) 정몽우 현대알루미늄 회장의 부인 이행자(70) 여사가 설립한 곳으로 건축가 안도 다다오(安藤忠雄, 74)의 작품이다. 노출 콘크리트와 빛의 활용 등 그의 건축 특징을 잘 볼 수 있다. 노출 콘크리트로 마감된 외관과 자연광을 곳곳에 드리우게 한 실내의 분위기가 사뭇 달라 신비롭다. 소반 · 보자기 등의 전통 민예품 수백 여점을 비롯해 백남준의 비디오아트 등 다양한 작품을 만날 수 있다. 어른 1만 8,000원, 어린이 1만 원, 오전 10시~오후 6시. 서귀포시 안덕면 산록남로 762번길 69, 064-792-8108, bontemuseum.com

5. 수미술관 – 물에 비친 제주의 하늘

포도호텔 인근의 고급 주거단지 비오토피아 안에 있다. 비오토피아에 이타미 준이 설계한 116동 규모의 타운하우스와 미술관 네 개(수 · 풍 · 석 · 두손미술관)가 있다. 수미술관은 사진 애호가들에게 입소문이 퍼진지 오래다. 건물 위가 원형으로 뚫려 있어, 반영을 통해 하늘의 모습이 시시각각 다른 표정으로 물 위에 나타나는 것을 볼 수 있다. 관광객은 비오토피아 내 레스토랑을 이용해야만 미술관 관람이 가능하다. 서귀포시 안덕면 산록남로 863 비오토피아, 064-793-6030, pinxbiotopia.co.kr

6. 풍미술관 – 제주의 바람을 느끼다

수미술관처럼 자연이 곧 미술 작품 자체인 곳이자, 명상의 공간이다. 비오토피아 내 바람이 잘 드는 야트막한 경사지에 우두커니 서 있다. 바람이 잘 들도록 목재가 빗살처럼 간격을 두고 벽을 치고 있는 것이 특징이다. 풍미술관에서는 눈보다 살갗과 귀가 더 예민하게 반응한다. 건물 안으로 스며드는 바람의 촉감과 함께, 바람이 주변의 억새와 잡풀을 스치는 미세한 울림을 들을 수 있다. 검게 칠해진 내부로 드나드는 것은 오직 바람과 빛뿐이다. 서귀포시 안덕면 산록남로 863 비오토피아, 064-793-6030, pinxbiotopia.co.kr

(하략)

백종현 기자 jam1979@joongang.co.kr

–≪중앙일보≫, 2015. 1. 7.

(5) 인터뷰 글

인터뷰는 기자가 취재원과 접촉하는 여러 가지 대화 방식을 뜻한다. 미디어 글을 쓸 때 취재가 필수적인데 모든 취재는 인터뷰 형식이라고 할 수 있다. 그러나 인터뷰 글을 쓸 때의 인터뷰는 한 인물에 대해 보다 심층적으로 상세하게 취재하는 경우를 말한다.

인터뷰에는 직접 인터뷰와 간접 인터뷰가 있다. 직접 인터뷰는 기자와 인터뷰 대상자가 직접 만나 인터뷰하는 것이고, 간접 인터뷰는 전화나 이-메일을 통해 간접적으로 인터뷰하는 것이다. 직접 인터뷰에도 단독 인터뷰와 공동 인터뷰가 있다. 단독 인터뷰는 기자와 인터뷰 대상자가 일대일 형식으로 만나 인터뷰하는 것이고, 공동 인터뷰는 대통령의 기자회견이나 연예인들의 기자회견이 이에 속한다. 단독 인터뷰는 특종가능성이 높으나 공동 인터뷰는 특종가능성이 낮다. 그리고 간접 인터뷰는 편리하기는 하지만 깊이 있는 취재를 하기는 어렵다.

가장 바람직한 것은 직접 인터뷰라고 할 수 있다. 인터뷰 글은 서술형과 일문일답 형식을 병행하여 이루어지는 것이 일반적이다. 글의 흐름이 이어지지 않거나 중단되는 느낌을 주면 좋지 않다. 또한 구수한 사투리나 특징적 표현들을 살려주어 현장감을 살려주는 것이 바람직하다. 그리고 마지막 질문은 미래지향적 질문으로 끝을 맺는다. 예를 들어 '독자들에게 한마디 하고 싶은 말이 있다면' 또는 '앞으로의 계획은' 하는 식으로 하면 된다.

예문 - 인터뷰 글

[월요인터뷰] 법랍 50년 맞은 법정 스님 동안거 해제 법문

'마음은 닦는 것이 아니라 쓰는 것'
헛이름만 떨치고 중노릇 제대로 했는지…
좋은 쪽으로 마음 써야 인생의 새봄 맞아

만난 사람 : 이헌익 문화담당 기자

12일은 동안거 해제의 날. 겨울 석 달간 선원에서 벌겋게 단 쇳덩이를 삼킨

듯 용맹정진 하던 스님들은 다시 만행(萬行)을 떠났다. 이날 법정(74) 스님은 서울 성북동 길상사에서 해제 법문을 펼쳤다.

(중략)

법문 후 스님은 기자와 얼마간 만나 출가 50년의 소회를 밝혔다. 이 자리에서 시인 류시화 씨가 그동안 스님의 말과 글에서 가려 뽑아 엮은 잠언집 '살아 있는 것은 다 행복하라'를 소개하기도 했다.

50년 수행의 감회를 듣고 싶습니다.

"수행자한테는 세월이 붙지 않는 법인데…, 어허 벌써 50년이라니. 무상감을 느끼면서 출가 수행자로서 어떻게 살아왔는지 반성해 봅니다. 헛이름만 세상에 떨치면서 정작 중노릇은 제대로 못하지 않았나도 생각합니다. 초기에는 괴팍을 떨었는데, 그 당시 어느 기자가 인터뷰하러 찾아왔다가 내 눈초리가 무섭다며 도망간 적이 있었을 정도였어요. 나이 들고부터는 남에게 부드럽게 하자고 늘 되새깁니다. 그러나 수행자의 삶은 하루하루 순간순간을 최선을 다해 최대한 사는 겁니다. 그건 예나 지금이나 마찬가지지요."

30년 가까이 산 속에 홀로 계십니다.

"15년 전에 어느 프랑스 철학자가 '산 속에 혼자 있는 게 사회적으로 무슨 의미가 있느냐'고 물어요. 그 질문을 항상 되새기고 있어요. 내가 사는 방식을 사람들에게 강요하기보다 이렇게 사는 게 참 좋다는 걸 알려야겠구나 하고 생각했어요. 존재의 의미를 반성하는 뜻에서 글 나부랭이를 썼는데 자연 속에 사니까 자연에서 배우고 얻어들은 것을 나누고 싶은 소박한 소망이 있었어요. 그런데 전에 쓴 글을 다시 보니 치기만만합디다."

젊은 시절엔 사회 활동도 활발하셨지요.

"지금도 세상일에 관심을 안 가질 수는 없지요. 민주화 운동을 할 때 박해를 받으니까 증오심이 생겨요. 내 마음에 독을 품는 게 증오심인데 그때 '이래선 수행에 도움이 안 되겠구나'하고 느꼈어요. 순수한 마음에서 이탈하는 게 괴롭고, 중노릇하는 내 본분이 뭐냐고 스스로 물었지요. 본래의 자리로 돌아가자. 해서 산으로 들어갔어요."

(중략)

수행 초기 괴팍하셨다는데 그만큼 공부에 전념하려는 의지였겠습니다.

"칼날 같아서 내 근처에 오면 다 베일 것 같았어요. 출가자의 긴장감이었지요. 그런 과정을 거치며 성숙해집니다. 나이 먹어서도 괴팍하면 안 되지요. 노스님 중엔 냉랭한 모습을 보이는 분도 계신데 안 좋아요. 그러나 기상은 늠름해야 합니다. 그게 수행자의 본분입니다. 그래야 부처의 길조차 따라하지 않는 독창적인 길을 걷게 되지요. 사람은 누구의 모사품이 돼선 안 됩니다. 두 사람의 석가모니는 필요 없어요. 새로운 존재여야 합니다. 이게 선불교의 본질이고 임제 선사의 무위진인(無位眞人), 곧 어느 누구도 닮지 않은 주체적인 인간이 됩니다."

50년 수행에서 무엇을 이뤘습니까?

"이룬 것이 있다면 '현재의 나'이겠지요. 언제부터인가 섣달 그믐날이면 새해엔 내가 몇 살이지 하다가 아이쿠 내가 벌써 이렇게 됐나, 나잇값은 하고 있는가 하는 물음이 가슴을 칩니다. 출가 수행자답게 살고 있나 스스로 물을 땐 숙연해집니다. 자연히 말과 행동이 조심스러워져요."

사람은 무엇을 남기고 떠나갑니까?

"재산이나 이름은 부수적인 겁니다. 이웃에 덕을 얼마나 베풀었느냐가 본질적인 거지요. 이웃에 베푼 덕이 그 사람을 형성하는 겁니다. 요즘 많은 사람이 덕을 쌓을 줄 몰라요. 박덕하니까 외롭고 마음이 황폐해지고 이웃이 없는 겁니다."

그러면 어떻게 살아야 하는지요.

"홀로 있을수록 다른 사람들과 함께할 수 있는 그런 포용력, 따뜻한 가슴이 있어야 합니다. 왜 혼란스럽고 불안한가, 따뜻한 가슴이 없기 때문입니다. 글을 쓰든, 사진을 찍든, 농사를 짓든 하는 일이 무엇이든 간에 그 일이 이웃에 덕이 돼야 합니다."

해와 달은 만물을 두루 비추기 때문에 '일광보살, 월광보살'이라고 일컫는다. 스님의 잠언집을 엮은 류시화 씨가 책 제목의 사연을 소개했다. 언젠가 류씨가 스님이 머물던 송광사 불일암에 며칠 가 있을 때 마침 보름달이 떴다. 두 사람은 보름달을 보고 함께 기도했다. 류씨가 스님에게 기도의 내용을 물었을 때 스님은 "살아 있는 존재가 모두 다 행복하기를 바랐다"고 답했다. 그래서 제목이 '살아 있는 것은 다 행복하라'다. 중국, 일본, 대만, 미국에서도 출간된다.

이헌익 문화담당 기자

-≪중앙일보≫, 2006. 2. 12.

(6) 탐방 글

탐방 글은 한 기관 또는 한 장소를 방문해 취재하고 쓴 글이다. 가이드 글과 유사한 점이 있다. 그러나 가이드 글이 외형적인 형상과 표면적인 특징을 안내한다면, 탐방 글은 보다 깊이 있는 분석을 통해 그 기관과 장소의 본질적 속성을 드러내려고 하는 글이다. 가이드 글에 비하여 탐방 글에서는 인터뷰 빈도도 훨씬 높을 수밖에 없다.

예문 – 탐방 글

[주말탐방] 특전사 여군

"단결!"

어서 오십시오. 국내에서 유일하게 여군으로만 구성된 특전사령부 여군중대에 오신 걸 우렁찬 목소리로 환영합니다. 그만 좀 두리번거리세요. 여군부대라니까 눈에 호기심이 그렁그렁하군요. 궁금한 게 많겠지만 일단 훈련 장면부터 보여드리겠습니다. 백문이 불여일견이니까요.

(중략)

중대장 대위 안윤숙, 중사 임미진 · 강경희 · 이난영 · 손인화 · 박세영이 전 부대원을 대표해 인사 올립니다. "단결!"

50 : 1 경쟁률 뚫으려면

특전사 여군을 하고 싶다고 다 될 수 있는 건 물론 아니다. 평균 50 대 1이 넘는 치열한 경쟁을 통과해야 한다. 여고졸업 이상 학력자 중 1차 서류심사 →2차 신체검사→3차 체력측정 · 소양평가(필기) · 면접 순으로 전형을 하는데, 가장 중요한 건 역시 체력이다. 1.5㎞를 7분 안에 주파하고, 윗몸일으키기를 2분에 70개 이상, 팔굽혀펴기를 2분에 50개 이상 할 정도가 아니라면 꿈을 접는 게 좋다. 이 관문을 통과한 사람도 "마음은 있는데, 몸이 안 따라간다"고 할 정도로 특전사 훈련은 혹독하다. 봉급은 9급 공무원 수준이며, 위험수당이 별도 지급된다. 특전사에 합격하면 3년 의무 복무 뒤 2년을 연장할 수 있고, 10년 이상 장기 복무를 희망하면 별도 심사를 거쳐 선발된다. 대부분 장기 복무 신청을 하지만 통과비율은 30% 정도에 그친다.

소녀취향 소품들 5평에 물씬

직접 들어가 본 특전사 여군의 숙소는 예상과 크게 달랐다. 군 내무반의 분위기는 찾을 수 없고, 평범한 여학생의 방처럼 '소녀적 취향'이 물씬했다. 남성으로서

행정반 건물 건너편에 위치한 3층짜리 여군 생활관에 '진입'하기는 기자가 처음이라고 했다.

여군은 부사관급 이상 직업군인이기 때문에 부대 밖 개인 주거시설에서 출퇴근하는 게 원칙이지만, 특전사 독신 여군에게만 특별히 단체숙소가 제공된다. 30여 명의 미혼 여군들에게는 개인별로 5평짜리 원룸식 방이 배정되기 때문에, 단체로 자는 사병 내무반의 개념은 아니다.

한껏 멋을 부린 사진과 개성 넘치는 좌우명이 아담하게 붙어 있는 방문을 열고 들어가면 아기자기하게 꾸며놓은 예쁜 방이 한눈에 들어온다. 문 쪽에 변기와 세면대만 있는 작은 화장실을 빼면 나머지 공간은 그냥 원룸이다. 이 작은 공간에 침대와 책상, 옷장, 신발장, 냉장고는 물론 취향에 따라 TV, 오디오, 컴퓨터, 어항, 피아노 등을 갖춰놓고 산다. 벽에는 유명 스타의 대형 사진도 걸려 있었다. 이 모든 소품들이 화사한 색깔로 조화를 이루고 있어 만약 도둑이 들어온다면 여군의 방이라는 것을 전혀 눈치 채지 못할 것 같다는 상상이 들었다.

영내 미용실 커트 500원·파마 1만 원

여군에 대한 외모 규제는 생각보다 엄격하지 않았다. 색조화장은 물론, 머리도 맘껏 기르거나 파마하거나 염색할 수 있다. 너무 튀거나 품위를 떨어뜨리는 치장만 금기시될 뿐이다.

긴 생머리를 머리띠로 단정하게 묶은 여군이 눈에 많이 띄었다. 화장도 세련되고 차분한 톤이었다.

여군들도 여느 여성처럼 미용에 대한 관심이 많아서 피부 마사지나 손톱 관리를 마다하지 않는다. 다만 값이 월등히 싼 영내 미용실을 애용하는 점이 다르다. '군무원 언니'가 해주는 커트는 500원, 파마는 1만 원 안쪽이다. 안윤숙 중대장은 "여군에 짠순이들이 많다."고 귀띔했다. 여군에게는 기본 화장품(로션 · 스킨 · 립스틱 · 베이스 등)과 속옷을 살 수 있는 약간의 돈이 지급된다.

여군들이 가장 신경 쓰는 부분은 역시 피부. 햇빛에 자주 노출되다 보니 기미가 특히 걱정이다. 하지만 자외선 차단제를 정성껏 바르는 것 외에 별다른 방법이 없다고 한다. 직접 악수를 해봤더니 대부분 손이 거친 편이었다.

대신 강도 높은 훈련 덕택에 비만 걱정은 없다. 그럼에도 이들은 에어로빅, 헬스, 재즈댄스, 무용, 수영 등을 취미로 즐길 만큼 동적(動的)인 인간형이다. 스트레스 해소를 위해 부대 밖에서 한잔 하기도 하지만, 값이 저렴한 영내 노래방을 이용하는 경우가 많다고 한다.

김상연 기자

–≪서울신문≫, 2006. 7. 22.

(7) 대담과 좌담 글

대담은 하나의 주제를 두고 두 사람이 나누는 대화를 의미하며 좌담은 3명 이상이 하나의 주제에 대하여 토론하는 것을 말한다. 그러나 좌담은 5명 이상이 될 경우 좌담으로서의 매력을 상실한다. 지나치게 많은 인원이 동원되면 잡담으로 떨어질 수 있기 때문이다. 대담이나 좌담은 주제가 잘 부각되어야 하며 참가자들의 견해가 나름대로 서로 달라도 주제를 잘 부각시킬 수가 있다.

대담이든 좌담이든 참가자들에게 주제를 미리 알려주어야 하며 장소, 진행 시간 등에 대해서도 미리 알려주어야 진행에 무리가 없게 된다. 좌담인 경우는 참가자들이 여럿이므로 일정을 훨씬 이전부터 잡아야 하고, 주제 토론이 진행되면 참석자 모두에게 발언 기회와 시간을 동등하게 제공하는 것이 중요하다.

대담 글과 좌담 글은 대담하고 좌담한 내용을 핵심적으로 정리하는 글이다. 대담 글은 서로 간에 문답이나 대화 형식으로 진행하며 자연스러운 흐름을 유지하는 것이 중요하다. 또한 앞에서 대담자의 유명세와 대담을 나누게 된 배경, 대담 장소 등을 미리 언급하고 넘어가는 서두형식을 두는 것이 좋다. 글을 전개하는 과정에서 핵심적인 내용이 빠졌을 경우에는 대담 이후에라도 전화를 걸어 의견을 보완해주는 것이 바람직하다.

예문 - 대담 글

[새천년 대담] 촘스키 / 富-권력독점 방지가 21세기 숙제

'생존하는 가장 중요한 지식인', '현대 언어학의 창시자', '가장 예리하고 끈질긴 사회비평가'. 촘스키에 대한 평가는 다양하다. 1,000편 이상의 논문을 발표하고 80여 권의 저서를 펴냈으며 세계 유수의 대학과 기관으로부터 수많은 명예학위와 상을 받았다.

언어학 패러다임을 전환시킨 '언어이론의 논리구조'(1955)로 언어학 혁명을 일으킨 이래, 1964년 베트남 반전데모로 세상의 주목을 받았고, 1966년 뉴욕타임스에 기고한 '지식인의 책무'를 통해 일약 세계적 스타로 발돋움했다.

'변형생성문법'으로 알려진 그의 언어이론이 1980년대 '지배-결속이론'으로

발전하면서 세계 언어학계를 사로잡고 있는 동안, 촘스키는 미국의 개입주의적 외교정책의 야만성을 신랄하고 끈질기게 폭로하는 등 지식인으로서의 발언을 계속해 왔다. 그는 플라톤-데카르트의 이성주의에 젖줄을 대고 있으며, 루소 훔볼트 오웰 등의 사상적 영향 아래서 '자유주의적 사회주의자'로 자임해 왔다. 버트런드 러셀과 존 듀이의 행동주의적 면모를 흠모한다고 공언한다.

최근에도 '최소주의'라는 자신의 언어이론을 심화시키는 한편 세계 도처에서 강연을 통해 신자유주의 세계질서의 본질과 폐해를 파헤치고, 코소보나 르완다의 인권유린을 고발하는 등 전방위적으로 활동 중이다. 강대국의 인권유린이 자행되는 곳이면 남아공이건 니카라과건 현장을 찾아 그 실상을 고발하는 그의 투쟁은 지금도 '현재진행형'이다.

장영준 : 현대 언어학의 창시자이자 사회비평가로서 지난 45년간 질풍노도의 삶을 이어온 교수님의 지난 세월을 개인적으로 어떻게 회고하십니까.

촘스키 : 그것은 개인적 성취가 아닙니다. 우선 언어학은 45년 전의 모습을 거의 알아볼 수 없을 정도로 본질적인 변화를 겪었습니다. 오늘날 10년 전만 해도 상상할 수 없던 주제들이 연구되고 있습니다. 놀라운 변화입니다. 정치적인 면에서는 60, 70년대의 사회가 좀 더 문명적이었다고 해야 할 정도로 신자유주의가 민주주의와 인권에 대해 강력하게 도전해오며 점차 공격의 강도를 높여오고 있어요.

장영준 : 20세기는 야만적 전쟁, 전체주의 실험, 인권유린 등으로 점철된 역사의 실험기였다고 해도 과언이 아닌데, 이런 경험으로부터 어떤 교훈을 얻어야 하겠습니까.

촘스키 : 그것은 19세기의 교훈과 다르지 않습니다. 구체적으로는 다를지 모르나, 전반적으로는 같다는 게 제 생각입니다. 예를 들면 르완다 학살에 대해 자세한 유엔 보고서가 있습니다. 미국은 이런 학살로부터 자신의 책임과 관련한 많은 교훈을 얻을 수 있습니다. 그 중의 한 가지는 국가의 통제를 견제해야 한다는 것입니다. 국민이 국가 권력을 제한할 수 있어야 국가의 폭력적이고 비인도적인 행동도 견제할 수 있습니다. '국민의 참여'가 한 가지 방법일 겁니다. 그것이 바로 민주주의입니다.

(중략)

장영준 : 한국에서도 신자유주의를 해부한 교수님의 저서가 최근 번역됐습니다만 세계적으로 신자유주의에 대한 비판의 목소리가 거세지고 있습니다. 신자유주의는 피할 수 없는 운명일까요.

촘스키 : 지난 20~25년 동안의 사회정책이 경제법칙보다는 부와 권력을 소수에게 집중시키는 국가정책에 의해 움직여 온 결과 극소수만이 동화(童話) 같은 번영을 구가하고, 나머지 대다수는 가난한 잉여인간으로 살아가게 됐습니다. 극도의 빈부격차가 생긴 거지요. 이는 결코 우연한 결과가 아니고 정치적 결정에

의해 고안된 것입니다. 소위 신자유주의라는 괴물이지요. 우리는 이것을 막아야 합니다.

장영준 : 신자유주의의 물결을 어떻게 막을 수 있습니까.

▶ IMF는 신자유주의 하수인

촘스키 : 먼저 신자유주의 담론에는 엄청난 속임수가 있다는 사실을 직시해야 합니다. 시장원리가 가난한 사람들에게만 선택적으로 적용되고 초국적 기업은 원칙을 따르지 않습니다. 부유한 특권층은 공적 자금의 지원을 받고 비용과 위험부담은 모두 사회로 이전됩니다. 국제통화기금(IMF) 같은 금융기관이 이런 것을 가능하게 하고 있습니다. IMF는 외환위기에 처한 나라들을 '구제'한다고 주장했지만 사실은 투자가들을 구제한 것이고, 해당 국가의 국민에게 극심한 비용을 전가함으로써 은행가와 투자가들만 이익을 보게 했습니다. 그 대안의 한 가지는 누구든 시장원리에 복종하게 하는 것이지만 부자들이 그걸 받아들이지 않겠지요. 따라서 모든 사람들이 시장원리를 받아들이도록 사회적으로 강제해야 합니다. 여러 가지 방안이 강구될 수 있을 겁니다.

장영준 : 한국과 말레이시아는 1997년의 외환위기로 IMF 구제금융을 받는 과정에서 서로 다르게 대응했습니다. 한국은 IMF의 가혹한 요구조건들을 수용한 반면 말레이시아는 IMF의 요구사항을 거부했지요. 두 나라 모두 외환위기를 벗어난 것으로 평가되는데 이 점에 대해 어떻게 생각하십니까.

촘스키 : 한국 국민이 아니라 국제 투자가들이 구제된 것이지요. 한국 국민은 가혹한 구조조정 프로그램으로 인해 고통을 당했어요. 은행가와 투자가들의 이익을 보장하는 사회적 비용을 한국민이 떠안은 셈이지요. 말레이시아는 자본의 국외 유출을 통제함으로써 경제학자들의 비난을 초래했지만 결과는 딴판이 되었지요. 한국의 경제는 매우 빠른 속도로 회복되고 있지만 중요한 것은 이제 누가 한국을 소유하고 있는가 하는 점입니다. 30년 이상 노동자들의 피와 땀으로 이룩한 기업과 재산이 싼값으로 외국인에게 팔려나갔습니다. 말레이시아의 경우에 이런 문제는 생기지 않았지만 한국과 말레이시아는 기본적으로 상이한 경제기반을 갖고 있기 때문에 단순비교는 무리입니다.

(중략)

장영준 : 교수님은 1966년 뉴욕타임스에 기고한 '지식인의 책무'란 글에서 지식인은 정부의 거짓을 폭로하고 정부가 내세우는 명분과 동기, 숨겨진 의도 등을 분석해야 한다고 했습니다. 지식인이란 무엇입니까.

▶ 지식인이 세상을 바꿔야

촘스키 : 지식인이란 기묘한 용어입니다. 지식인이란 기본적으로 특권적 자원

을 사용할 수 있고 특별한 훈련을 받아서 그들의 정신을 자유롭게 사용할 수 있는 사람들입니다. 대부분의 사람들은 그런 특권을 누리지 못합니다. 가령 일주일에 50시간을 식당에서 일한다면 세상의 문제에 대해 생각할 겨를이 없겠지요. 작가나 학자는 그런 특권을 누릴 수 있어요.

장영준 : 사기업은 모든 불만을 정부로 쏠리게 하고 그들은 장막 뒤에서 이익을 취하고 있습니다. 점점 더 복잡해진 시스템에서 지식인들이 책임소재를 가려내기란 더 어려워진 듯합니다.

촘스키 : 국내총생산(GDP)에 대한 지출이 경제협력개발기구(OECD) 국가들은 증가했지만 가난한 나라들은 감소하거나 정체상태입니다. 레이건 정부 시절 사기업에 대한 정부의 공공보조금과 위험부담률은 급팽창했습니다. 이것이 소위 신자유주의의 목적입니다. 이런 것을 알기 위해 굳이 뉴욕타임스를 읽을 필요는 없습니다. 지식인은 데카르트가 말하는 '건전한 양식'만 있으면 됩니다.

장영준 : 한국의 지식인과 시민단체에 한 말씀 해주시겠습니까.

촘스키 : 앞으로 어떤 세상에서 살 것인지 선택해야 합니다. 억압과 파괴의 세상에 살기를 원합니까. 생태계의 파괴로 후손들이 더 이상 살 수 없는 세상을 원합니까. 한편에서는 유례없는 경제적 부의 혜택을 누리면서 다른 한편에서는 기아에 허덕이는 그런 세상을 원합니까. 아니면 이런 세상을 바꾸고 싶습니까. 여러분은 이제 선택해야 합니다.

◇노엄 촘스키 약력
- 1928년 미국 필라델피아 출생
- 미국 MIT대 언어학 석좌교수
- 저서 『통사구조론』, 『여론조작』 등

◇장영준 교수 약력
- 1964년 강원 홍천 출생
- 촘스키의 제자, 중앙대 영문과교수
- 저서 『언어의 비밀』, 『촘스키』, 『끝없는 도전』(역서) 등

-≪동아일보≫, 2000. 1. 4.

(8) 르포

르포는 현장의 실제 모습을 생생하게 전달해주는 보고 형식의 글이다. 있는 사실을 전하지만 현장에서 독자에게 직접 중계하는 형태의 글이라고 생각하면 된다. 이는 사건의 현상이나 목격자의 증언을 객관적으로 전달하는

일반 미디어 글과는 달리 현장을 직접 방문해 보고 느낀 점을 생생하게 전달하는 목격담이자 체험담이라고 할 수 있다. 르포 글은 일반 미디어 글과는 달리 이슈 정도가 더 강해야 한다. 이슈 정도가 약하면 르포로서의 가치가 없다. 또한 르포 글은 현장취재가 필수적이며 현장감을 살리는 것이 가장 중요하다.

예문 - 르포 글

불산가스 50일, 구미 르포

불산가스 누출 사고가 발생한 지 50일이 지났지만, 주민 대책은 여전히 막막하다. 주민 70여 명은 산골에 고립되어 있고, 보상 협상은 난항을 거듭하고 있다.

한낮에도 칼바람이 일었다. 11월 19일, 50여 일 만에 찾은 경북 구미에 부는 바람은 더 거셌다. 구미역 앞에서 탄 택시는 산길을 내달려 산동면 백현리 환경자원화시설로 향했다. 쓰레기매립장을 세우면서 목욕탕과 헬스장 같은 3층짜리 주민 편의시설을 지은 것이다.

지난 9월 27일 불산가스 누출 사고로 피해를 본 봉산리 주민들이 이곳 백현리로 대피했다. 내비게이션에 주소를 입력하니, 택시기사가 갸우뚱거렸다. “여기는 기사생활 20년 동안 한 번도 와본 적 없는데요, 오지 중의 오지고만.” 대피라기보다 유배에 가까운 듯 보였다. 30여 분을 달린 택시기사는 요금을 더 얹어달라고 요구했다. 워낙 산골이라 시내로 나가려면 한참 걸린다는 이유에서였다. 차가 없으면 한 발자국도 나갈 수 없는 곳이었다.

300여 명이던 봉산리 주민 가운데 170여 명은 사고가 터진 직후 일가친척 집으로 옮겼다. 초기 대피소에 머물던 60여 명도 인근 절이나 친척 집으로 흩어졌다. 갈 곳을 잃은 주민 70여 명만 이곳에 모였다. 70대 이상 노인이 45명에 이르고, 대책위 활동을 하는 50대 이하 청년층이 20명가량이었다.

이곳에서 생활하는 유일한 학생 남매 혜림 양(16)과 채영 군(14)은 불편하다는 투정조차 하지 않았다. 사고가 난 직후 보름간 고모 댁에 머물다가 대피소로 돌아온 터였다. 몸 불편한 것이 마음 불편한 것보다 나았으리라 짐작할 뿐이다. 두 학생은 아버지 임봉태 씨의 차를 타고 오전 7시에 등교한 뒤, 학원 수업이 끝난 밤 9시께 돌아왔다. 대피소에서 공부가 제대로 될 리 만무했다.

사고 당시만 해도, 여야 대선 후보들과 유영숙 환경부 장관이 마을을 찾았다. 남유진 구미시장도 수차례 방문했다. ‘섭섭하지 않게 보상하겠습니다’ ‘하루빨리 조치를 취하겠습니다’…. 하지만 불산가스 누출 사고 이후 54일째. 대피소로 이동한 10월 6일 이후 45일이 지나도록 주민들은 집으로 돌아가지 못하고 있다.

11월 12일 남 시장은 "정부 발표에 따라 피해 지역의 대기·수질·토양 오염도가 기준치 이하로 미미한 것이 확인된 만큼 주민대책위원회의 과도한 보상 요구는 탐욕으로 비칠 수 있다"라며 기자회견을 열었다. 구미시와 주민 간의 골은 더 깊어졌다.

오랜 합숙생활로 아픈 노인 많아

대피소 생활은 조금씩 빨랐다. 기상·식사·취침이 그랬다. 오전 11시가 조금 넘어 점심식사가 시작됐다. 건물 1층 휴게실. 인근 식당에서 배달해온 음식이 배식됐다. 노인들은 긴 줄을 서서 둥근 플라스틱 접시에 음식을 담았다. 이날 반찬은 마른명태국·두부조림·생선가스·고추무침·무채·오징어볶음이었다. 틀니를 한 천태란 씨(77)는 "내 집에서 된장국에 밥 한 사발 말아먹는 게 낫지…"라며 중얼거렸다. 이날은 노인 45명이 식사했다. 한 끼 5,000원 하는 밥값은 모금된 성금에서 매달 일괄 계산된다.

노인들은 3층 문화강좌실로 쓰인 250여㎡(약 75평) 널찍한 마루에서 생활하고 있다. 전기로 바닥을 데우고 나란히 요를 깐 후 담요를 덮는다. 베개는 물을 가득 담은 1.5ℓ 페트병으로 대체됐다. 창가 쪽에는 여성, 맞은편 벽 쪽에는 남성 구역으로 자연스럽게 자리가 정해졌다. 수십 년 동안 살을 맞댄 부부도 대피소에서는 남남이었다. (중략)

11월 20일 오후 3시께. 산동면 산동농협 앞에서는 '불산 사고 진실규명 삭발식'이 열렸다. 김동현 씨(41)가 계획했다. 봉산리 옆 마을인 임천리에 부모와 삼촌 등 그의 친척이 산다. 김 씨는 사흘 전, 불산 사고와 관련한 전단을 살포해 경찰 조사를 받기도 했다. 밀짚모자를 쓰고 나타난 그는 마이크를 켰다. "휴… 불산 사고에 관해서 의문점이 한둘이 아입니더. 안전한지 아닌지, 진실을 말해달란 말입니더."

사고가 난 지 11일 만에 봉산리 일대는 특별재난구역으로 지정됐다. 하지만 20여 일 뒤인 10월 31일 민·관합동영향조사단은 "불산 피해지역의 환경영향은 현재까지 미미하다"라고 보고했다. 이후 일주일 만에 주민대책위와 민간 전문가 등 5명은 "객관적이고 공정한 조사가 아니다"라며 결과에 불신을 나타냈다. "진실을 조속히 규명하고, 정당한 피해보상이 이뤄지도록 해달라"라고 김 씨가 외치자, 주민 80여 명은 우렁차게 박수를 보냈다. 밀짚모자를 벗은 그는 얼굴을 가슴팍에 묻었다. 잘려나간 머리카락은 바닥으로 떨어졌다.

그러는 사이, 구미시는 또 한 차례 보도자료를 준비했다. '막대한 보상비, 시 재정부담은 결국 42만 시민의 몫.' 42만 구미시민이 공동 피해자인 만큼 봉산리 주민은 집단이기주의를 거둬야 한다는 내용이다. 제 땅이 아닌 시멘트 건물 속에서 하루하루를 보내야만 하는 이들에게, 올해 겨울은 유난히 혹독할 듯하다.

송지혜 기자 song@sisain.co.kr

―시사인, 2012. 12. 14.

(9) 탐사 글

탐사 글은 사회적인 사건과 현상 뒤에 숨어있는 사실을 추적하여 밝히는 글을 말한다. 세상에는 하루에도 수많은 사건이 발생한다. 이들 가운데 진상이 밝혀지는 사건이 있는가 하면 진실이 은폐되는 사건도 있다. 탐사 글은 은폐되어 있는 진실을 파헤치는 글이다. 이를 통해 사회정의를 구현하는 데 적지 않은 기여를 한다.

지금까지 알려진 대표적인 탐사 글은 미국의 워터게이트 사건과 우리나라의 박종철 군 고문치사 사건이다. 워터게이트 사건은 워싱턴포스트지에 의해, 박종철 군 사건은 동아일보에 의해 탐사 글이 발표됨으로써 사건의 진상이 드러나게 되었다. 요즘 탐사 글은 일간신문보다는 월간시사지나 주간지에서 좋은 글감이 되고 있다.

탐사 글의 기획은 철저하고 확실해야 한다. 탐사 글은 글로 담아냈을 때 그 사회적인 파장이 어떤 미디어 글보다 크기 때문이다. 탐사 글은 견고하게 은폐된 사실을 밝혀야 하므로 일반 미디어 글의 취재보다 훨씬 어렵고 힘들다. 그러나 성공적으로 이루어진다면 가장 보람 있는 미디어 글쓰기가 될 수 있다.

예문 - 탐사 글

> **"누구도 편안하게 죽지 못할 것이다"**
>
> 1986년 4월 26일 체르노빌 재앙 직후 소련은 사태를 미봉하기에 급급했다. 4월 29일 타스 통신이 최초로 사건을 보도했지만 고작 단신이었다. 연중 가장 크게 마련인 5월 1일 노동절 행사는 벨라루스와 우크라이나의 방사능 낙진 오염지역에서 예정대로 진행되었다. 하지만 현장에서는 사투가 벌어졌다. 원자로 폭발과 함께 조종실에 있던 2명이 즉사했고 화재를 진압하기 위해 소방관 186명이 투입되었다. 이들 중 4명은 방사능 피폭으로 작업 직후에 사망했고 그 뒤 26명이 병원에서 사망했다. 4월 30일 2명이 사망했다고 발표한 소련 정부는 같은 해 말 사망자 수를 다시 30명이라고 밝혔고 이것이 지금까지 체르노빌 재앙으로 인해 발표된 공식적인 사망자 수가 되었다. 우크라이나 슬라보티츠의 추모탑에서 만날 수 있는 서른 명의 얼굴이 그들이다.

전대미문으로 기록된 체르노빌 핵재앙이 남긴 피해의 실상은 어떤 것일까. 우크라이나 환경센터의 아더 데니셴코 에너지 부문 국장의 의견은 이렇다.

"정부나 에너지 기업, 특히 핵발전 관련 기업들은 가능하면 피해자 수를 줄이려고 합니다. 사고 직후 수습에 동원된 리퀴데이터(Liqui - dator: 해체 작업자)들이나 심각한 오염지역에 거주했던 주민들이 암에 걸렸다고 하면 그게 방사능 때문이 아닐 수도 있다고 말하지요. 때때로 본인들도 확신하지 못하는 경우도 있습니다. 그건 어쩔 수 없어요. 방사능은 총알도 포탄도 아니잖습니까. 당시 피폭자들은 지금도 의심스러운 이유로 죽어가고 있습니다. 더 심각한 것은 아이들이지요. 사고 후에 태어난 피폭자 자녀의 암 발생률이 높습니다. 기형률도 높지요. 그 피해를 숫자로 정확하게 말할 수 있는 건 오직 신뿐입니다."

키예프의 셰브첸코 대학에 재직 중인 이반 본다렝코 교수는 재난 당시 어린 아들을 체르노빌 주변에 살던 친척집에 맡겨두었다. 그 아들은 5년 뒤에 백혈병으로 사망했다. 지금도 사무실 책장에 그렇게 잃은 아들의 사진이 든 액자를 두고 있다. 체르노빌 재앙 당시의 일을 떠올리며 이야기하던 중 그는 아들 이야기가 나오자 이내 눈시울을 붉혔다.

"나는 체르노빌 사고가 아들을 죽였다고 믿지만 그걸 어떻게 증명할 수 있겠어요? 방사능 피폭이 아니더라도 백혈병은 걸릴 수 있거든요."

얼마나 죽었는지 '아무도 모른다'

도쿄 전력이 후쿠시마 재앙에도 불구하고 사망자는 단 한 명도 없었다는 뻔뻔스러운 발표를 할 수 있었던 것도 그 때문이다. 그러나 치명적인 피폭으로 현장이나 그 직후 병원에서 사망하지 않더라도 피해자는 서서히 죽어간다. 2005년 유엔은 세계보건기구(WHO) 등의 공동연구 결과를 발표했다. 체르노빌에서 유출된 방사능에 직접 노출된 60여만 명 중 4000여 명이 사망했다는 결론이 포함된 발표였다. 그러나 그린피스가 2006년 내놓은 사망자 수는 9만 3,000명이었고 질병으로 고통받는 피해자 수는 22만 명에 이르렀다.

2010년 뉴욕 과학아카데미가 발간한 <체르노빌: 인간과 환경에 대한 재앙의 결과>에서 저자인 러시아 환경정책센터의 알렉세이 야블로코프는 주로 슬라브어로 작성된 의료 자료들을 집중 조사한 결과 2004년까지 이미 98만 5,000명이 사망했으며 2005년 현재 재앙 직후 수습에 동원되었던 리퀴데이터 60여만 명 중 11만 2,000~12만 5,000명이 사망했다고 밝혔다. 주목해야 할 점은 리퀴데이터가 아닌 방사능 오염지역의 거주자 중에서 더 많은 사망자가 집계되고 있다는 사실이다. 진실은 어디에 있을까? 어쩌면 '아무도 알 수 없다'일지 모른다. 체르노빌 재앙으로 인해 추정된 사망자는 북유럽에까지 미친다.

아이들이 뛰놀고 있는 슬라보티츠 광장에는 늦은 오후의 따스한 햇살이 넘쳤다. 공원 벤치에 앉아 책이 아닌 보고서를 읽는 사내는 체르노빌 신규안전격납시설(NSC) 프로젝트에 참가했던 영국인 엔지니어였다. 그는 그동안 세계 여러 나라를 다녔지만 슬라보티츠가 가장 살기 좋은 곳이라고 말했다. NSC에 대해 이것저것 물었지만 자신은 전기 분야여서 알지 못한다는 신통찮은 대답만 돌아왔고, 새로 격납고를 만들어 덮으면 안전할 것인지를 묻는데도 모른다는 대답뿐이다. 어쩌자는 것인지. 체르노빌 노동자들이 아직 퇴근하지 않은 슬라보티츠에는 여자와 아이, 그리고 노인들만 보인다. 2000년 3호기가 가동을 중단할 때까지 2만 5,000여 인구가 거주하고 있었다. 지금은 절반 정도로 줄었다. 프리피야트는 주거뿐 아니라 연구와 기계설비의 생산까지 담당하지만 슬라보티츠는 오직 주거 기능만 한다. 그런 슬라보티츠의 미래는 불투명하기 짝이 없다. 교육도시로 변모할 가능성에 대한 논의가 분분하지만 쉽지 않은 일이다. 재앙의 직격탄에서 가까스로 비껴나기는 했지만 그곳은 여전히 체르노빌 핵발전소와 이웃한 지역이다. 그러나 멈춘 원자로의 관리와 석관, 그리고 격납고의 관리를 위해 체르노빌은 여전히 노동자가 필요할 것이고 아주 먼 미래, 수백 년 뒤에도 우크라이나의 어떤 도시보다도 오랫동안 슬라보티츠는 존재할 것이다.

우크라이나 서부의 흐멜니츠키와 리우네 핵발전소를 돌아보았다. 이즈음의 핵발전소가 으레 그렇지만 3m에 가까운 담이 둘러쳐진 데다 진입로의 망루에는 감시원까지 배치해둔 흐멜니츠키 핵발전소의 주변 분위기는 삼엄하다. 발전소 정면의 1호기와 그 뒤의 2호기가 산뜻해 보이는 반면, 건설이 중단된 3호기와 4호기는 체르노빌의 5, 6호기처럼 붉은 녹이 슨 타워크레인이 흉물스럽기까지 하다. 벨라루스 접경 지역의 리우네 핵발전소는 나란히 선 거대한 냉각탑 6개가 증기를 뿜고 있어 정말이지 핵발전소처럼 보인다. 주변에 호수와 같은 마땅한 수원이 없는 리우네 핵발전소는 원자로의 냉각에 주로 지하수를 쓴다. 원자로 3호기는 최근 냉각수 부족으로 셧다운되는 사고를 일으키기도 했다. 원자로 1호기는 2009년 정기점검 당시의 화재, 2008년에는 압력용기의 누출 문제 등 잦은 사고로 악명 높지만 냉각탑은 여전히 꿋꿋이 증기를 뿜는다.

잠시 들른 핵발전소 주변 농가는 수확을 끝내고 밀밭의 건초를 옮기는 일로 분주하다. 낯선 이방인의 등장으로 내내 심심했을 마을 아이들이 모두 집에서 튀어나와 부산스럽기 짝이 없다. 핵발전소의 지척에 있는 마을이지만 숲에 가려 냉각탑의 증기조차 보이지 않는다. 그곳에서 핵발전소의 무엇이라도 느끼기란 애당초 불가능했다. 그러나 국경 너머 벨라루스의 한 마을은 핵발전소를 지척은커녕 160㎞ 떨어진 곳에 두었지만 지금은 지도상에 존재하지 않는다.

체르노빌 재앙으로 큰 피해를 본 곳은 우크라이나가 아닌 벨라루스였다. 원자로 폭발 당시 불었던 남풍은 방사능 낙진의 70%를 국경 너머 벨라루스에 뿌렸다. 오염지역은 국토 전체 면적의 5분의 1인 4,000㎢에 달했다. 민스크에 이어 벨라루스 제2의 도시인 고멜 북동쪽에 위치한 비에트카 군(郡, Rayon)은 이때의 가장 큰 피해지역 중 하나이다. 4,000여 이재민이 발생했고 시간이 지난 뒤에도 대부분의 지역은 방사능에 오염되어 제한구역으로 남았다. 비에트카의 핵재앙 난민은 고향을 떠나 뿔뿔이 흩어진 후 다시 돌아오지 못했다. 인구는 2차 세계대전 전보다 못한 8,000여 명으로 줄었다.

그런 비에트카 군을 남북으로 가로지르는 도로변에서는 방사능 제한구역 표지판과 줄지어 늘어선 바리케이드를 볼 수 있다. 잡목과 풀들에 가려 있기도 하고 때로는 오솔길처럼 보이기도 하지만 표지판 너머 어딘가에는 한때 마을들이 있었다. 군청 소재지인 비에트카의 도서관에서 그런 마을 중 사람들이 돌아와 살고 있는 곳의 위치를 묻자 직원은 고개를 갸우뚱하고 동료에게 묻더니 프린터로 인쇄한 지도를 넘겨주었다. GPS 좌표를 기대한 것은 아니었지만 그저 도로 어딘가를 볼펜으로 표시한 지도를 받자 좀 난감해졌다. 말인즉슨 그쯤 가면 왼쪽으로 길이 있다고 한다. 물론 지도에는 길이 없었다. 세 번쯤 같은 길을 오간 후에야 길을 찾을 수 있었다. 입구에는 오래된 버스정류장도 있었다. 한때 이름을 적어두었던 곳은 흰 페인트로 지워져 있었다. 양편의 나뭇가지들에 뒤덮여 어둑한 길을 지나자 노부부 두 가구가 사는 마을이 나타났다. 한때는 20여 가구가 살던 마을이다. 공식적으로는 존재하지 않는 이 마을에는 전기도 가스도 공급되지 않는다. 노인들은 오염된 텃밭을 가꾸고 근처의 숲에서 가져온 오염된 땔감으로 불을 지펴 음식을 만들고 있었다. 집 뒤편 숲으로 향하는 길 언저리에는 방사능 제한구역 표지판이 서 있었다. 잠시 양해를 구하고 둘러본 집안은 빈한하기 짝이 없었다. 작은 창문 앞 기울어진 나무 식탁 위에 놓인 돋보기안경과 책 한 권이 인상적일 뿐 더러운 이불이 놓인 작은 침대가 전부이다시피 했다. 자식들은 모두 키예프나 민스크, 독일에 산다는 노인은 자신이 돌아온 이유를 들려주지는 않았다. 아마도 그곳이 태어나고 자란 고향이기 때문일 것이다.

제한구역으로 지정되지 않은 지역은 오염되었다고 해도 정상적으로 거주할 수 있다. 그러나 그곳 주민들 사정이 이름 없는 마을에서 살아가는 그 노부부들 사정보다 크게 낫다고 볼 수는 없다. 26년이 지난 지금은 더욱 그렇다. 이미 2005년 오염지역 실태조사 결과를 책으로 냈던 유리 세브초프는 저주에 가까운 말을 남겼다.

"농장 노동자들, 소도시 주민들, 지식인들. 그들 모두는 지난 20년 동안 매일같이 치명적 수준의 방사능에 노출되어 왔다. 그들 중 누구도 편안하게 죽지 못할 것이다. 그들 모두 숨을 거두기 전 지독한 고통에 시달릴 것이다. 오염지역에 거주하는 것이 안전하다고 말하는 사람이든, 그렇지 않다고 말하는 사람이든 이 사실은 동일하게 적용된다."

세브초프의 말에 따른다면 체르노빌 재앙 당시 방사능에 오염되었던 지역에 거주하는 모든 사람은 제한구역 내의 이름 없는 마을에 사는 것이나 진배없다는 것이다.

"나는 죽음이요, 세계의 파괴자다"

그러나 핵발전소 제로 국가인 벨라루스조차도 2007년 러시아와 송유관을 두고 혈전을 벌인 뒤 핵발전소를 건설하겠다는 방침을 발표했고 추진 중이다. 2009년 결정된 건설 예정지는 리투아니아와의 접경 지역인 아스트라베츠로 리투아니아 수도인 빌뉴스에서 겨우 45㎞ 떨어져 있다. 리투아니아는 물론 폴란드까지 격렬하게 반발한다.

"나는 죽음이요, 세계의 파괴자가 되었다."

1945년 7월 인류 최초의 핵폭탄 실험의 성공을 지켜본 후 맨해튼 프로젝트의 책임자였던 오펜하이머가 힌두 경전인 바가바드기타의 11장 32절을 변용해 남긴 말이다. 나가사키와 히로시마에서 벌어진 참상은 그의 이 말을 예언으로 만들었다.

벨라루스의 코로스텐 국경 검문소를 넘어 어두운 숲 속을 달리면서 나는 오펜하이머의 이 말을 떠올렸다. 10분 이상을 달려야 우크라이나 쪽의 부스트포비치 국경 검문소를 만나는 이 특별한 숲길은 검문소조차 세울 수 없는 방사능 제한구역이었다. 히로시마 이후 67년이 지난 지금 인류는 윈드스케일과 스리마일을 거쳐 체르노빌과 후쿠시마에서, 핵폭탄이 아니라 핵발전이 죽음이요 세계의 파괴자인 것을 목도하고 있다.

유재현(소설가)

–≪시사인≫, 2013. 1. 23.

(10) 기획특집 글

기획 글 또는 특집 글이라고도 한다. 기사의 소재부터 취재, 기사작성까지 기자의 노력과 심혈이 기울여진 글이다. 다른 미디어 글과 달리 상당히 심층적이고 분석적이다. 특히 잡지에서 중요시하는 미디어 글이다. 잡지에서 기획특집 글의 성패는 판매부수와도 직결된다. 잡지에서는 흔히 '커버스토리'나 '스페셜 리포트' 또는 기획 특집이나 특집 기획이라는 이름으로 실린다.

신문의 기획특집과 잡지의 기획특집은 다소 다른 형태를 취한다. 신문에서는 하나의 글로 이루어지고 잡지에서는 하나의 메인 글과 두 개 이상의 부수적인 글로 구성된다. 신문은 지면 때문에 많은 양의 글을 실을 수 없는 것이 일차적 원인이고 잡지는 매체 특성상 깊이 있게 다루어야 하기 때문이다.

예문 - 기획특집 글

편애하라 가난한 이들을

2004년 12월 30일, 아르헨티나 수도 부에노스아이레스의 한 나이트클럽에 큰불이 났다. 유독가스가 순식간에 클럽 전체를 뒤덮었다. 나이트클럽 쪽에서는 술값을 내지 않고 도망치는 사람이 있을까 봐 출입구를 대부분 잠가놓았다. 대목을 맞아 손님들을 많이 받은 것도 참극을 키웠다. 195명이 사망하고 700명 넘게 부상당했다. 피해자들은 대부분 직장인과 젊은이들이었다.

소방차가 달려오기 전 어느 성직자가 먼저 현장에 도착했다. 아르헨티나의 추기경 베르고글리오였다. 그는 몸에 불이 붙은 채 밖으로 나온 사람의 옷을 조심스레 벗기고, 놀라 두려워하는 젊은이들에게 위로의 말을 건넸다. 현장에서 직접 부상자를 돌보는 추기경을 보며 부상자와 가족, 소방관들은 큰 힘을 얻었다. 이 모습이 전국으로 생중계되었다.

이 추기경은 2013년 프란치스코 교황이 되었다. 그의 등장은 가톨릭교회에 커다란 충격이었다. 그 충격의 폭과 깊이를 제대로 이해하려면 전임 교황 베네딕토 16세의 자진 사임이라는 또 다른 충격을 자세히 알아야 한다. 2013년 2월 교황 베네딕토 16세(본명 요제프 라칭거)는 자진 사임한다고 발표해 가톨릭교회는 물론 전 세계를 깜짝 놀라게 했다.

그의 겸손한 퇴장은 위기의 가톨릭교회에 새로운 문을 열어주었다. 2005년 4월 2일 교황 요한 바오로 2세가 서거했다. 2005년 4월 18일 새로운 교황을 뽑는 선거가 시작되었다. 라칭거 추기경은 보수파를 대변하는 강력한 후보였다. 그에 맞서는 후보로 이탈리아 밀라노 교구의 전임 교구장이자 성서학자인 카를로 마르티니 추기경과 아르헨티나 부에노스아이레스의 교구장 호르헤 마리오 베르고글리오 추기경이 있었다. 마르티니 추기경은 파킨슨병을 앓고 있었다. 처음 몇 차례 투표에서 베르고글리오 추기경이 3분의 1 넘게 득표했다. 이는 자신이 당선되기에 부족하지만 라칭거의 당선을 막을 수 있는 표였다. 베르고글리오 추기경은 눈물을 흘리면서 라칭거 추기경에게 투표하도록 동료들을 설득했다고 한다. 다음 날 라칭거 추기경은 교황 베네딕토 16세가 되었다.

베네딕토 16세는 조용한 성품에 부지런히 일하는 교황이었다. 그는 이웃 종교와의 대화에 애썼다. 동방정교(그리스정교회)의 분리, 개신교의 분리를 겪으면서 '교회 일치 운동'은 역대 교황의 주요 숙원 사업이었다.

베네딕토 16세가 2006년 말 이스탄불의 이슬람교 사원에서 기도한 것은 전

세계의 이슬람 신도들을 크게 감동시켰다. 그는 쾰른, 로마, 뉴욕의 유대교 회당을 종종 방문했다. '가장 개신교적인 교황'이라고 불릴 정도로 개신교에 친근한 자세를 취했다. 신앙과 이성을 조화시키기 위해 평생 애써온 신학자였다. 그는 인간의 얼굴을 한 하느님을 오늘날의 인류에게 선포하려 애썼다.

하지만 베네딕토 16세는 재임하는 동안 많은 어려움에 부닥쳤다. '유대인 학살'을 부인한 리처드 윌리엄슨 주교 복귀, 바티칸 은행을 둘러싼 소문들, 사제들의 성추행, 그리고 2012년 교황청 비밀문서가 유출된 이른바 '바티리크스(바티칸+위키리크스)' 파문이 그를 힘들게 했다. 그의 능력과 신뢰도에 대한 걱정이 교회 안팎에서 은밀하게 퍼져갔다. 2013년 2월11일 베네딕토 16세는 교황직에서 사임하겠다고 갑자기 발표했다. "그동안 저는 하느님 앞에서 여러 번 양심 성찰을 했습니다. 나이가 많아 더 이상 베드로 사도직을 수행하는 걸 감당하기 힘들겠다고 판단했습니다. …제게 맡겨진 직무를 더 잘 수행하기에는 제 무능함을 인정해야 합니다. 로마 주교직과 베드로의 후계직을 내려놓으려고 합니다."

13세기 말 최초로 자진 사임한 첼레스티노 5세는 은둔하며 수도사로 지내다가 갑자기 교황으로 선출되었다. 그는 라틴어도 할 줄 몰랐고 교회 행정도 알지 못했다. 취임 5개월 만에 추기경들과 상의한 후 자진 사임했다. 1년 6개월 뒤 그는 감옥에서 쓸쓸히 사망했다.

그에 견주면 베네딕토 16세의 사임은 성격이 다르다. 1978년 요한 바오로 2세의 등장부터 2013년 베네딕토 16세의 퇴임까지 36년간 지속된 '보수 교황의 시대'가 퇴장함을 의미한다. 보수적인 교황으로는 가톨릭교회가 더 이상 현대사회에 적절히 대응하기 어렵다는 뜻이다. 유럽 교회의 퇴조는 유럽 출신 교황들에게 압박이 되고 있다. 출산이 왕성하고 새 신자가 늘어나는 남미나 아프리카, 아시아는 가톨릭 신앙의 새 터전으로 여겨지고 있다. 경제적 빈곤과 사회적 불평등, 정치적 비민주성이 강한 지역들이다. 비유럽 출신 교황, 사회적 문제에 좀 더 적극적으로 대처하는 개혁 교황의 출현은 필연이다. 추기경들은 이러한 시대적 흐름을 인정한다. 보수적인 추기경들이 개혁파 베르고글리오 추기경을 교황으로 선출한 점에서도 나타난다. 보수파에 속하는 대부분의 추기경이 소수파에 속하는 개혁파 인물을 교황으로 뽑은 것이다.

프란치스코 교황을 얘기할 때 빼놓을 수 없는 것이 세 가지 있다. 아르헨티나의 정치 · 경제 · 사회적 환경, 예수회의 영향, 프란치스코 성인의 가르침이 그것이다.

노동과 질병이라는 두 가지 창문

프란치스코 교황은 가난한 이탈리아 이민자의 후예로 쉽지 않은 인생을 살았다. 그는 하급 기술자의 아들로 아르헨티나 사회의 빈부격차 현실을 절감하며 자랐다. 할아버지 내외는 아들, 손자손녀의 옆집에 살았다. 할머니는 어린 손자에게 이탈리아 문화를 전수해주었다. 베르고글리오는 열세 살부터 조그만 공장에서 청소 일을 시작했다. 오전 7시에서 오후 1시까지 일하고, 점심식사 후 학교에 가서 저녁 8시까지 공부를 했다. "내 일생에서 가장 잘한 일 중 하나였습니다. 노동을 하며 나는 인간의 노력에서 선한 것과 악한 것을 보게 되었습니다."

열네 살 때 그는 공고에 진학했다. 졸업을 앞둔 열일곱 살 때 특별한 영적 체험을 했다. 사제가 되고 싶다는 뜻을 아버지에게 밝혔을 때 아버지는 행복해했지만 어머니는 실망했다. 고교를 졸업한 베르고글리오는 곧바로 신학교에 갈 형편이 못 되었다. 그는 스물한 살에 심한 폐렴을 앓으면서 오른쪽 폐 일부를 제거하는 큰 수술을 받았다. 그가 꿈꿔왔던 일본에서의 선교 활동은 포기해야만 했다. 그는 노동과 질병이라는 두 가지 창문을 통해 세상을 바라보고 이해하기 시작했다. "고통 그 자체는 미덕이 아니지만, 고통을 만나는 자세는 미덕이 될 수 있습니다."

젊은 시절, 지적 편력도 생겨났다. "내 마음에 종교적 질문만 있었던 것은 아닙니다. 정치에도 관심을 갖고 있었습니다. 공산당에서 발간하는 잡지를 즐겨 읽었지요. 그러나 내가 공산주의자였던 적은 한 번도 없습니다."

베르고글리오는 열아홉 살 때 산살바도르 대교구 소속 신학교에 입학했다가 3년 뒤 예수회에 입회했다. 예수회는 1534년, 스페인 바스크 출신의 이냐시오 로욜라가 창립했다. 설립 당시 루터가 주도하는 그리스도교 개혁 운동이 유럽을 휩쓸었다. 위기를 실감하고 개혁을 부르짖는 목소리들이 가톨릭 내부에서도 나왔다. 예수회는 그 결실 중 하나다. 예수회는 특히 아시아와 중남미 지역에서 활발한 선교 활동을 벌였다. 가톨릭 내부에서는 예수회를 경계하는 분위기가 강했다. 내부에서는 쓴소리를 하는 야당이었기 때문이다. 예수회는 세속 정치 세력을 끈질기게 비판함으로써 정치권력과도 자주 충돌했다. 17~18세기에 예수회는 특히 유럽 계몽주의자들에게 미움을 샀다. 1759년 포르투갈에서, 몇 년 뒤 스페인과 프랑스에서 예수회는 활동을 금지당했다. 예수회는 교육과 연구, 선교에 주력한다. 2013년 3월13일 성베드로 대성당 발코니에 '새 교황 이름은 프란치스코'라고 내걸리자 여러 해석이 나왔다. 프란치스코 교황은 예수회원이다. 그는 어째서 프란체스코 수도회 창립자의 이름을 택했을까. 21세기 가톨릭교회와 세상에 몇 가지 메시지를 확실하게 전하려는 뜻에서다. 첫째, 교회는 가난해야 하고 가난한 사람을 위해 존재해야 한다. 둘째, 교황과 교회가 전쟁에 반대해야 한다. 제1, 2차 세계대전 당시 교황청은 전 지구적 대량학살 전쟁에서 무기력했다. 셋째, 교회와 교황이 세계적으로 종교 간 대화에 앞장서야 한다.

군사정권 시절 죄를 고백하는 〈내 죄〉 발표

1973년 베르고글리오가 아르헨티나 예수회 관구장이 되었다. 3년 뒤 아르헨티나에서 또 군사 쿠데타가 일어났다. 1976년 3월부터 1979년 9월에 이르기까지 이른바 '추악한 전쟁'이 진행되는 동안 시민 약 3만 명이 쿠데타 세력에게 목숨을 잃거나 납치되어 행방불명되었다. 주교 80여 명이 모여 어떻게 대응할 것인지를 논의했다. 투표 결과 반수가 넘는 주교가 다음과 같은 태도를 취하기로 뜻을 모았다. "침묵으로 상황을 주시한다." 역사에서 비웃음을 사게 될 결정이었다.

2000년 3월 교황 요한 바오로 2세가 가톨릭교회가 역사에서 지은 죄와 잘못을 고백하도록 제안했다. 그해 9월 아르헨티나 주교회의는 베르고글리오 추기경 주도하에 군사정권 시절 교회 인사들의 죄를 고백하는 문헌 <내 죄>를 발표했다. "우리는 민주주의적 자유와 인권을 해친 사람들에게 너무나 너그러웠습니다. …책임 있는 사람들의 침묵을 용서해주십시오. 당신의 많은 자녀들이 정치적 충돌, 자유의 말살, 고문과 감시, 정치적 박해와 사상적 강요에 참여한 것에 대해 용서를 청합니다."

베르고글리오의 활동을 규정짓는 개념은 '가난과 벗하는 교회'다. 군사정권이 끝나자 아르헨티나 또한 국가의 빈곤과 개인의 빈곤이 주된 쟁점으로 떠올랐다. 베르고글리오는 이런 뜻에서 가난한 자들과 함께하는 사제들을 칭송했고, 해방신학자들을 옹호했다. "인권은 가난 탓에 상처받고 있습니다. 테러, 억압, 살인뿐 아니라 심한 가난으로 생존 자체가 위협받고 있습니다." 2001년 아르헨티나 경제위기 때는 높은 국가 부채가 가난한 사람을 더욱 힘들게 하고 있다고 비판했다. 가난과 관련한 문제에서 베르고글리오의 강직한 발언들은 세속 권력과 끊임없이 충돌했다. 군사정권 시절에는 정통성 없는 권력이 국민의 인권을 박탈하고 반대자들의 생명을 위협하는 것에 맞섰고, 민간 정부에서는 신자유주의를 추종하고 경제적으로 무능한 정권에 대해 긴장 상태를 유지했다. 그는 교황 선출 직전까지도 현실 비판의 강도를 낮추지 않았다. 이러한 파괴적인 현실 앞에 국민들이 들고일어나야 한다고 촉구했다. "세계화 경제 질서는 가난한 사람을 필요로 하지 않습니다. 가난한 사람들은 주변인이자 억압된 사람들이며 한마디로 쓰레기 취급을 받고 있습니다." 교황의 교회 개혁 프로그램은 간단하다. 가난한 교회 그리고 가난한 사람을 위한 교회를 만들자는 것이다. 교회가 재산을 많이 가지고 있으면서 가난한 교회를 외칠 수 없다는 것은 당연하다. 그 맥락에서 보면 한국 천주교회 또한 재산을 줄여야 한다. 성당 신축, 성지 개발 같은 계획을 줄이거나 포기해야 한다. 교회의 수입도 줄여야 한다. 지나친 액수의 헌금은 받지 말고 돌려주어야 한다. 특히 교회는 불의에 개입된 더러운 돈을 받아서는 안 된다. 그리스도교가 유일하게 편애해야 할 사람은 가난한 사람들이다.

김근수(신학자, 『교황과 나』의 저자)
-≪시사인≫, 2014. 8. 14.

1. 미디어 글과 문예 글이 어떻게 다른지 생각해 봅시다.

2. 미디어 글의 유형 중에서 하나를 택하여 글쓰기 연습을 해 봅시다.

CHAPTER 04

취업과 진학을 위한 글쓰기

취업과 대학원 진학을 위한 글쓰기를 배운다. 대학생활 동안 목표를 세우기 위해서 또는 길 찾기를 위해 걸어온 자신의 삶을 잘 갈무리하기 위해서 취업과 진학에 관한 글들을 써보는 것이 좋다. 취업과 진학을 위한 전략적 글쓰기 선행 과정은 오늘날 생존경쟁 사회에서 살아남기 위한 방편이 될 것이다.

■ 목표

1. 취업글쓰기를 통해 자신의 길을 찾기 위한 인생계획을 설계한다.
2. 취업에 꼭 필요한 서류인 이력서 및 자기소개서 쓰기 전략을 익힌다.
3. 대학원 진학을 위한 학업계획서 쓰는 방법을 익힌다.

■ 구성

1. 이력서
2. 자기소개서
3. 학업계획서

연습문제

요즘 대학생들이 졸업을 미루고 스펙(specification: 구직자 사이에서 학력, 학점, 자격증 따위를 통틀어 이르는 말)준비에 바쁘다. 대학 5년은 물론 심지어 대학을 10년 동안 다니는 학생들도 있다. 그러한 원인으로 경제난과 취업난 등의 이유도 있겠지만 무엇보다도 목표의식 없이 대학생활을 보내기 때문이다. 이러한 상황에서 자신의 길을 찾기 위해서는 스스로가 현재를 점검하고, 대학 4년 동안 어떤 준비를 해야 할지 교수와의 상담을 통해 구체적인 목표를 세우는 것이 중요하다.

특정 학과를 제외하고 대부분 학생들은 자신의 의지와는 달리 수능 성적에 따라 학과를 선택한다. 그러다 보니 목표를 세울 시기인 대학 1학년을 무의미하게 보내게 된다. 특히 남학생들은 군대를 간다는 이유로 학교생활을 게을리하다보니 학점 관리가 제대로 되지 않고 있다. 복학 후 재수강을 해도 요즘은 학점이 삭제가 되지 않고, 이전 기록이 남아 있어 취업이나 대학원 진학 시 불이익을 받는 경우도 있다.

대학에서는 학생들의 적성과 진로를 고민해 전과제도나 복수전공, 연계전공 등을 시행하고 있다. 교양 중심의 1학년 과정을 마치고 2학년부터는 전공을 배우게 된다. 그런데 목표가 정해지지 않은 학생들은 전공에 흥미를 잃고 대부분이 공무원 준비나 편입 준비에 바쁘다. 결과적으로 그들이 공무원이나 상급학교 진학에 성공할 확률은 매우 적다. 이는 시간과 경제적 손실로 이어져 결국 자신의 길을 찾는 데 마이너스 요인으로 작용한다.

또한 준비되지 않은 대학생활은 회사 취업 시 이력서나 자기소개서를 작성할 때 곤란이 많아 경쟁력을 잃게 된다. 대학원 진학 시 이는 그대로 적용된다. 이력서나 자기소개서 그리고 학업계획서를 잘 쓰는 것보다 선행되어야 할 것이 바로 인생에 대한 목표설정과 그 목표를 위한 준비 과정이다. 대학 4학년은 계절 학기를 포함 총 16학기가 있다. 매 학기마다 교내나 교외에서 다양한 활동과 자격증을 준비한다면 자연스럽게 이력서와 자기소개서 칸들이 채워져 스스로도 만족하게 될 것이다.

자신의 인생 설계는 글쓰기와 같다. 주제가 정해지면 자료를 찾아 검토하고 목차를 정한 다음 단계별로 글을 써 내려가면 된다. 초고가 완성되면 퇴고를 통해 한 편의 완성된 글이 탄생하게 된다. 이처럼 자신의 목표가 정해지면 그 목표를 이루기 위해 어떤 준비를 해야 하는지 회사나 대학원과 관련된 다양한 자료를 찾아보고 목표에 맞게 준비를 하면 된다. 설령 그 길이 자신이 걸어가야 할 길이 아니면 다시 새 길을 찾아 준비하면 된다. "아프니까 청춘이다"라는 말이 있다. 글쎄, 과연 이 말이 맞을까? 20대는 이성과 진로문제로 많은 고민이 있겠지만, "바쁘니까 청춘이다"라는 말로 수정되어야 한다. 이제는 자신의 이상을 실현하기 위해 부단한 노력이 요구되는 시대가 되었다.

한편, 준비된 학생들도 회사 취업이나 대학원 진학 시 이력서와 자기소개서를 제대로 작성하지 못해 1차 서류전형에서 탈락하는 경우를 종종 볼 수 있다. 명문대학 출신자들도 화려한 스펙을 자랑하고 있지만, 정작 결과는 탈락이라는 쓰디쓴 고배를 마시는 경우가 허다하다. 그 이유를 보면 좋은 재료로 케이크를 맛있게 만들었는데, 장식이 예쁘지 않아 손님들이 사가지 않는 경우와 같다. 일부 학생들은 교수와의 사전 상담을 통해 이력서나 자기소개서 등을 첨삭 받는다. 여기에 철저한 면접 준비까지 병행한다. 당연히 그들은 좋은 결과가 있을 수밖에 없다. 하지만 대부분 학생들은 비문이 치료되지 않거나 구체적인 지원동기도 없는 서류를 회사나 대학원에 제출한다. 결과는 명약관화(明若觀火)가 아니겠는가?

이 장에서는 불편한 청춘들이 자기 길을 가는 데 조금이나마 일조하고자 한다. 주된 내용은 취업과 관련된 이력서, 자기소개서, 학업계획서 쓰기 전략이다.

1. 이력서

1) 이력서의 정의 및 양식

우리는 자기가 살아온 삶을 이야기할 때 이력, 자화상, 연보 등의 말을 떠올리곤 한다. 문학에서야 자화상이나 연보라는 말을 흔히 사용하고 있지만, 취업 현장에서는 이력이라는 말로 통용되고 있다. 서정주의 「자화상」이나 이육사의 「연보」를 통해 한 인물의 삶이 한 편의 시로 압축되어 있음을 우리는 익히 알고 있다. 하지만 시와 달리 이력서에는 기본사항, 학력사항, 가족사항, 병역사항, 자격/면허사항, 외국어/정보처리능력, 기타 신체사항이나 취미, 종교 등을 간결하게 표기하게 되어 있어 자신이 걸어온 길을 남김없이 기재해야 한다. 이처럼 이력서는 한 사람이 살아오면서 쌓아온 학업이나 경력 등의 발자취를 기록한 문서라 정의할 수 있다.

물론, A4 1~2장으로 요약해 놓은 이력서를 가지고 그 사람을 재단한다는 것이 말이 되지 않는다. 하지만 새로운 환경에 소속되기 위한 간단한 평가방식에 어느 누구도 토를 달지 못한다. 결국은 회사나 학교 인사담당자에게 첫인상과 강한 여운을 줄 수 있는 것이 이력서이다. 그리고 인사담당자들은 이력서에 기재된 내용을 바탕으로 면접 당시 질문을 하기 때문에 자신의 건강한 이력을 만들지 않으면 안 된다.

대학에서 강의를 하면서 많은 학생들의 이력서를 첨삭해 보았지만, 대부분 학생들은 이력서 작성법은 물론이고 이력을 채울 만한 스펙이 없었다. 지식인으로서 쌓아온 상아탑은 물론이고 4년간 활동한 경력이 없는 학생들을 보면 학교 교육현장의 부재인지 아니면 학생들의 목표 없는 의식태도가 문제인지 단정하기 어렵다.

신입생들은 글쓰기 수업 시간에 이력서를 써 봄으로써 자기가 걸어온 삶의 자취를 점검할 필요가 있다. 그들은 학력은 물론이고 경력사항이나 자격사항이 한두 줄밖에 없는 경우가 대부분이다. 겨우 몇 줄 칸을 채운 학생들의 이력을 보면 수능이 끝난 후 2~3개월 활동한 아르바이트 정도이다. 이는 학생들에게 반성과 목표의식을 위한 동기부여가 되어야 한다. 자신의 부족한 현실을 깨닫고, 인생의 목표를 세운 후 하나하나 스펙을 쌓아 가면 졸업 후 자신이 원하는 회사나 대학원 진학에 성공할 수 있다. 3학년 때는 자신이 세운 목표를 위해 얼마나 준비했는지 다시 한 번 이력서 점검을 통해 확인하는 것도 좋다. 팽이는 넘어지지 않기 위해 스스로를 채찍질한다. 목표했던 바를 채우지 못한 학생들은 스스로를 채찍질하며 심기일전(心機一轉)해야 할 것이다.

요즘 이력서는 과거에 사용하던 양식과 조금씩 달라지고 있다. 또한 회사나 대학마다 이력서 양식이 제각각이다. 따라서 자신이 지원하고자 하는 회사나 학교 이력서 양식에 맞춰 사전에 준비를 해 놓을 필요가 있다. 일부 회사는 인터넷으로 접수를 받기 때문에 형식도 신경을 써야 한다. 이제는 이력서라는 말보다는 임용/입사 지원서라는 말이 더 잘 어울린다. 단편적인 내용만 기재하던 기존방식과 달리, 요즘은 다양한 교육과 대내외 활동이 많아 이력서에 기재할 사항이 늘어났다. 특히나 경력, 자격증, 정보처리능력, 외국어능력 부분에서 추가된 내용이 많다. 회사나 대학에서는 신입사원이나 대학원 진학생들의 다양한 경험과 능력을 보여줄 수 있는 결과물과 이들을 수치화한 자료를 통해 필요한 인재를 선발하려고 한다. 또한 자기소개서를 생략한 채 입사/임용 지원서에 지원 동기나 근무경력, 채용 후 근무자세 등을 기술하는 난을 만들어 이력서를 제출하라는 곳도 있다.

이 력 서

성명	한글	○○○	주민등록번호	870507-○○○○○○○			사진
	한자	○○○	생년월일	1987.05.07 (만 27세)	성별	남 · 여	
본 적	강원도 강릉시 교동1동 38번지						
주 소	서울특별시 광진구 구의강변로 96 (현대아파트) 106동1507호(143-832)						
연락처	(핸드폰) 010.2356.3986 (자택) 02) 6249-3058			이메일	cjb114@hanmail.net		

병 역	역종	예비역	군별	공군	계급	병장	군번	0670003906
	복무기간	2006.03.01. ~ 2008.02.28		미필(면제)사유				

가 족 사 항

관계	성명	연령	학력	직업	비고
부	○○○	56	대학원졸	경찰	
모	○○○	53	대졸	교사	
누나	○○○	29	대졸	회사원	

주 전 공 명	경영학	부 전 공 명	

학력	기 간		학 교 및 학 과 명	학 위	증서번호
	2003.03부터	2006.02까지	(고교) 휘문고등학교		
	2006.03부터	2014.02까지	(대학) 경희대학교 경영학과	경영학사	제 000123호

자격·면허	연월	종 별	상벌	연월	종 별
	2007년 1월	1종보통운전면허		2006년 8월	경희대학교 우수장학B 수혜
	2010년 4월	위드프로세서1급		2009년 2월	서울특별시 학교폭력 UCC대회 대상
	2011년 8월	사진기능사		2013년 5월	국가보훈처 사진공모전 입상

경력사항	기 간		기 관 명	직 위	직 명	발 령 청
	2006.03 부터	2006.08 까지	현대백화점	임시사원	판매직	
	2008.03 부터	2009.02 까지	사랑재활원	자원봉사		
	2013.06 부터	2013.12 까지	대도물류	인턴사원	기획팀	

비고	위에 기재한 사항은 사실과 틀림이 없음 2014 년 12 월 20 일 성 명: ○○○ (인)

예문 – 이력서 양식 및 사례 2

입 사 지 원 서

계약직/정규직 　　　　　　　　　　　　　　　　　　　　학생복지처학생지원팀

기본사항							
기본사항	지원 캠퍼스	글로컬 캠퍼스	채용분야	학생지원팀			사진(3.5×4.5cm)
	성 명	○○○		(한문) ○○○			
	주민등록 번호	920508-○○○○○○○		(만 22세)			
	연 락 처	(휴대전화) 010.2864.9852 (자택) 043) 851.5608 (E-mail) hi1004@naver.com					
	주 소	(380-100) 충북 중주시 연수동산로24(힐스테이트아파트) 105동 1204호					
	병 역	역 종		군 별		계 급	
		복무기간			미필(면제)사유		

학력사항	기 간	학 교 명	학과(전공)	소재지	성 적
	2008년 03월~ 2011년 02월	(고교) 충주여자고등학교			
	2011년 03월~ 2015년 02월	(학사) 건국대학교	국제통상학과	충주	(백분율로 환산) 94 점/100점만점
	년 월~ 년 월	(석사)			

가족사항	관 계	성 명	연 령	최종 출신학교	근무처 및 직위	동거여부
	부	○○○	58	충북대학교	충주시청/과장	Y, N
	모	○○○	52	일신여자고등학교	주부	Y, N
	남동생	○○○	20	한양대학교	재학	Y, N

경력사항	기 간	근 무 기 관 명	직 위	담당직무 (구체적으로)	상근여부	종업원수
	2012년 02월~ 2013년 02월	중앙일보 미디어마케팅	계약직사원	마케팅 업무		
	2012년 02월~ 2013년 08월	충주 롯데마트	임시사원	판매직		
	2013년 10월~ 2013년 12월	건국대학교 Pre-Elite 7기 수료				

자격증	취득일	채용분야 관련 자격증명	취득일	기타 자격증명
	2012년 12월	HSK 5급	2011년 02월	2종보통운전면허
	2013년 05월	워드프로세서1급	2012년 12월	한자능력시험 2급
	년 월		년 월	

정보처리능력		
	EXCEL	우수 (탁월) (우수) (보통) (부족) (열등) 중 하나를 기재
	POWER-POINT	우수 (탁월) (우수) (보통) (부족) (열등) 중 하나를 기재
	(기타)	(탁월) (우수) (보통) (부족) (열등) 중 하나를 기재

외국어능력		
	영 어	1. TOEIC : (890 점 / 990 만점) (2014년 12월 취득)
		2. TOEFL : (점 / 만점) (년 월 취득)
		3. TEPS : (점 / 만점) (년 월 취득)
	기타 외국어	TEST명: HSK 5급 (280 점 / 300 만점) (2012년 12월 취득)
	영어회화	우수 (탁월) (우수) (보통) (부족) (열등) 중 하나를 기재

보훈대상여부	비대상 (대상 또는 비대상으로 기재)	취미/특기	독서/외국어

위 지원서의 기재내용은 사실과 다름없이 본인이 작성하였습니다.

작성일자: 2015년 1월 5일

지원자: ○○○ (인)

2) 이력서 작성 및 유의점

이력서는 보통 워드프로세서로 작성한다. 하지만 아직까지 일부 학교나 관공서에서 자필 이력서를 제출하라는 곳도 있다. 요즘 같은 인터넷 세대들은 글을 써볼 기회가 적기 때문에 평소에 글씨 연습을 하지 않으면 불이익을 받을 수도 있다.

워드프로세서로 작성할 때는 양식에 따라 거짓 없이 사실대로 기록해야 한다. 회사나 학교에서는 이력서에 기재한 학력이나 경력증명서를 요구하기 때문이다. 자기소개서는 자신의 강점을 부각시키기 위해 약간의 과장된 표현을 사용하기도 하지만, 이력서만큼은 사실대로 적지 않으면 공문서 위조로 입사나 임용 후 합격이 취소될 수 있다.

또한 기재사항마다 글씨 크기나 문장부호 등을 통일 하고, 글자 정렬을 맞추어야 한다. 성적이나 경력사항, 자격증, 외국어 능력 등은 사전에 서류를 점검하여 정확하게 점수나 날짜, 발행기관 등을 기재하는 것이 좋다. 가끔 오타가 있어 수정액을 사용하는 경우가 있는데, 이는 새로운 용지에 다시 작성하는 것이 좋다.

한편, 영문 이력서를 필요로 하는 회사에 이력서를 제출할 때는 먼저 국문 이력서를 작성한 후 해당 교수에게 도움을 받거나 인터넷으로 번역센터 같은 곳에 의뢰하는 방법도 있다. 항목별로 나누어 작성법 및 유의점에 관해 좀 더 구체적으로 알아보자.

(1) 기본사항

① 사진은 단정한 옷(정장)을 입고 찍는다. 3개월 이내 촬영한 사진을 붙인다.
  * 인터넷 접수 시 사진을 미리 스캔해 놓는다.
  * 이미지 관리를 한다고 지나치게 보정하는 것은 좋지 않다.

② 주소는 주민등록 등초본에 기재된 사항을 적는다.

③ 성명, 주민등록번호, 생년월일은 주민등록에 기재된 대로 적는다.

④ 호주와의 관계는 호주 쪽에서 본 관계를 적는다.
  * 미혼의 경우: 장남/차남/삼남/장녀/차녀 등

⑤ 연락처는 집 번호와 휴대폰 번호를 적는다.
* 혹 이력서 양식지에 이메일 주소 기입란이 없으면 오른쪽 상단에 기입한다.
⑥ 병역은 역종, 군별, 계급 그리고 복무기간, 미필 사유 등을 차례로 적는다.
* 역종은 현역, 예비역, 보충역, 면제, 미필 등을 말한다.
* 병과, 부대명 등 기타 사항을 묻는 경우도 있으니 병적증명서를 참고하는 것이 좋다.

(2) 학력 및 경력사항

① 학력은 대졸인 경우 고등학교 학력부터 정확한 날짜에 맞게 기입한다. 학교명, 학과명, 단체명은 줄여서 적지 않는다.
② 경력사항은 경력기간, 근무기관명, 직위, 담당업무 등을 자세히 적는다.
* 지원하고자 하는 회사를 고려했을 때 불필요한 경력은 기입하지 않는 것이 좋다.
* 동일한 분야, 경력 기간이 짧을 경우는 경력을 취합해서 기입하는 것이 좋다.
* 동아리 활동, 아르바이트 경험 등 지원하고자 하는 부서에 도움이 되면 적는다.
* 직위나 담당직무에 알바(아르바이트)라고 적지 않는다(예 : 임시사원/판매직).

(3) 자격·면허 및 상벌사항

① 자격 · 면허사항은 발급사항 기재 시 취득일과 발령처를 정확하게 적는다.
* 지원한 회사의 업무와 관련이 있다면 비공인 자격사항이라도 기입한다.
* 컴퓨터 활용 능력과 외국어 능력은 정확하게 기입한다.
② 상벌사항은 교내 · 외의 행사나 대회에서의 수상경력, 장학금 수여 등을 적는다.
* 지원한 회사와 관련이 있는 수상경력, 연구업적 등은 반드시 기입한다.
* 권위 있는 수상경력은 저학년이라도 기입한다.

(4) 마무리

① 기재사항이 끝나면 '위 내용은 사실과 다름이 없음'이라고 적은 뒤, 작성 연월일을 쓰고, 작성자의 이름을 기입한 다음 도장을 찍는다.
 * 서명일 경우에는 자필 사인을 한다.

② 이력서를 다 작성하면 봉투에 제출처의 부서나 기관장을 적는다. 이때 기관장인 경우 직함에 '귀하'라고 쓰며, 부서의 경우에는 '귀중'이라고 쓴다.
 * 이메일로 제출할 경우 첨부파일을 추가했는지 반드시 확인한다.

이력서 양식은 회사나 학교마다 다를 수 있다. 하지만 자신의 컴퓨터에 기본 이력서 양식을 내려 받은 후, 미리미리 자신만의 완벽한 이력서를 준비해 두면 크게 어려움이 없을 것이다. 그리고 사전 이력서 점검을 통해 자기 자신이 부족한 부분 특히 경력 및 자격증이 무엇인지 확인한다. 주어(길)찾기를 위해 대학 1학년 때부터 스펙을 하나씩 채워나가면 자기가 원하는 회사에 취직하거나 대학원에 진학하는 데 큰 문제가 없을 것이다. 준비된 자만이 기회가 왔을 때 잡을 수 있는 것이다.

2. 자기소개서

1) 자기소개서 정의 및 양식

이력서를 통해 자신이 걸어온 길을 가볍게 이야기했다면, 이번에는 자기소개서를 통해 지원자가 회사에서 필요한 인재상이라는 것을 좀 더 구체적으로 밝혀야 한다. 마찬가지로 대학원 진학 시에도 학문탐구의 목적과 어떤 주제(논문제목)를 가지고 공부할 것인가에 대한 구체적인 연구계획서를 기술해야 한다.

보통 우리는 취업이나 진학을 위해 자신을 알리는 글을 자기소개서라고 한다. 하지만 대부분의 학생들이 자기소개서에 대해 잘못 알고 있다. 단순히 자기를 알리는 글이 자기소개서가 아니다. 회사나 대학에서 필요한 인재상, 즉 준비된 인재상이라는 것을 글로 명쾌하게 옮겨 보여주는 것이 자기소개서이다. 단순히 경력이나 업적을 나열하는 것이 아니라 구체적인 인생목표를 갖고 이를 실현하기 위해 선택한 곳이 귀사나 귀대학이라는 것을 분명하게 보여주어야 한다. 물론 전술한 것처럼 준비된 자신만의 이미지를 부각시킬만한 근거(스펙)를 마련하는 것이 선행되어야 한다.

필자가 대학 1학년에 입학 후 선배들 앞에서 자기소개를 한 적이 있었다. 대부분의 동기들은 인사말과 출신학교, 이름 등을 말하며 자기 자리로 돌아왔다. 듣는 사람 입장에서 볼 때 특별한 흥미와 관심이 없었다. 필자 차례가 되었다. "저는 연상의 여인을 좋아합니다"(학과 특성상 여학우가 많음)라는 말 한마디만 하고 들어왔다. 듣고 있던 선배들이 환호성을 쳤다. 그때부터 선배들로부터 많은 인기를 얻어 대학생활을 재미있게 보냈던 기억이 있다. 촌철살인(寸鐵殺人)이라는 말이 있다. 구어(口語)든 문어(文語)든 자기소개서에서는 불필요한 군더더기 말은 쓰지 않는 것이 좋다. 짧으면서 강하게 자신의 이미지를 남기는 것이 중요하다는 말이다.

막상 학생들에게 자기소개서를 써오라하면 어떻게 방향을 잡아나갈지 고민하는 이들이 많다. 그러한 문제에 당면하게 되는 이유는 간단하다. 목표가 정해지지 않았기 때문이다. 목표가 정해지면 그 회사나 대학원에 대한 다양한 정보를 수집, 이를 사전에 검토하고 그곳에서 원하는 인재상이 무엇인지 내가 무엇을 준비해야 하는지 등의 배경지식을 가지고 준비를 해놓으면 거기에 맞춰 기술만 해나가면 된다. 20여 년이 넘는 이야기를 다 적을 수는 없다. 그 중 지원동기에 맞추어 내용을 선별해야 한다. 비문이야 최종적으로 수정하면 될 일이다.

취업준비생들을 대상으로 자기소개서를 첨삭해주면서 느낀 바, 대부분 학생들이 자기가 지원한 회사나 그 부서가 어떤 일을 하는지 명확하게 알고 있는 이들이 드물다는 것이다. 1학년들은 아예 지원동기도 없다. 이는 자기소개서를 기술할 때도 그대로 나타나는데, 구체적인 내용은 없고 막연한 진술만 반복되고 있다. 막연하게 그 일이 좋으니까 정도에 머물러 있고 그 일이 왜 내 적성에 맞는지, 동일 회사 중 왜 이 회사를 선택했는지, 회사의 발전을 위해 무엇을 할지 등의 세부적인 계획이 없다. 대학원 진학동기 또한 마찬가지이다. 그러다 보니 1차 서류전형에서 탈락해 자기소개서를 다시 수정하는 학생들이 종종 있다.

자기소개서 또한 이력서처럼 회사나 대학마다 조금씩 다르다. 사전에 자기가 지원하고자 하는 회사나 학교 양식이 어떤지 알아보고, 그 양식에 맞춰 미리 작성해 놓으면 크게 문제 될 것이 없다. 다만 응시하는 그 해마다 자기소개서 양식이 바뀔 수도 있으니, 이 부분은 반드시 확인해야 한다.

자기소개서는 보통 기입식과 작문식 두 종류가 있다. 대부분 회사나 학교는 작문식보다는 한눈에 내용별로 평가할 수 있는 기입식을 선호한다. 기입식에 들어갈 기본 내용은 성장과정, 성격, 대학생활 및 경력사항, 장점 및 특기, 지원동기 및 포부 등이다. 내용별로 지원동기와 연계해 작성하는 것이 좋다. 또한 내용별 분량도 맞추는 것이 좋다. 한 부분만 많은 양을 차지해서는 안 된다. 특히나 주의할 점은 지원동기에 구체적인 회사 정보와 자신의 준비된 경험이 잘 드러나야 한다. 또한 동종 업계의 자료를 수집 검토한 후 자신이 회사의 발전을 위해 어떤 일을 할지 기획한 내용도 추가하는 것이 좋다.

작문식은 별도로 내용들을 항목별로 구분해 놓지 않았다. 따라서 회사나 대학원 진학동기를 중심으로 기술하면서 중간 중간에 성장과정 속에서 그 일을 하게 된 계기나 그 일이 자신의 성격에 적합하다든지, 이를 위해 대학 4년 동안 다양한 경험이나 자격증을 취득했다는 내용 등을 넣으면 된다.

2) 자기소개서 작성 및 유의점

요즘 대학생들은 다양한 교육과 경험으로 많은 스펙을 쌓고 있다. 이는 역으로 획일화된 자격증과 외국어 성적 및 컴퓨터 활용 능력 등이 평가에서 큰 비중을 차지하지 못함을 의미한다. 그만큼 자기소개서를 통해 입사와 진학의 성공 실패 여부가 갈리게 되는 것이다. 대부분 취업준비생들은 자기소개서의 중요성을 모른다. 한두 번 낙방한 후 그때에 그 중요성을 인식하게 된다.

그러면 자기소개서를 어떻게 작성해야 취업 및 진학에 성공할 수 있을까? 막상 컴퓨터 앞에 앉아 자기소개서를 쓰려면 눈앞이 깜깜하다. '지피지기(知彼知己) 백전백승(百戰百勝)'이라 했다. 고민하지 말고 회사나 대학원에 대한 다양한 정보를 다시 한 번 살펴보자. 실마리가 보일 것이다. 회사나 대학원 정보를 알고 나를 알면 자기소개서 작성이 한결 쉬워질 것이다.

자기소개서를 쓰기 위한 방법은 다양하다. 학생들이 쉽게 범하는 실수 등을 참고해 그 전략에 대해 알아보자.

첫째, 구체적인 진술이 필요하다. 보통 학생들은 항목별 기술에 있어서 개괄적인 내용만 쭉 나열한다. 성장과정이나 경력 활동 등에 일화나 사례가 없다. 그러다 보니 분량도 짧고 글의 생명력도 없다. 어떤 인사 담당자가 감동을 받겠는가. 감동까지는 아니더라도 면접 당시 질문거리도 없다. 지원동기와 관련해 중요한 일화나 사례를 적극적으로 활용하자.

둘째, 문장을 간결하게 써야 한다. 특히 여학생들의 경우 만연체를 많이 사용해 의미파악이 안 되는 경우가 허다하다. 글이 길면 인사담당자가 끝까지 읽어 보겠는가 말이다. 문장 중간에 적절한 표지(지시어, 접속어 등)를 사용해 글의 간결성과 명확성을 높일 필요가 있다.

셋째, 창의성이 드러나도록 해야 한다. 대부분 자기소개서를 보면 비슷하다. 물론 학생들 대부분이 평범한 가정과 교육환경 속에서의 보편적인 삶을 살았기 때문에 그럴 수도 있지만, 자기만의 이미지를 만들 필요가 있다. 차별화된 전략 없이 어찌 취업에 성공하겠는가. 회사에서도 개성이 강한 창조적인 인재상을 선호한다. 광고 회사에 지원하고자 하는 학생들은 자기소개를 광고로 만들어 첨부하는 것도 좋을 것이다.

넷째, 진실성이 드러나도록 해야 한다. 고루한 표현이나 과장된 표현은 오히려 면접 때 감점의 요인이 될 수 있다. 현상에 집착하기보다는 그 너머의 본질적인 내용을 넣어 인사담당자에게 강한 인상을 남기자. 가령, 아버지의 죽음이 자신에게는 가장 행복한 일이 될 수 있다. 역설적인 이야기겠지만 아버지의 부재 속에 가족에 대한 사랑을 느꼈다면 불행은 곧 새로운 인생의 전화위복(轉禍爲福)이 될 수 있는 법이다.

다섯째, 객관적 입장에서 기술해야 한다. 자기소개서는 회사나 학교 인사담당자 입장에서 글을 써야 한다. 일부 학생들은 경어체를 사용하지 않는 경우도 있다. 자기소개서를 읽는 사람은 자기보다 높은 연령대이다. 그리고 줄임말이나 은어, 인터넷 언어 등도 자제하는 것이 좋다.

다음으로 자기소개서 작성 후 점검사항에 대해 살펴보자.

첫째, 맞춤법이나 띄어쓰기가 잘 되었는지 확인한다. 요즘 대학생들은 사전을 잘 활용하지 않는다. 글을 쓰다 의심이 나면 반드시 사전을 찾아 올바른 표기법에 맞게 고쳐야 글이 살아난다. 인터넷 사전만 활용해도 비문이 치료된다. 아무리 내용이 좋아도 형식이 부족하면 인사담당자에게 불편함을 줄 수 있다.

둘째, 중복되는 내용은 삭제하고 어휘는 다른 말로 바꾼다. 특히 대다수 학생들이 성격과 장점을 혼동해 이를 되풀이하는 경우가 많다. 또한 한 문장에 동일한 어휘를 되풀이하는 경우도 있는데, 이는 다른 말로 바꾼다. 굳이 한자를 고집하지 말고 일상에서 쓰는 쉬운 우리말로 쓰자.

셋째, 문맥이 자연스럽게 연결되었는지 확인한다. 자기소개서는 말하고자 하는 바가 논리성이 있어야 의미 전달을 분명하게 할 수 있기 때문에 문장과 단락의 연결에 신경을 써야 한다. 이를 위해 연결어나 지시어, 접속어 등의 의미를 명확하게 알고 글을 써야 한다. 또한 한 단락에 하나의 주제어를 가지고 이야기를 풀어나가는 것이 좋다.

넷째, 회사나 학교에서 요구하는 인재상을 잘 드러냈는지 확인한다. 자신이 입사나 진학을 위해 준비한 스펙을 적재적소에 배치해 준비된 인재라는 것을 부각시켰는지 점검해야 한다. 또한 회사나 학교를 위해 내가 할 수 있는 일들을 구체적으로 밝혔는지도 확인하는 것이 좋다. 필요하다면 기획안이나 학업계획서의 내용을 적극 활용하는 것도 좋다.

매사불여튼튼이라 했다. 학생들은 취업 시즌이 다가오면 급하게 자기소개서를 쓰는 경우가 있는데, 이는 오타 및 비문, 비논리성 등의 문제를 야기한다.

따라서 자기소개서는 여유 있게 준비하는 것이 좋다. 충분한 시간을 갖고 자기소개서를 작성하지 않으면 자신이 진정으로 말할 중요한 내용을 넣지 못해 서류전형에서 불합격할 확률이 높다. 준비된 삶만이 기회를 잡을 수 있다는 말을 명심해야 한다.

예문 – 자기소개서 내용별 학생글

1 성장과정

일찍 철이 든 아이, 그러면서 확고해진 가치관

저는 일찍 철이 든 편입니다. 장사일로 밤낮없이 고생하시는 부모님의 힘든 모습을 어렸을 때부터 지켜본 저는, 다른 친구들처럼 가지고 싶은 것을 사달라고 조를 수도 없었습니다. 오히려 고생하시는 부모님을 기쁘게 해드리려고 엇나가는 행동을 하지 않기 위해 노력했습니다. 가정의 경제적인 어려움은 저에게 있어 삶에 대한 좌절과 안주가 아닌 인생의 성공에 대한 목표의식을 갖게 해주었습니다. 단순히 돈을 많이 벌겠다는 것보다는 성공을 통해 그 결과물을 가난한 이웃과 나누며 살겠다는 생각을 하게 된 것입니다. 항상 가슴 속에 새겼던 이러한 생각은 힘들 때마다 정신적으로 저를 풍요롭게 해주었습니다.

1등 인생, 꼴등 인생 그리고 현재

중학교 시절부터 제 이름 앞에는 '전교 1등'이라는 수식어가 붙었습니다. 3년 동안 실장뿐만 아니라 전교 일등을 놓치지 않는 우등생이었습니다. 당시 저는 특목고에 진학하고자 열심히 공부를 했습니다. 하지만, 사실 저의 목표는 특목고가 아니었습니다. 특목고를 가야 좋은 대학에 간다는 부모님과 선생님들의 격려와 바람에 보답하고자 했던 것입니다. 결국 저는 특목고에 입학을 했지만, 진정한 목표를 상실한 채 학교생활에 적응을 하지 못하고 방황만 했습니다. 결과는 전교 꼴등이었습니다. 당시 저는 인생의 목표에 대해 다시 한번 고민을 하지 않을 수가 없었습니다. 이후 대학에 들어와 인생을 위한 재도약의 기회를 갖게 되었고, 지금은 나름의 목표를 이루기 위해 열정과 도전정신으로 무장한 준비된 삶을 살고 있습니다.

2 성격과 강점

저요! 제가 하겠습니다

"누가 한 번 책을 읽어볼래?" "저요! 제가 하겠습니다!"

학창시절부터 저는 수업시간에 선생님께서 해보라는 일들은 잘하든 못하든, 무조건 손을 들고 적극적으로 행동했던 학생이었습니다. 이러한 저의 적극성은 무슨 일을 하든지 망설임 없이 행동으로 실천하는 성격을 갖게 해주었고, 현재 다양한 활동을 하며 대학생활을 보람 있게 지내게 된 계기가 되었습니다. 1학년을 마치고 꿈에 대해 몸소 경험해 보고 싶어 망설이지 않고 휴학을 했을 때도, 그리고 복학을 하고 독서 모임을 주체적으로 만들었을 때도 저의 성격이 크게 작용했습니다.

생각이 상황을 만든다

친구들은 저를 '김조증'이라고 부릅니다. 조울증에서 '울'은 없고 항상 긍정적이고 밝은 모습을 보여주기 때문에 그러한 별명이 생겼습니다. 저는 '생각이 상황을 만든다'고 생각합니다. 매사 긍정적인 사고는 긍정적인 행동으로 이어져 좋은 결과를 가져옵니다. '행복해서 웃는 게 아니라, 웃어서 행복하다'는 말처럼 어려운 상황 속에서도 긍정적인 마인드는 희망을 볼 수 있기 때문입니다. 저의 이러한 마인드는 귀사의 부서에 시너지를 줄 수 있을 것입니다. 저의 작은 실천으로 사내구성원들의 얼굴에 미소를 드리우고 싶습니다.

3 특이사항

12kg 감량, 대인기피증을 극복하다

저는 어렸을 때부터 좋지 않은 식습관으로 소아 비만에 걸렸었습니다. 이를 극복하기 위해 대학시절 많은 노력을 했습니다. 결국 3개월 동안 12kg을 감량하였고, 날씬해진 몸매를 보며 스스로 대견해 했습니다. 하지만, 다시 살이 찌면 안 된다는 강박관념에 정신적인 스트레스가 찾아왔고, 폭식증까지 오면서 결국 요요를 겪었습니다. 살이 다시 찌면서 대인기피증까지 생겨나게 되었습니다. 건강한 육체와 정신을 회복하기 위해 고민하던 저는 남들에게 보여주는 삶이 진정한 삶이 아니라는 것을 깨닫고, 행복한 운동을 통해 지금은 건강한 학교생활을 하고 있습니다.

책 읽는 여자

저는 2년째 독서토론을 하고 있습니다. 책을 읽으며 사람들과 토론을 하고 깊은 사고를 통해 삶에 대한 성찰과 올바른 가치관을 정립하고 있습니다. '나는 누구인가' '나는 앞으로 무엇을 하며 살아갈 것인가' 끊임없이 생에 대한 고민이 생길 때마다 독서를 통해 그 답을 얻고 있습니다. 책에 대한 사랑은 블로그 활동, 동아리 창설 등으로 이어졌습니다. 남은 대학생활 역시 책과 함께 하루하루 성장할 계획입니다.

4 나를 한마디로 표현한다면?

〈SMART〉

Smart: 현명한 생각과 올바른 지식으로

Mission first: 위치가 아닌 저에게 주어진 미션을 우선시하고

Active: 주어진 일과 내가 하고자 하는 일에는 적극적인 자세로

Responsibility: 모든 것에 책임감을 가지며

Thankful: 주어진 모든 것에 감사하며 살아가는 ○○○입니다.

저는 'SMART'라는 단어로 제 자신을 소개하곤 합니다. 이 단어에는 저를 표현할 수 있는 의미가 다 들어있습니다. 저는 목표를 향해 달려가는 대학생입니다. 제 꿈인 국제개발협력 관련 일을 더 배우고자 작년에 휴학을 하고, 유엔평화대학원 산하 대학생 커뮤니티에서 공부를 하였습니다. 집안 사정이 좋지 않았기 때문에 고시텔에서 거주하며 방값은 물론 생활비 모두 아르바이트를 하며 스스로 해결했습니다. 현재는 복학하여 꿈을 이루기 위해 학업에 전념하고 있습니다. 항상 제 생각과 행동을 존중하며, 적극적인 삶에 대한 자세와 모든 것에 감사하는 마음은 앞으로도 계속될 것입니다.

5 지원동기

지금 하는 일이 즐겁다면 그곳은 낙원이다

고등학교 때 IVY club에서 주최한 '미래형 교복 디자인' 공모전에 참여한 경험이 있었습니다. 그때 디자인을 전공하는 친구가 디자인을, 제가 시장조사와 콘셉트 설정을 맡았었습니다. 경영학을 전공하기 전이라 SWOT와 같은 전문적인 분석을 한 것은 아니었지만, 교복시장, 경쟁회사, 학생들의 교복 선호도 등의 조사를 통해 미래의 트렌드를 예측하기 위해 노력했습니다. 당시 공모전을 준비하면서 디자이너와의 갈등, 자료조사의 한계, 미숙한 아이디어 등으로 많은 어려움이 뒤따랐지만, 저는 그러한 모든 과정들이 나름 가치 있고 재미있던 경험이었습니다.

그렇게 패션업계에 관심을 갖고 인생 목표를 삼은 것을 계기로 대학에 와서도 'LG패션 크리에이티브 파티' 공보전을 준비하면서 다시 한번 상품을 기획하고 전략을 짜는 일에 매력을 느꼈습니다. 이제는 Real Business 현장이라는 낙원에서 제 꿈을 실현하고자 합니다.

6 활동사항 및 학교생활

경험이 곧 지식이다

이 말은 학창시절 가슴에 새긴 좌우명입니다. 저는 이를 실천하기 위해 다양한 경험을 했습니다. 고등학교 시절부터 학급 임원과 신문연합 활동을 하며 다른 학교 학생들과 인적·지적 교류를 활발하게 했습니다. 대학 입학 후에도 학과 임원, 단과대학 기획부장, 동아리 임원, 가상기업 홍보팀장, 교내외 프로그램 참여, 패션 소모임 등 누구보다도 다양한 활동을 하며 견문을 넓히고 배경지식을 습득했습니다.

그리고 KT&G 마케팅스쿨 과정을 이수하며 마케팅 실무를 익혔고, 패션인재개발원에서 시행한 '기획MD수업'을 들으며 기획MD 실무에 대해 배웠습니다. 또한 일에 대한 총괄적인 업무 외 사람들과의 친화력도 배울 수 있었습니다.

고등학교 때부터 다양한 활동을 했지만 특히나 패션업계와 관련된 일을 가장 많이 해 봤습니다. 그 중에서 '타미힐피거' 아르바이트가 기억에 남습니다. 매장과 행사장에서 옷을 판매하면서 다양한 경험으로 터득한 CS기술로 직원보다 매출을 많이 올려 정식 직원 제의를 받기도 했었습니다. 의류판매 현장에서는 주로 한 가지 상품을 사러온 고객에게 다른 상품까지 파는 cross-selling을 했습니다. 그 과정에서 요즘같이 다양한 아이템을 판매하는 토탈 브랜드가 매장이 많아진 시점에서 다양한 상품을 기획해 배치하는 것이 중요하다는 것을 깨닫게 되었습니다.

저의 이러한 경험은 패션에 대한 열정과 함께 귀사의 패션 기획에도 큰 도움이 되리라 생각합니다.

7 입사 후 포부

빅데이터와 패션

입사 후 저의 중장기 포부에 대한 핵심 키워드입니다. 모든 것이 데이터화되고, 방대한 양의 데이터 속에서 패턴을 발견해 내는 소비자의 수요와 욕구를 예측한다는 '빅데이터'에 매력을 느끼며, '패션에 빅데이터를 결합시킨다면 어떨까'라는 생각을 하게 되었습니다. 기획 MD는 시즌을 기획하기 이전에 시장에 대한 전반적인 상황과 소비자에 대한 이해가 있어야 합니다. 그리고 패션은 정보산업에도 속하므로 이해하는 것에서 나아가 소비자에 대한 분석과 예측이 매우 중요합니다. 소비자의 욕구를 파악한다는 것은 그들이 지금 원하는 욕구와 더불어 그들이 미래에 원하게 될 잠재적인 욕구 또한 포함합니다. 그렇기 때문에 빅데이터를 통해 트렌드 예측을 뛰어넘고 싶습니다.

저는 무한한 가능성을 가지고 성장하고 있는 중국시장에 관심이 많습니다. 그 때문에 지난겨울 중국으로 단기 어학연수를 다녀온 적이 있었는데, 당시 백화점과 시장을 수시로 돌아다니며 중국 사람들의 소비성향과 트렌드에 대해 살펴보기도 했습니다. 입사 후 단기적인 목표는 중국어를 익혀 그들 시장에 진입하는 것입니다. 또한 중국 시장에 대한 빅데이터를 이용해 현지에 맞는 전략과 상품을 기획해 성공적인 중국 진출과 점유율을 높이는 데 이바지하는 것입니다.

진로를 설정하고 제가 꿈꾸는 브랜드에 대해 청사진을 그려둔 것이 있습니다. 내용은 제가 추구하는 스타일에 대한 스크랩북, 브랜드 네임, 브랜드 이미지 등입니다. 저는 입사 후 업무를 배우며 경험을 쌓고 제 청사진을 구체화시키는 것이 장기적인 목표입니다. 이는 귀사의 패션사업부를 위한 '글로벌 브랜드 프로젝트'를 실현시키기 위한 방안이 될 것입니다.

3. 학업계획서

4년간의 대학생활을 마감하고 학문탐구를 계속하기 위해, 또는 교사자격증을 취득하기 위해 대학원에 진학하는 학생들이 있다. 요즘은 일반대학원과 교육대학원 외 법학전문대학원, 의학전문대학원, 경영대학원, 디자인대학원, 언론홍보대학원, 정보통신대학원 등 특수한 분야의 전문성을 살린 대학원들이 많아졌다.

일반대학원은 석·박사 과정이 있다. 4년간 대학에서 배운 내용 중 관심 있는 전공을 좀 더 깊이 있게 연구하고자 진학하는 것이 보통이다. 2년간의 석사과정을 마치고 취업을 하는 경우도 있고, 또다시 2년을 더해 박사과정까지 공부를 마치고 연구원이나 대학으로 가는 경우도 있다. 물론 학과나 개인 형편에 따라 외국으로 가는 경우도 있다.

대학원에 진학하기 위해서는 이력서 및 자기소개서 외 학업계획서를 작성해야 한다. 아마 학부시절 4년간의 학업계획서를 간단하게나마 써본 학생들도 있을 것이다. 그 당시는 4년 8학기 또는 계절학기 포함 총 16학기로 나누어 전공 및 교양수업 그리고 스펙과 관련된 각종 자격증을 취득하기 위한 간단한 계획 정도의 내용이었을 것이다. 하지만 대학원 진학 시 작성하는 학업계획서는 연구계획서라고도 부르는 만큼 내용이나 분량에 신경을 써야 한다.

학업계획서는 학교마다 정해진 특별한 양식은 없다. <학업계획서 양식>을 보면 알겠지만 진학 후 학업에 대한 계획을 기술하라고만 한다. 따라서 학업계획서는 간단한 자기소개, 대학생활, 진학동기, 앞으로의 연구계획 등을 자유롭게 쓰면 된다. 특히 타 대학에 진학할 경우 면접을 볼 때 진학동기와 연구계획을 반드시 물어보기 때문에 철저한 준비를 해야 한다.

한편 학업계획서 작성 또한 쉬운 일이 아니다. 학교 양식은 A4 1~2장 분량이지만 분량에 구애받지 말고 학기별 또는 월별 상세한 연구 계획서를 작성해 제출해야 한다. 늦은 나이에도 불구하고 대학원에 진학했던 한 학생은 무려 20쪽에 달하는 학업계획서를 제출하기도 했다. 어떻게 그 많은 분량을 채울 수 있었을까? 답은 간단하다. 평소 관심 있는 주제에 대한 연구 자료(논문이나 단행본 등)를 수집하고 이를 검토 한 후, 연구가 되지 않은 관심분야를 중점적으로 기술하면 된다.

학업계획서에 들어갈 주된 내용 중 중점을 두어야 할 부분은 학기별 교육과정보다는(이는 학교 커리큘럼에 맞춰 배우면 된다) 자신이 연구하고자 하는 주제와 관련된 내용들이다. 학교별로 차이는 있지만 일반적인 내용은 다음과 같다.

예문 – 학업계획서 내용

1. 연구의 목적
   연구의 필요성, 연구주제의 독창성, 선행연구 등
2. 연구방법 및 내용
   연구방법의 독창성 및 타당성, 중점연구내용 등
3. 연구 추진전략
   연차별 연구계획(기간, 추진전략, 연구내용)
4. 학문발전 기여도 및 기대효과
   연구결과의 학문적 · 사회적 기여도, 교육과의 연계 활용 방안 등
5. 참고문헌
   주자료, 단행본, 논문 및 평론 등

1, 2차에 걸친 선행연구 검토가 마무리 되면 문제제기와 연구목적 및 방법이 머릿속에 그려질 것이다. 또한 목차를 통해 어떤 부분을 중점적으로 연구할 것인가가 정해질 것이다. 그런 다음 기간(추진연월)별로 나누어 추진전략을 세우면서 그와 관련된 연구내용 등을 구체적으로 기술하면 된다.

자료 수집이나 논문에 관한 궁금증은 해당 학교 도서관 홈페이지에 들어가면 알 수 있다. 요즘은 직접 국립중앙도서관에 가지 않아도 된다. 학위논문이나 학술지논문, 기타 신문, 잡지 자료 등을 학술연구정보서비스 RISS를 통해 손쉽게 제공 받을 수 있다. 그 외 도서관 전자정보 Web DB를 통해 국내외 다양한 논문 자료와 정보를 얻을 수 있다. 따라서 대학원 진학을 목표로 하는 학생들은 대학 전공 수업시간이나 교수와의 상담을 통해 자신의 연구 주제를 미리 정해 두는 것이 좋다. 그런 다음 공강 시간에 도서관 홈페이지에 들어가 관심 있는 주제와 관련된 논문을 찾아 읽어 본 후 배경지식을 습득해 놓는 것이 좋다.

학 업 계 획 서

○ 지원자 성명 : ○○○
○ 학 위 과 정 : ■ 석사 □□ 박사 □□ 석박사 통합
○ 학과 / 전공 : 의학공학과 / 의용메카트로닉스전공

* 진학후의 학업에 대한 계획을 아래에 기술하십시오.
* 기술하는 항(項)마다 그 첫머리에 항목명을 적고 항 사이에 약간의 여백을 주십시오.

1. 관심 연구 분야 및 연구 목표

1) 관심 분야 - 생체신호 획득

저는 생체신호를 획득하여 하드웨어를 제어하는 데 관심이 있습니다. 전공 수업 중 '의용시스템 설계 및 실습'이라는 과목에 가장 적극적으로 참여했습니다. 이 수업은 두 학기 동안 진행되었습니다. ECG(electrocardiograhpy) 관찰회로를 구현해보았고, MCU를 이용하여 각자 구상한 프로젝트를 시연했습니다. 실습시간을 통해 필터나 증폭회로를 단별로 만들어 이들을 연결하였습니다. 구성된 회로에 전극을 연결해서 심전도파형을 오실로스코프로 확인한 것이 흥미로웠습니다.

2) 관심 분야 - 하드웨어제어

ECG를 만든 후, MCU인 ATMEGA128을 이용하여 다양한 작품을 구상해 보았는데, 개별스위치나 모터, LCD Display, 센서 등을 통해 개인 프로젝트를 진행했습니다. MCU를 동작시키기 위해 알고리즘과 코딩을 만들어 보았습니다. 소프트웨어를 통해 하드웨어를 작동시키는 것에 관심이 생겼습니다.

실습과목을 통해 의공학이라는 융합학문에 매력을 느꼈습니다. 의공학은 의학과 공학을 융합한 분야로, 의학적 지식과 공학적 지식 모두 갖춘 인재가 필요합니다. 회로이론, 전자회로 등 공학 분야를 배웠고, 기초의학인 생리학, 해부학도 배웠습니다. 각기 다른 분야를 합하여 새로운 것에 응용하는 능력을 키우는 것입니다. 생체신호를 획득해 보고 MCU를 동작시켜보니, 생체신호를 이용하여 하드웨어를 제어하는 연구에 관심이 생겼습니다.

3) 목표 - 재활로봇의 활성화

저는 웨어러블 로봇의 개발을 통해 재활로봇 산업을 활성화시킬 것입니다. 뇌과학 연구실에 소속되고 뇌공학에 관심을 가지게 되었습니다. 2014년 8월에 고려대학교에서 뇌공학 강좌를 수강하게 되었는데, 웨어러블 로봇과 BMI가 흥미로웠습니다. 비슷한 시기에 준비하던 공모전 주제에서도 영감을 얻어, 웨어러블 로봇에 뇌공학을 접목시켜 재활로봇을 개발 해 보고 싶다는 생각을 했습니다. 단순한 편의 제공만을 위한 기술보다 더 가치 있는 분야에 제 열정을 쏟고 싶습니다.

2. 연구의 구체적 목적 및 의의

1) 구체적 목적 - 환자나 장애인에게 실질적 도움

저는 재활로봇을 통해 노인이나 장애인에게 실질적인 도움을 주고 싶습니다. 어릴 적 배우던 악기로 봉사활동을 간 적이 있습니다. 저는 연주 직전에 악보를 복사하기 위해 옆 건물로 뛰어 올라 갔습니다. 볼일을 보고 계단을 내려가다가 놀라서 멈춰 섰습니다. 제가 계단을 뛰어 올라갈 때 봤던 장애인 한 분이 있었는데, 아직도 계단을 오르고 있던 것입니다. 저는 그 모습을 봤지만, 곧 시작하는 연주 때문에 돕지 못하고 무대로 갔습니다. 연주가 끝난 후에 손을 뻗으며 앞으로 뛰어나오던 이들이 제지당하는 모습을 보기도 했습니다. 이 날, 봉사를 했다는 뿌듯함보다는 오히려 그들에게 상처를 주었다는 생각에 마음이 아팠습니다. 오랜 고민 끝에, 악기연주보다는 좀 더 아픈 이들에게 현실적인 도움이 되는 학문을 하고 싶다는 생각이 들었습니다. 의공학이라는 분야를 알게 되었고, 실용적인 학문으로서 응용분야가 넓다고 생각하여 전공을 선택하게 되었습니다. 대학 졸업을 앞둔 지금도 그 마음은 변함이 없습니다. 디지스트의 로봇공학과를 통해 재활로봇 연구를 하고 싶습니다.

2) 의의 - 우리나라 의료로봇 산업발전에 일조

아직은 초기 단계인 우리나라 의료로봇 시장의 무한한 발전에 도움이 되고 싶습니다. 최근 시장조사기관인 마켓앤마켓이 발표한 '2018년 의료로봇시장 전망 보고서'에 따르면 의료로봇 시장은 향후 5년간 연평균 16퍼센트 가량 성장해, 2018년에는 약 4조 원의 규모에 도달할 것이라고 전망했습니다. 노인 인구와 더불어 신경 및 정형외과 장애 발생률도 상승되고 있기 때문에 의료로봇의 수요가 증가하고 있고, 이것은 각국의 의료로봇 개발 지원 증가로 이어지고 있습니다. 의료로봇 중 재활로봇은 생활을 보조할 수 있고, 재활치료용으로 쓰이거나 외골격장치가 될 수도 있습니다. 재활로봇이 발전과 더불어, 움직임이 불편한 모든 사람들의 삶의 질 향상뿐만 아니라 인간의 신체한계를 극복할 수 있는 날이 올 것이라고 생각합니다.

3. 수학 후 장래 계획

1) 지속적인 연구 활동

디지스트 로봇공학 석사과정을 마치게 되면, 박사학위를 취득할 것입니다. 박사학위 취득 후 한국 로봇융합 연구원이나 국립 재활원 같은 연구소에서 연구를 하고 싶습니다.

한국로봇융합연구원은 포항공과대학교 내에 있는 로봇 연구소로, 수중로봇, 의료로봇, 작업지원로봇, 문화로봇이 핵심 연구 분야입니다. 현재 의료로봇에 관해서는, 구미에 '구미 의료서비스 로봇 연구 지원센터'가 한국로봇융합연구원의 산하 센터로 있으며, IT전자의료부품산업과 로봇산업의 융합을 통해 고부가 가치형 의료로봇산업 육성을 목표로 하고 있습니다.

다른 연구 기관인 국립재활원은 국내 유일의 재활전문 국가 중앙 기관으로, 장애유형별 전문 재활의료 프로그램을 제공할 뿐만 아니라, 첨단 재활기술 연구도 하고 있습니다. 재활로봇을 비롯하여 최신 재활치료 장비를 도입하였습니다. 국립 재활원 소속 재활연구소에서는 재활보조로봇, 임상재활 등에 관심이 있습니다.

박사학위 취득 후, 위와 같은 연구소나 국가 기관에서 계속적으로 생체신호를 기반으로 한 재활 로봇 연구를 할 것입니다.

2) 해외 연수 계획

위의 지속적인 연구 활동의 일부인 계획입니다. 미국에서 로봇연구를 가장 조직적이고 큰 규모로 잘 수행하고 있는 기관으로 카네기 멜론대학의 Robotics Institute를 꼽을 수 있습니다. 이 학교에 소속되어 있는 많은 로봇 연구소 중 의료로봇을 연구하는 곳에서 연구하고 싶습니다. 연구 연수로 경험을 많이 쌓은 후 자국에서 후학양성에 전념할 것입니다.

3) 후학 양성을 통한 의료로봇 발전

저만의 기술과 안목이 생기게 되면 재활공학과 로봇공학의 후학 양성에 힘쓸 것입니다. 디지스트에서 좋은 환경과 훌륭하신 교수님들과 함께 연구하며, 아낌없는 지원을 받고 공부를 할 것이므로, 보답하는 마음으로 후학 양성에 최선을 다 할 것입니다. 후대의 공학자를 키우는 것이 의료로봇 학문 및 산업의 발전에 꼭 필요한 과정이라고 생각합니다.

4. 연구 경험과 학문적 성과(연구실적, 발간물, 수상경력 등)

1) 뇌과학 연구실 경험

저는 건국대학교 의학공학부 '뇌과학 연구실'에서 학부생으로 소속되어 있습니다. 우리 연구실은 레이저 기반의 촉감 구현을 목표로 하고 있으며, 이 연구에 필요한 다른 연구실이나 학교와 정기적인 세미를 개최하고 교류합니다.

우리가 진행하는 실험은 피험자에게 다양한 종류의 자극을 제시하고, 이에 따른 EEG(electroencephalograpy)를 계측하여 분석하는 것입니다. 자극의 종류는 다양하지만, 주로 쓰는 자극은 공기, 전기, 자기, 진동, 레이저 자극 등입니다. 이 중에서 저는 전기자극을 이용한 실험을 주로 했습니다. 하드웨어 팀에서 만든 전기자극기 자체에 대한 이해를 먼저 한 후, 예비실험을 통해 적절한 자극 강도와 주파수를 선정하고, 부족한 부분은 다시 다른 팀에 요구해서 수정하였습니다. 의사소통을 통해 실험에 최적화 된 자극기와 실험 프로토콜로 실험을 진행할 수 있었습니다.

다른 연구실과의 교류나 세미나 참석 경험이 있고, 실험을 진행함에 있어서 다른 팀과의 의사소통도 할 줄 압니다.

2) EEG 측정 및 분석

제가 주로 한 실험은 피험자에게 전기자극을 제시하여 이에 따른 EEG를 관찰하는 것이었습니다. 주관적인 데이터는 설문지나 평가지를 통해 수집하고, 객관적인 데이터는 EEG측정을 통해 ERP패턴을 관찰하였습니다. EEG는 MATHLAB의 EEG LAB(분석 프로그램)을 통해 분석하였으며, 전체적인 데이터 분석을 할 때도 있었고, 피험자 군 별로 나누어 데이터를 분석해 보기도 하였습니다. 주관적 평가를 한 데이터는 PASW를 이용한 통계분석을 해 보았습니다.

이런 경험들을 통해 전기자극기와 EEG에 대해 공부할 수 있었지만, 저는 그 이상의 것을 배웠습니다. 다른 팀이나 연구실과의 교류와 소통, 그리고 작은 문제점이라도 꼼꼼히 짚고 넘어가야 하며, 함께 해결하고 의논할 때 좋은 해결책이 나온다는 것입니다. 이러한 경험들이 제가 앞으로 연구하는 데 큰 도움이 될 것입니다.

5. 봉사활동 및 경력사항

1) 의공기사 필기 합격

의공기사 시험은 한국산업인력공단에서 주관합니다. 이 시험은 2회/1년 시험이 치러지며, 필기 합격 후 실기 응시 자격이 주어집니다. 저는 2014/03/02에 응시한 필기시험에 합격하였습니다. 현재 실기 시험 응시 예정입니다.

2) 국토대장정 (2011/7/9~8/2)

저의 체력적인 한계와 책임감을 시험해 보고 싶어서, 육체적으로, 정신적으로 가장 힘든 상황에 스스로 내몰았던 것이 국토대장정입니다. YGK국토대장정 의료스텝으로 활동했으며, 학기 중에는 스텝들과 대장정을 준비하였습니다. 관공서나 기업에 연락을 취하여 서류작업, 루트설계, 대원관리, 물류창고 작업을 하였습니다. 대장정이 시작된 후, 240명이 서로 힘이 되어주며 22박 23일 동안 하나가 되었습니다. 아무리 어렵고 힘든 일이더라도 책임감과 협동심으로 해낼 수 있다는 자신감이 생겼습니다.

3) 해외 교류 프로그램

2011년, 2012년 겨울, 학교 동계 교류프로그램을 통하여 필리핀 단기 어학연수와 말레이시아 문화교류 프로그램을 다녀왔습니다. 동남아 문화에 대해 이해할 수 있는 기회였고, 특히 이슬람 문화가 신선했습니다. 두 프로그램 모두 스스로 알아보고 신청하여 선발되었고, 지원받아 다녀오게 되었습니다. 자발적이고 적극적인 자세를 보였기에 가능했다고 생각합니다. 앞으로 연구하는 데에도 이러한 적극적이고 자발적인 자세가 도움이 될 것이라고 생각합니다.

4) 제12회 임베디드 소프트웨어 경진대회

여러 공모전에 관심을 가지고 있던 중, 기회가 되어 '산업통상자원부'에서 주관하는 '제12회 임베디드 소프트웨어 경진대회'에 참가했습니다. 키넥트를 이용한 보행속도 조절에 관한 주제로 참가하였고, 본선진출 대기 상태입니다. 우리 팀의 작품은 MATLAB을 이용하여 트레드밀과 키넥트 데이터를 동시에 제어할 수 있도록 구상되었습니다. 다른 방식에 비하여 비용과 장소의 제약을 대폭 줄였으므로, 좀 더 다양한 분야에서 사용될 것이라 예상합니다.

1. 이력서 작성을 통해 현재의 자신을 객관적으로 평가해 보고, 목표를 이루기 위해 어떤 것들을 준비해야 하는지 말해 봅시다.

2. 자신이 취업하고자 하는 회사를 설정해 자기소개서를 작성해 봅시다. (성장과정, 성격과 가치관, 대학생활과 경력사항, 지원동기 및 포부 등을 내용별로 기술)

3. 대학원 진학을 위한 학업계획서를 작성해 봅시다. (1학년들은 대학 학업계획서 작성)

참고문헌

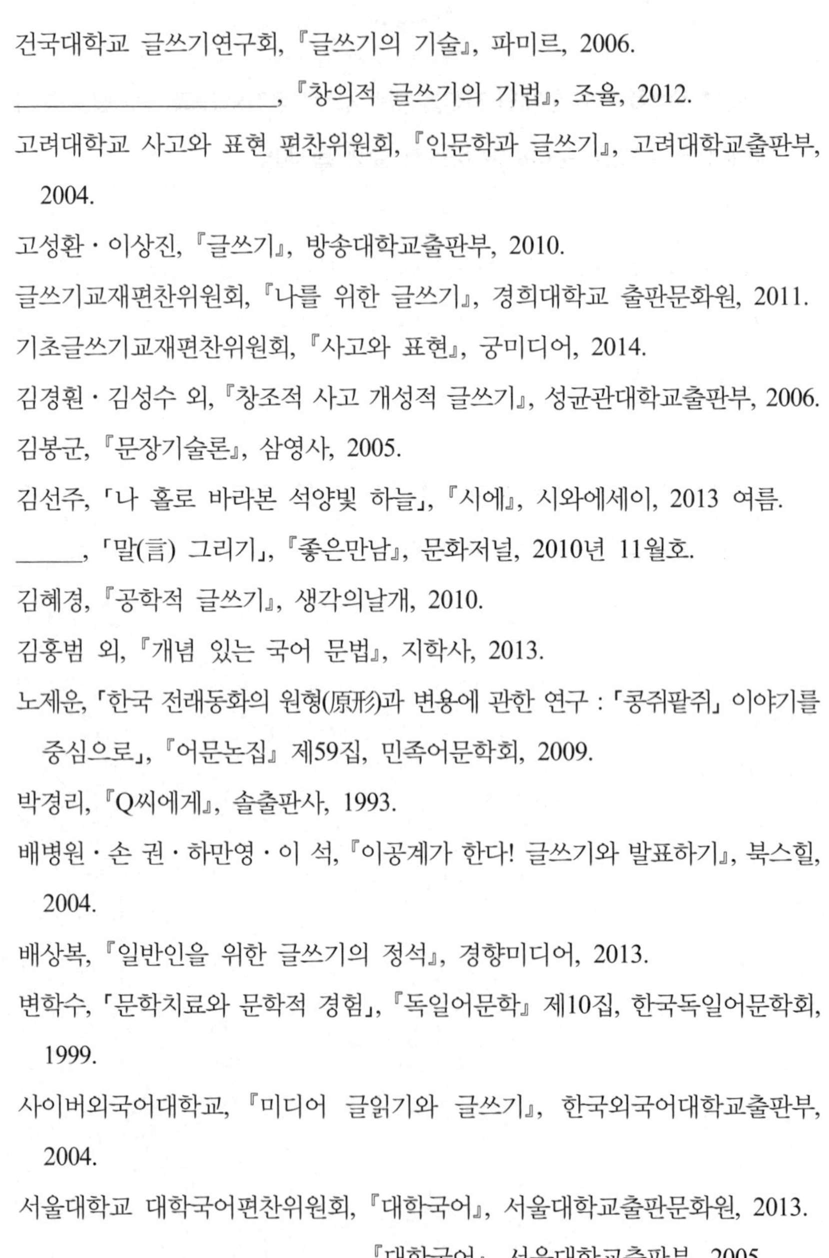

건국대학교 글쓰기연구회, 『글쓰기의 기술』, 파미르, 2006.

____________________, 『창의적 글쓰기의 기법』, 조율, 2012.

고려대학교 사고와 표현 편찬위원회, 『인문학과 글쓰기』, 고려대학교출판부, 2004.

고성환 · 이상진, 『글쓰기』, 방송대학교출판부, 2010.

글쓰기교재편찬위원회, 『나를 위한 글쓰기』, 경희대학교 출판문화원, 2011.

기초글쓰기교재편찬위원회, 『사고와 표현』, 궁미디어, 2014.

김경훤 · 김성수 외, 『창조적 사고 개성적 글쓰기』, 성균관대학교출판부, 2006.

김봉군, 『문장기술론』, 삼영사, 2005.

김선주, 「나 홀로 바라본 석양빛 하늘」, 『시에』, 시와에세이, 2013 여름.

_____, 「말(言) 그리기」, 『좋은만남』, 문화저널, 2010년 11월호.

김혜경, 『공학적 글쓰기』, 생각의날개, 2010.

김홍범 외, 『개념 있는 국어 문법』, 지학사, 2013.

노제운, 「한국 전래동화의 원형(原形)과 변용에 관한 연구 : 「콩쥐팥쥐」 이야기를 중심으로」, 『어문논집』 제59집, 민족어문학회, 2009.

박경리, 『Q씨에게』, 솔출판사, 1993.

배병원 · 손 권 · 하만영 · 이 석, 『이공계가 한다! 글쓰기와 발표하기』, 북스힐, 2004.

배상복, 『일반인을 위한 글쓰기의 정석』, 경향미디어, 2013.

변학수, 「문학치료와 문학적 경험」, 『독일어문학』 제10집, 한국독일어문학회, 1999.

사이버외국어대학교, 『미디어 글읽기와 글쓰기』, 한국외국어대학교출판부, 2004.

서울대학교 대학국어편찬위원회, 『대학국어』, 서울대학교출판문화원, 2013.

___________________________, 『대학국어』, 서울대학교출판부, 2005.

서천석, 『아이와 함께 자라는 부모』, 창비, 2013.
손동현 외, 『학술적 글쓰기』, 성균관대학교출판부, 2007.
신형기 외, 『모든 사람을 위한 과학 글쓰기』, 사이언스북스, 2006.
신형철, 「만유인력의 소설학」, 『몰락의 에티카』, 문학동네, 2009.
엄창석, 『개츠비의 꿈』, 다트앤, 2013.
_____, 『빨간 염소들의 거리』, 민음사, 2014.
오정국, 『미디어 글쓰기』, 아시아, 2013.
오정희, 「동경」, 『바람의 넋』, 문학과지성사, 2005.
온라인 중앙일보, 2015년 1월 9일.
유정아, 『유정아의 서울대 말하기 강의』, 문학동네, 2009.
유지나, 『유지나 여성영화 산책』, 생각의 나무, 2002.
유현진, 「대학 등록금 4차례 이상 나눠서 낸다 ; 교육부, 분할납부제 활성화 방침」, ≪문화일보≫, 2015. 1. 1.
이경의, 「민족경제론과 중소기업 문제」, 『민족경제론과 한국경제』, 1995.
이기동, 『기본을 지키는 미디어 글쓰기』, 프리뷰, 2013.
이승윤, 「스토킹은 범죄의 시작 또는 미수로 봐야」, ≪법률신문≫, 2014. 12. 11.
이정우, 「범주」, 『개념-뿌리들』, 철학아카데미, 2004.
이정자 외, 『글쓰기의 이론과 방법』, 한올출판사, 2003.
이정호 외, 『철학의 이해』, 한국방송통신대학교출판부, 2004.
이혜원, 「시의 꿈과 삶」, 『문학의식』, 다트앤, 2013 가을.
이화여자대학교 교양국어편찬위원회, 『우리말 · 글 · 생각』, 이화여자대학교출판부, 2006.
자기표현과 글쓰기편찬위원회, 『자기표현과 글쓰기』, 경진, 2014.
장동석 외, 『글쓰기의 힘』, 북바이북, 2014.
전상국 · 김훈 외, 『글쓰기의 원리와 실제』, 북스힐, 2001.
정운채, 「우리 민족의 정체성과 통일서사」, 『인문학논총』 제47집, 2009. 5.
정재승, 『뇌과학자는 영화에서 인간을 본다』, 어크로스, 2010.
정희모 외, 『대학글쓰기』, 삼인, 2008.

정희모 · 이재성, 『글쓰기의 전략』, 들녘, 2005.
최인훈, 『바다의 편지』, 삼인, 2012.
최현섭 외, 『삶과 글쓰기』, 삼영사, 2004.
탁희성 외, 『대학생을 위한 글쓰기』, 태학사, 2014.
한양대학교 국어교육위원회 편, 『창조적 사고와 글쓰기』, 한양대학교 출판부, 2005.
황성근, 『미디어 글쓰기』, 박이정, 2005.
황혜진 · 홍재범 · 남원진 · 이명희 · 전우형, 『창조적 사고와 표현』, 쿠북, 2014.
나사니엘 브랜든(강승규 옮김), 『나를 존중하는 삶』, 학지사, 1994.
내털리 커내버 · 클레어 메이로위치(박정준 옮김), 『비즈니스 글쓰기의 모든 것』, 다른, 2011.
도리스 브렛(김인옥 옮김), 『은유적 이야기치료』, 여문각, 2009.
롤프 메르클레 · 도리스 볼프 공저(유영미 옮김), 『감정사용설명서』, 생각의 날개, 2014.
르 끌레지오(로맹가리 외, 김화영 옮김), 「매혹」, 『새들은 페루에 가서 죽다』, 현대문학, 1995.
르네 지라르(김치수 · 송의경 옮김), 「삼각형의 욕망」, 『낭만적 거짓과 소설적 진실』, 한길사, 2011.
발레리 위펜(유숙렬 옮김), 『여자를 우울하게 하는 것들』, 레드박스, 2009.
볼프강 이저(이유선 옮김), 『독서행위』, 신원문화사, 1993.
새뮤얼 헌팅턴(이희재 옮김), 『문명의 충돌』, 김영사, 2001.
크리스토퍼 존슨(노정태 옮김), 『마이크로스타일-소셜미디어 시대의 글쓰기 가이드』, 반비, 2011.
하워드 라인골드(김광수 옮김), 『넷스마트』, 문학동네, 2014.
헤르만 헤세(박양균 옮김), 「데미안」, 『크늘프 · 데미안』, 내외신서, 1983.